J'ORGANISE mon année

Cycle 2

Nouveau programme 2016

Julien Garbarg-Chenon Conseiller pédagogique
Catherine Gueneau-Lenoir Conseillère pédagogique
Daniel Motteau Professeur en ESPE
Sébastien Mounié Inspecteur de l'Éducation nationale
Françoise Picot Inspectrice de l'Éducation nationale honoraire
Laurent Puig Conseiller pédagogique
Hervé Thibon Professeur en ESPE
Kerstin Thibon Professeur des écoles

Lea.fr Nathan

@bonnez-vous et retrouvez les ressources supplémentaires de cet ouvrage à télécharger sur Lea.fr dans l'espace « fiches pédagogiques ».

Lea.fr **Avec cet ouvrage, vous bénéficiez d'une offre découverte : un mois d'accès illimité offert au portail pédagogique.**

Lea.fr est un portail pédagogique à destination des enseignants de l'école primaire. Il propose de nombreuses ressources pédagogiques, des conseils métiers, des espaces d'échanges entre pairs, avec des auteurs, des actualités sur le monde éducatif.

Comment activer votre accès d'un mois offert ?

Connectez-vous à l'adresse suivante : **http://activation.nathan.fr/offre-lea/**

Cet ouvrage est conforme à la nouvelle orthographe
www.orthographe-recommandee.info

MIXTE
Papier issu de sources responsables
FSC® C022030
FSC www.fsc.org

ISBN : 978-209-124333-7

Présentation de l'ouvrage

Cet ouvrage s'adresse à tous les enseignant(e)s de cycle 2 (CP-CE1-CE2). Il a pour objectif de les aider à s'approprier et à mettre en œuvre les programmes 2016 en donnant des outils opérationnels et les moyens efficaces de les mettre en œuvre.

Une appropriation des programmes

Il s'appuie sur les connaissances et compétences associées des programmes, et met en évidence les caractéristiques du cycle 2. Pour chaque enseignement, un expert de la discipline souligne les points forts, explique la progressivité qu'il a adoptée dans la programmation, et prend en compte la démarche suggérée pour chacun des cycles.

Des programmations

Pour chaque niveau, les programmations organisent les connaissances et compétences définies dans les programmes sur cinq périodes de six semaines chacune en tenant compte des croisements entre les enseignements. La septième semaine de chaque période est laissée libre pour des révisions et les évaluations.

Des séquences

Une séquence est développée pour chaque enseignement du cycle. D'autres séquences correspondant aux programmations proposées seront mises à disposition dès la rentrée prochaine et tout au long de l'année sur le site Lea.fr.

Deux projets interdisciplinaires et des **exemples d'emploi du temps** complètent les ressources offertes par cet ouvrage.

Partie 1

Une introduction pour comprendre l'esprit du nouveau programme, aider à sa mise en œuvre.

Partie 2

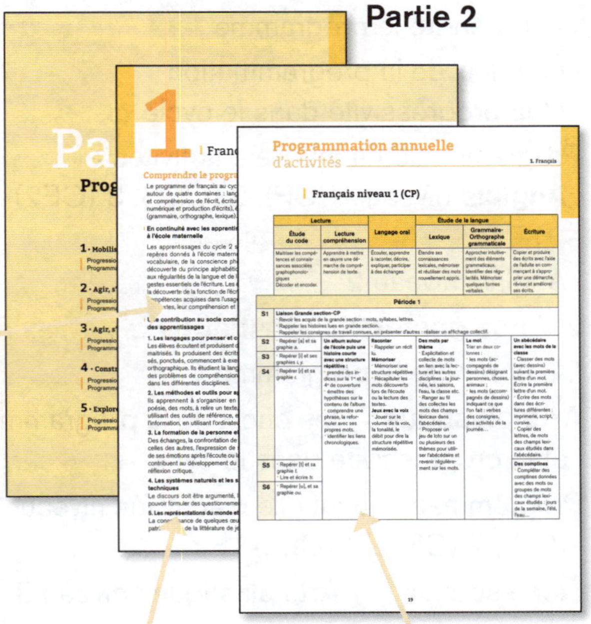

Pour chacun des 5 domaines, une analyse pour guider sa mise en œuvre.

Pour chaque domaine, une progression détaillée.

Pour chaque niveau et domaine (ou sous-domaine), une programmation détaillée par périodes. De nombreuses idées d'activités simples à mettre en œuvre.

Partie 3

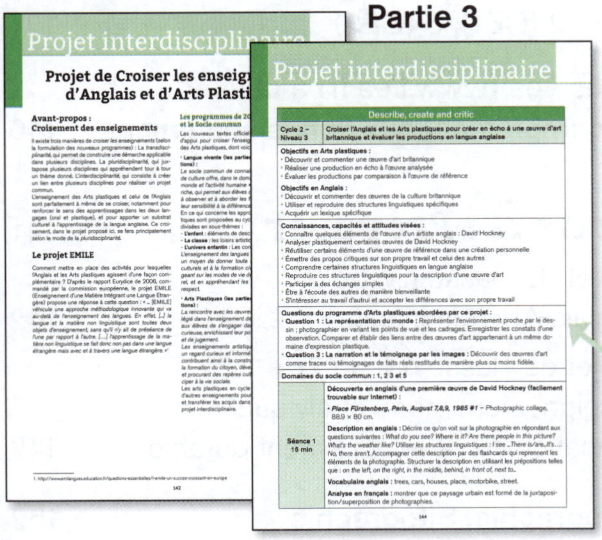

Pour chaque niveau et chaque domaine, des séquences complètes réparties en séances détaillées étape par étape.

Sommaire

Partie 1
Comprendre

Programme pour le cycle 2

Pourquoi cet ouvrage ?

Les programmes d'enseignement de l'école élémentaire et du collège parus dans le *BO* du 26-11-2015[1] entrent en vigueur à tous les niveaux à la rentrée 2016. Cela laisse peu de temps donc pour réactualiser les programmations, construire l'emploi du temps, préparer de nouvelles séquences et concevoir des projets transversaux !

Le présent ouvrage a pour objectif d'accompagner les professeurs dans cette tâche, d'alimenter leur réflexion lors des décisions de conseils de cycle et de **les aider à construire des programmations de séquences et des projets pour leur classe qui respecteront la nouvelle progression des apprentissages à l'intérieur du cycle**.

S'approprier les nouveaux programmes

La première partie de cet ouvrage se veut une aide **pour bien comprendre** les programmes dans leur ensemble. Elle met en lumière les caractères fondamentaux qui les sous-tendent et permettent de les comprendre. Elle explicite plus particulièrement les spécificités du cycle des apprentissages fondamentaux.

Les horaires d'enseignement (page 11) du cycle 2 et des exemples d'emplois du temps sont proposés pages 12.

La deuxième partie de l'ouvrage est constituée de 7 chapitres, chacun consacré à un enseignement. Chaque chapitre expose la philosophie, les aspects particuliers propres à la matière enseignée ainsi que la progressivité adoptée par chacun des auteurs sollicités pour rédiger les programmations et la séquence en exemple.

Programmation et progressivité

La programmation consiste en l'organisation logique, dans le temps (par année, par période, par semaine), des connaissances et des compétences définies dans les programmes. La répartition des apprentissages s'accompagne d'activités les illustrant. Dans chaque programmation, les connaissances et compétences sont programmées dans un souci de progressivité à l'intérieur du cycle mais aussi à l'intérieur d'un niveau précis.

Pour chaque enseignement, en fonction de leur expérience et de leurs connaissances du cycle, les auteurs ont fait des choix pour proposer une programmation par niveau (cours) en tenant compte des repères de progressivité, quand ils sont indiqués dans les programmes.

Ils ont été conduits à attribuer certaines connaissances et compétences à un niveau plutôt qu'à un autre. Ce travail relève normalement du conseil de cycle. En effet, il doit prévoir les étapes des apprentissages en fonction des besoins et du rythme des élèves ; de plus, ces choix varient d'une année sur l'autre en fonction de leurs besoins propres. Les options prises par les auteurs sont donc **indicatives** et les programmations présentées ne constituent pas des cadres institutionnels. Elles sont plutôt à prendre comme **des guides pour élaborer les programmations du cycle dans l'école et celles de la classe, en fonction des décisions des conseils de cycle**.

Il en est de même pour le croisement transversal des enseignements qui dépend essentiellement des projets de cycle ou de classe élaborés au sein de l'école. Certains de ces croisements proposés le sont à titre indicatif.

Pour un cours, **chaque programmation est déclinée sur cinq périodes de six semaines chacune**, la septième étant consacrée à achever les travaux engagés, à réviser et à évaluer les acquis de la période pour réajuster les contenus de la période suivante.

Séquences et séances

Les termes de **séquence** et **séance** sont souvent employés l'un pour l'autre. Ils font cependant référence à des notions bien différentes.

Dans cet ouvrage, une séquence peut se dérouler sur une séance, mais elle regroupe le plus souvent plusieurs séances autour d'une même notion.

Dans chaque chapitre, une séquence est développée à titre d'exemple. D'autres séquences, correspondant aux programmations proposées, sont mises à disposition en complément de cet ouvrage sur le site : www.lea.fr (voir p. 2).

Les projets interdisciplinaires

La troisième partie de l'ouvrage propose une mise en œuvre de la transversalité des apprentissages. Celle-ci se concrétise matériellement à travers des projets d'activités. Deux exemples de projets interdisciplinaires sont proposés à la fin de l'ouvrage (p. 142 et suivantes) : un projet croisant langues vivantes et arts visuels et un projet autour de l'eau mettant en jeu le développement durable, croisant les disciplines « EMC » et « Questionner le monde ».

1. http://www.education.gouv.fr/

Les caractères fondamentaux des nouveaux programmes

Après des programmes en 2008 jugés trop « lourds », élaborés autour de contenus indépendants les uns des autres dans les différentes matières, les programmes 2016, qui couvrent l'école élémentaire et le collège, témoignent d'une réelle **continuité** et d'un souci évident de **cohérence des enseignements**.

Pas de liste de contenus mais des **compétences** mises en avant, articulées le plus souvent avec des connaissances et accompagnées d'activités. La **maitrise du français dans une perspective transversale y occupe une place centrale** avec une attention particulière portée à **l'oral**.

Autre élément caractéristique de ces programmes : l'**enseignement explicite** des moyens d'accès à l'information et à la documentation, des outils numériques, de la conduite de projets individuels et collectifs ainsi que de l'organisation des apprentissages.

Une réelle continuité du CP à la 3e

Pour la première fois, des programmes englobant l'élémentaire et le collège sont élaborés. La continuité se manifeste à travers la redéfinition et la prise en compte des cycles ainsi que de la progressivité des apprentissages.

Des cycles élargis

Les programmes ne sont plus rédigés par niveau de classe mais par cycle : le cycle 2 – ou cycle des apprentissages fondamentaux – couvre les années de CP, CE1 et CE2 ; le cycle 3 – ou cycle de consolidation – comprend désormais les années de CM1, CM2 et 6e ; le cycle 4 – ou cycle des approfondissements – regroupe les classes de 5e, 4e et 3e. La répartition par cycle n'est pas récente mais elle est particulièrement renforcée par cette nouvelle architecture.

Les spécificités de chaque cycle, au vu de l'âge des élèves, sont définies en préambule et attirent ainsi l'attention des enseignants sur des points clés fondamentaux valables dans toutes les disciplines. Pour chaque enseignement, les « attendus » exacts et précis de chaque fin de cycle sont mis en lumière. Dans cette logique de cycle, on pourrait s'interroger sur les **repères de progressivité** qui sont mentionnés. Demandés par les enseignants, ils favorisent néanmoins des représentations pertinentes de ce qui est attendu en explicitant précisément ce qui relève plus particulièrement du CP ou de la 6e.

Les cycles au service des apprentissages

On comprend aisément que ce nouveau découpage des cycles est au service des apprentissages et de leur progressivité. **L'idée de laisser du temps aux élèves pour acquérir des compétences est réaffirmée.** « Quand un élève n'a pas fini une acquisition en CP, on peut y remédier en CE1 ou CE2. » a précisé le président du Conseil supérieur des programmes (CSP) Michel Lussault. L'année supplémentaire du cycle 2 doit permettre aux élèves d'acquérir des bases solides en français et en mathématiques, d'assurer ce que Viviane Bouysse nomme « l'irréversibilité des acquis », mais également de préparer au cycle 3. Ainsi, au cycle 2, la découverte des temps historiques est réservée au CE2 avec une décentration progressive du temps vécu par les élèves vers la temporalité utilisée par les historiens.

Le cycle 3 s'achève avec la 6e, comme c'est le cas dans la plupart des pays européens. Ce cycle consolide les apprentissages fondamentaux engagés au cycle 2 et assure une meilleure transition entre l'école primaire et le collège, en assurant une continuité et une progressivité entre les trois années du cycle. Cela effacera peut-être la coupure école-collège si un réel travail autour de la construction des apprentissages du cycle s'engage dans les conseils qui devront réunir école/collège, avec bien sûr tous les problèmes d'organisation que l'on imagine.

Cette continuité se traduit aussi par le lien précisé avec l'école maternelle, indiqué ainsi dans les programmes :

« À l'école maternelle, les élèves ont développé des compétences dans l'usage du langage oral et appris à parler ensemble, entendu des textes et appris à les comprendre, découvert la fonction de l'écrit et commencé à en produire. » « Dès l'école maternelle, les élèves explorent et observent le monde qui les entoure ; au cycle 2, ils vont apprendre à le questionner de manière plus précise, par une première démarche scientifique et réfléchie. »

Une cohérence évidente

La présentation est la même dans les quatre cycles, et les apprentissages sont remis en perspective dans le parcours qui conduit à l'acquisition du socle commun. Les liens qui sont proposés entre les enseignements renforcent la cohérence des enseignements.

Uniformisation de la présentation

Cette présentation uniformisée est certes un élément facilitateur pour la lecture et l'appropriation des programmes mais elle constitue également un facteur de cohérence entre les propositions pour chaque cycle.

Chaque programme comprend trois volets :
- les **spécificités du cycle** ;
- les contributions essentielles des différents enseignements au **socle commun** ;
- **les objectifs** de l'enseignement de chaque matière au cycle concerné, **les compétences** travaillées, **les attendus de fin de cycle** ainsi que, sous forme de tableau, les connaissances et compétences associées avec des exemples de situations, d'activités et de ressources pour la classe.

Des repères de progressivité fournissent des indications pour l'organisation des enseignements sur le cycle.
Enfin, la rubrique « croisements entre enseignements » montre les liens possibles entre les différents domaines disciplinaires.

Cohérence avec le socle commun

Les programmes sont conçus en application du nouveau « Socle commun de connaissances, de compétences et de culture » qui entre en vigueur en 2016 et regroupe **cinq grands domaines** :
1. Les langages pour penser et communiquer : Comprendre, s'exprimer en utilisant la langue française à l'oral et à l'écrit, Comprendre, s'exprimer en utilisant une langue étrangère et le cas échéant une langue régionale, Comprendre, s'exprimer en utilisant les langages mathématiques, scientifiques et informatiques, Comprendre, s'exprimer en utilisant les langages des arts et du corps.
2. Les méthodes et outils pour apprendre.
3. La formation de la personne et du citoyen.
4. Les systèmes naturels et les systèmes techniques.
5. Les représentations du monde et l'activité humaine.

Il est ainsi facile, à travers les trois cycles, d'appréhender la logique et la progressivité des apprentissages dans chaque domaine du socle.

Des liens entre les enseignements

À la fin de chaque discipline, la rubrique « les **croisements entre enseignements** » invite à dépasser le cloisonnement disciplinaire et à faire en sorte que les enseignements se « nourrissent » mutuellement. De nombreux exemples sont donnés.
Au cycle 2, il est possible d'utiliser la langue étrangère étudiée pour donner les consignes de jeu ou de travail en éducation physique et sportive ; en arts plastiques, on articule la question de la représentation du monde avec l'enseignement « Questionner le monde » ; en mathématiques, le travail sur l'espace se fait en forte interrelation avec « Questionner le monde » et « Éducation physique et sportive ».

La langue française, un apprentissage central

La priorité accordée à la maîtrise de la langue est rappelée au cycle 2 comme au cycle 3 : « Au cycle 2, la langue française constitue l'objet d'apprentissage central. » « De manière générale, la maitrise de la langue reste un objectif central du cycle 3 qui doit assurer à tous les élèves une autonomie suffisante en lecture et écriture pour aborder le cycle 4 avec les acquis nécessaires à la poursuite de la scolarité. » Il s'agit d'un préalable pour une réussite au collège.
La **transversalité** est affirmée : la langue doit rester un outil au service de tous les apprentissages dans des champs qui ont chacun leur langage ; il s'agit d'un outil de communication à utiliser en tant que tel.

Une place particulière pour l'oral

En rupture avec les anciens programmes, **l'oral** est l'entrée première dans chaque cycle : en compréhension, production et interaction. Il s'agit d'un vrai plus pour tous les élèves en difficulté.
Au cycle 2, il est travaillé dans une grande variété de situations scolaires et il fait l'objet de séances d'enseignement spécifiques.
Au cycle 3, le langage oral, qui conditionne également l'ensemble des apprentissages et constitue aussi un moyen d'entrer dans la culture de l'écrit, continue à faire l'objet d'une attention constante et d'un travail spécifique. Des repères de progressivité sont indiqués pour le développement des compétences langagières à l'oral en respectant les étapes d'évolution des enfants.
Cet intérêt pour l'oral est un enjeu majeur qui vise à réduire les inégalités en instituant des échanges et des interactions avec les élèves les moins dotés socialement.

Le français au cœur de tous les enseignements

Doté de 10 heures hebdomadaires d'activités quotidiennes d'oral, de lecture et d'écriture qui prennent appui sur l'ensemble des champs disciplinaires au cycle 2, le français dont l'horaire propre est de 8 heures, s'étend à l'ensemble des autres domaines au cycle 3 et couvre 12 heures hebdomadaires puisque les activités d'oral, de lecture, d'écriture sont intégrées dans l'ensemble des enseignements quotidiennement.
La transversalité est présente entre les différents domaines du français ; on étudie la langue à partir de textes qu'on lit ou qu'on écrit dans toutes les autres disciplines, on réinvestit les connaissances acquises en étude de la langue à l'oral, en lecture et production écrite.
Au cycle 3 comme au cycle 2, les activités linguistiques font partie de toutes les séances d'apprentissage dans tous les enseignements ainsi que dans tous les moments de vie collective. C'est leur répétition quotidienne, hebdomadaire qui

permet un véritable entrainement et une véritable appropriation si l'attention des élèves est mobilisée sur ce point.

Un enseignement fondamental explicite

Il faut souligner une caractéristique fondamentale et nouvelle de ces programmes : l'attention portée aux compétences du domaine clé du socle « Des **méthodes et des outils** » pour apprendre. C'est la première fois que l'organisation des apprentissages, les moyens d'accès à l'information et à la documentation, les langages numériques, la conduite de projets individuels et collectifs font l'objet d'un enseignement explicite.

Des compétences méthodologiques

Tant au cycle 2 qu'au cycle 3, il est recommandé de consacrer du temps à l'acquisition de méthodes de travail. C'est en réfléchissant aux méthodes pour apprendre et en étant conscients de leurs démarches au cours de l'exécution des tâches demandées que les élèves acquièrent une autonomie qui leur permettra de mieux organiser leur travail personnel.

Tous les enseignements, à travers les situations qui leur sont propres, fournissent aux élèves des occasions d'apprendre à organiser leur travail pour améliorer l'efficacité des apprentissages : expliciter des démarches et stratégies pour comprendre un texte en français ; planifier son action avant de la réaliser en EPS ; en sciences, choisir ou utiliser le matériel adapté proposé pour mener une observation ; effectuer une mesure, réaliser une expérience, justifier ses affirmations et rechercher la validité des informations dont on dispose, expliquer sa démarche ou son raisonnement, comprendre les explications d'un autre et argumenter en mathématiques, adapter son projet en fonction des contraintes de réalisation et de la prise en compte du spectateur dans les enseignements artistiques, etc.

Fréquentation et utilisation des outils numériques

Autre aspect mis en avant dans ces programmes : l'ouverture aux compétences du XXIe siècle. L'éducation aux médias et à l'information entre officiellement dans les programmes. Le numérique est présent dans toutes les disciplines. Les fonctions et activités sont diverses : garder des traces écrites, communiquer des résultats, traiter des données, simuler des phénomènes, représenter des objets techniques, rechercher des informations, travailler sur l'image, manipuler des objets sonores, se familiariser avec une langue vivante, utiliser un traitement de texte, le correcteur orthographique, un dictionnaire en ligne...

Au cycle 2, les élèves découvrent les règles de communication numérique et commencent à en mesurer les limites et les risques.

Au cycle 3, en géographie, un des thèmes porte sur la communication d'un bout à l'autre du monde, grâce à l'Internet. Les élèves connaissent et utilisent les différents systèmes d'information, les utilisent. En histoire, géographie et sciences, les élèves cherchent des informations dans différentes sources documentaires et interrogent l'origine et la pertinence de ces informations dans l'univers du numérique. En français, le traitement et l'appropriation de ces informations font l'objet d'un apprentissage spécifique.

Des projets interdisciplinaires

Le projet montre les liens entre les différents apprentissages auxquels il donne du sens. La démarche de projet développe la capacité à collaborer, à coopérer avec le groupe en utilisant des outils divers pour aboutir à une production. Elle est valorisée dans les nouveaux programmes, dans tous les enseignements.

Au cycle 2, on évoque des projets d'écriture en français avec édition du texte incluant des illustrations travaillées en arts plastiques, des projets de mise en voix (parlée et chantée) de textes en français et dans la langue étudiée, des projets d'exposition commentée rendant compte d'une étude particulière incluant une sortie (par exemple à la découverte de l'environnement proche, en lien avec l'enseignement « Questionner le monde ») et des recherches documentaires...

Au cycle 3, il est précisé que chaque année du cycle, des projets interdisciplinaires sont réalisés, dont un en lien avec le parcours d'éducation artistique et culturelle.

Ces traits caractéristiques des programmes révèlent une préoccupation centrale : celle de la construction des apprentissages par l'élève lui-même. Cette préoccupation est indissociable de l'évaluation des apprentissages dont les modalités, au regard des objectifs des programmes, sont définies par les enseignants en conseil de cycle.

Cette évaluation régulière qui ajuste le temps des apprentissages aux besoins des élèves sera à articuler avec la validation des compétences du cycle. Des outils devraient être mis à la disposition des enseignants par le Ministère pour les aider à repérer les indicateurs permettant de valider un niveau de maîtrise satisfaisante[2].

Les spécificités du cycle des apprentissages fondamentaux

L'entrée à l'école élémentaire constitue une étape importante de la vie des enfants. Il convient d'y accorder une attention particulière. À cet effet, plusieurs points assurant la spécificité du cycle sont mis lumière dans les programmes.

Du temps pour apprendre

Les enfants entrent au CP avec des différences d'âges, des vécus différents, des acquis différents, des rythmes de travail différents. Les programmes recommandent fortement de prendre en charge ces différences dans le cadre d'aménagements pédagogiques appropriés. L'allongement du cycle 2 est un moyen pour une meilleure prise en compte de ces différences. Il laisse du temps pour créer les conditions favorables aux apprentissages de chacun.

Compréhension et automatisation dans le même temps

Pas de querelle autour d'une méthode de lecture plutôt axée sur le code ou plutôt sur la compréhension d'un texte. On automatise le code phonographique et on apprend à comprendre un texte simultanément et de manière complémentaire en lecture et en écriture. Même chose en mathématiques : on apprend à calculer et dans le même temps on résout des problèmes. En questionnement du monde, apprentissage explicite et compréhension des repères temporels vont de pair.

La langue au service de tous les apprentissages

Un temps important est consacré à l'apprentissage de la langue. Il ne doit cependant pas se faire au détriment des autres qui ont chacun leur langage. Les élèves commencent à utiliser des vocabulaires spécifiques. Ils s'engagent également dans des projets pour lesquels la langue française constitue un outil de communication comme rendre compte de visites, d'expériences, de recherches pour de véritables destinataires.

Un va et vient entre pratique et élaboration conceptuelle

Les activités consacrées au concret (observer et agir sur le réel, manipuler, expérimenter) débouchent sur la représentation analogique (dessins, images, schématisations) puis sur la représentation symbolique abstraite (nombres, concepts). Concret et abstrait sont ainsi articulés pour interroger et comprendre le monde.

Un décalage important entre oral et écrit

Oral et écrit étant très liés, la manipulation à l'oral de certaines structures langagières peut aider à en appréhender les formes à l'écrit. Ce décalage de compréhension et de production entre oral et écrit se révèle important dans l'apprentissage des langues vivantes. Les programmes précisent : « La langue orale est la priorité. Un premier contact avec l'écrit peut s'envisager lorsque les situations langagières le justifient. »

Une approche intuitive avant l'apprentissage explicite

Les connaissances acquises implicitement fondent les apprentissages explicites. L'élève utilise ses connaissances implicites dans des situations diverses et lors de séquences structurées autour d'un apprentissage particulier, comprend ce qu'il savait faire sans y réfléchir pour autant.

La découverte des modes opératoires des activités scolaires fondamentales

De manière explicite, les professeurs doivent souligner les similitudes et les différences entre les démarches mises en œuvre au sein des différents enseignements : résoudre un problème, comprendre un document, rédiger un texte, créer ou concevoir un objet, recevoir une œuvre d'art, expérimenter en sciences.

Une justification rationnelle de ses réalisations

C'est au cours du cycle 2 que les élèves apprennent à justifier leurs réponses et leur démarches et ce, dans tous les enseignements : justifier le résultat d'un calcul, la compréhension d'un texte, l'appréciation d'une œuvre, l'observation d'un phénomène naturel. Ainsi à travers les échanges suscités autour ce ces justifications, les élèves apprennent à mettre en doute, à critiquer ce qu'ils ont fait mais aussi à apprécier les réalisations d'autrui.

Ces différents points spécifiques du cycle 2 se retrouvent dans le détail des différents enseignements.

2. http://www.education.gouv.fr/cid93640/evaluation-des-eleves-du-cp-a-la-3e.-un-livret-scolaire-plus-simple-un-brevet-plus-complet

Horaires d'enseignement des écoles élémentaires
Le nouveau cadrage des programmes 2016

Arrêté du 9-11-2015 -J.O. du 24-11-2015

Article 1 - La durée hebdomadaire des enseignements à l'école maternelle et à l'école élémentaire est de vingt-quatre heures.

Article 2 - Sous réserve des dispositions prévues à l'article 5, les horaires d'enseignement à l'école élémentaire sont répartis par domaines disciplinaires comme suit :

Cycle des apprentissages fondamentaux (CP-CE1-CE2)

Domaines disciplinaires	Durée annuelle	Durée hebdomadaire moyenne
Français	360 heures	10 heures
Mathématiques	180 heures	5 heures
Langues vivantes (étrangères ou régionales)	54 heures	1 h 30
Éducation physique et sportive	108 heures	3 heures
Enseignements artistiques	72 heures	2 heures
Questionner le monde Enseignement moral et civique**	90 heures	2 h 30
Total	864 heures	24 heures*

* 10 heures hebdomadaires sont consacrées à des activités quotidiennes d'oral, de lecture et d'écriture qui prennent appui sur l'ensemble des champs disciplinaires.

** Enseignement moral et civique : 36 heures annuelles, soit 1 heure hebdomadaire dont 0 h 30 est consacrée à des situations pratiques favorisant l'expression orale.

Article 3 - Sous réserve que l'horaire global annuel de chaque domaine disciplinaire soit assuré, la durée hebdomadaire des enseignements par domaine figurant à l'article 2 peut être ajustée en fonction des projets pédagogiques menés.

Article 4 - Les temps de récréation, d'environ 15 minutes en école élémentaire et 30 minutes en école maternelle, sont déterminés en fonction de la durée effective de la demi-journée d'enseignement. Le temps dévolu aux récréations est à imputer de manière équilibrée dans la semaine sur l'ensemble des domaines d'enseignement.

Article 5 - L'enseignement de la langue régionale peut s'imputer sur les horaires prévus selon des modalités précisées dans le projet d'école ou selon les modalités définies par l'arrêté du 12 mai 2003 susvisé.

Gérer le temps dans la journée

Grille horaire

Selon la grille publiée par le Ministère de l'Éducation Nationale, le volume horaire dédié à chaque domaine disciplinaire au cycle des apprentissages fondamentaux (CP-CE1-CE2) est le suivant :

Domaines disciplinaires	Durée annuelle	Durée hebdomadaire
Français*	360 heures	10 heures
Mathématiques	180 heures	5 heures
Langue vivante	54 heures	1 heure 30
EPS	108 heures	3 heures
Arts plastiques et visuels, éducation musicale	72 heures	2 heures
Questionner le monde, enseignement moral et civique**	90 heures	2 heures 30
Total	864 heures	24 heures

* Français : 10 heures hebdomadaires sont consacrées à des activités quotidiennes d'oral, de lecture et d'écriture qui prennent appui sur l'ensemble des champs disciplinaires.
** Enseignement moral et civique : 36 heures annuelles, soit 1 heure hebdomadaire dont 0h30 est consacrée à des situations pratiques favorisant l'expression orale.

Objectifs de l'emploi du temps

Pour gérer ce volume horaire et ne pas accorder plus de temps à une activité plutôt qu'à une autre tout aussi importante, il convient d'établir un emploi du temps de la semaine. Il est nécessaire pour alterner les types d'activités, les formes de travail des élèves, ajuster la longueur des séquences… Il doit pouvoir évoluer dans l'année ou ponctuellement s'adapter aux exigences de temps et de transversalité réclamées par des projets réunissant plusieurs enseignements.
Il est toujours difficile de construire un emploi du temps dans l'absolu. Celui-ci est souvent tributaire de contraintes d'ordre matériel, d'obligations liées aux horaires d'occupations de locaux spécifiques ou de la disponibilité d'intervenants dans l'école. Les exemples donnés peuvent néanmoins servir de cadre pour construire celui propre à sa classe.

Mise en œuvre

Le volume horaire indiqué par le Ministère ne tient pas compte des temps de récréation. Il faut en effet déduire proportionnellement ces temps de récréation à celui de chaque discipline. Ce qui donne, si l'on compte deux heures de récréation dans la semaine, un temps d'enseignement non pas de 24 heures mais de 22 heures, pouvant se répartir ainsi :

Français	9 h 20
Mathématiques	4 h 35
Langues Vivantes	1 h 20
EPS	2 h 30
Arts Plastiques et Visuels	55 min
Éducation Musicale	55 min
Enseignement Moral et Civique	55 min
Questionner le monde – Espace/Temps	45 min
Questionner le monde – Sciences	45 min

Dans le domaine « Questionner le monde » le temps à déduire étant inférieur à 5 min, il n'a pas été décompté.

Dans les deux exemples d'emploi du temps suivants, les rythmes scolaires sont les suivants :

- Lundi, mardi, jeudi vendredi matin : 3 heures d'enseignement et 15 min de récréation ;
- Mercredi matin 2 heures d'enseignement ;
- Lundi, mardi, jeudi, vendredi après-midi :2 heures d'enseignement et 15 minutes de récréation.

Dans ces emplois du temps, il a été tenu compte des indications données par le Ministère concernant le rythme des activités.

- Pas de temps spécifique prévu pour l'oral car les programmes recommandent que les séances consacrées à un entrainement explicite de pratiques langagières spécifiques (raconter, décrire, expliquer, prendre part à des interactions) gagnent à être incluses dans les séquences constitutives des divers enseignements et dans les moments de régulation de la vie de la classe.
- Les activités de lecture sont quotidiennes.

Dans l'emploi du temps du cours élémentaire, la répartition des domaines du Français est indicative. Elle a été conçue en fonction des activités proposées dans la programmation de Français. Les séances quotidiennes d'orthographe permettent ainsi la mémorisation de mots, la séquence courte hebdomadaire de vocabulaire le travail sur l'ordre alphabétique.

Cours préparatoire

Lundi	Mardi	Mercredi	Jeudi	Vendredi
Lecture - 30 min	Lecture - 30 min	Lecture - 30 min	Lecture - 30 min	Lecture - 30 min
Écriture - 15 min	Écriture - 15 min	Écriture - 15 min	Écriture - 15 min	Écriture - 15 min
Mathématiques - 40 min	Mathématiques - 40 min	Arts visuels - 55 min	Mathématiques - 40 min	Mathématiques - 45 min
Questionner le monde Espace/temps - 45 min	Éducation musicale - 40 min	Lecture offerte - 15 min	EPS - 50 min	Enseignement moral et civique - 35 min
Mathématiques - 20 min	Mathématiques - 25 min	SORTIE	Mathématiques - 20 min	Mathématiques - 25 min
Lecture - 30 min	Lecture - 30 min		Lecture - 30 min	Lecture - 30 min
SORTIE	SORTIE		SORTIE	SORTIE

Lundi	Mardi	Mercredi	Jeudi	Vendredi
Lecture-écriture - 30 min	Lecture-écriture - 20 min		Lecture-écriture - 30 min	Lecture-écriture - 35 min
Mathématiques - 20 min	Langue vivante - 40 min		Enseignement moral et civique - 20 min	EPS - 50 min
EPS - 50 min	Questionner le monde Sciences - 45 min		Langue vivante - 40 min	
Lecture offerte - 20 min	Lecture offerte - 15 min		Lecture-écriture - 20 min	Éducation musicale - 15 min
SORTIE	SORTIE		Lecture offerte - 10 min	Lecture offerte - 20 min
			SORTIE	SORTIE

Cours élémentaire 1 et 2

Lundi	Mardi	Mercredi	Jeudi	Vendredi
Français - 45 min Lecture	**Français** - 45 min Lecture et Grammaire	**Français** - 45 min Lecture	**Français** - 45 min Lecture et Vocabulaire	**Français** - 45 min Lecture et Grammaire
Mathématiques - 45 min	**Mathématiques** - 45 min	**Mathématiques** - 35 min	**Mathématiques** - 45 min	**Mathématiques** - 45 min
Questionner le monde Espace/temps - 45 min	**Éducation musicale** - 40 min	**Langue vivante** - 40 min	**EPS** - 50 min	**Enseignement moral et civique** - 35 min
Mathématiques - 15 min	**Mathématiques** - 20 min	SORTIE	**Enseignement moral et civique** - 20 min	**Mathématiques** - 25 min
Français - 30 min Oral	**Français** - 30 min Lecture		**Français** - 30 min Orthographe	**Français** - 30 min Orthographe
SORTIE	SORTIE		SORTIE	SORTIE

Lundi	Mardi	Mercredi	Jeudi	Vendredi
Français - 40 min Orthographe	**Français** - 20 min Orthographe		**Français** - 50 min Production écrite	**Français** - 35 min Production écrite
EPS - 50 min	**Langue vivante** - 40 min		**Arts visuels** - 55 min	**EPS** - 50 min
Français - 10 min Vocabulaire	**Questionner le monde** Sciences - 45 min			**Éducation Musicale** - 15 min
Lecture offerte - 20 min	**Lecture offerte** - 15 min		**Lecture offerte** - 15 min	**Lecture offerte** - 20 min
SORTIE	SORTIE		SORTIE	SORTIE

Partie 2

Programmer

1 Français

Comprendre le programme

Le programme de français au cycle 2 est structuré autour de quatre domaines : langage oral, lecture et compréhension de l'écrit, écriture (manuscrite ou numérique et production d'écrits), étude de la langue (grammaire, orthographe, lexique).

En continuité avec les apprentissages engagés à l'école maternelle

Les apprentissages du cycle 2 s'appuient sur les repères donnés à l'école maternelle au niveau du vocabulaire, de la conscience phonologique, de la découverte du principe alphabétique, de l'attention aux régularités de la langue et de l'entrainement aux gestes essentiels de l'écriture. Les élèves poursuivent la découverte de la fonction de l'écrit, développent les compétences acquises dans l'usage de l'oral, l'écoute des textes, leur compréhension et leur production.

Une contribution au socle commun des apprentissages

1. Les langages pour penser et communiquer
Les élèves écoutent et produisent des énoncés oraux maitrisés. Ils produisent des écrits simples, organisés, ponctués, commencent à exercer une vigilance orthographique. Ils étudient la langue pour résoudre des problèmes de compréhension et de production dans les différentes disciplines.

2. Les méthodes et outils pour apprendre
Ils apprennent à s'organiser en mémorisant une poésie, des mots, à relire un texte, une consigne en utilisant des outils de référence, en recherchant de l'information, en utilisant l'ordinateur.

3. La formation de la personne et du citoyen
Des échanges, la confrontation de ses perceptions à celles des autres, l'expression de ses sentiments et de ses émotions après l'écoute ou la lecture d'œuvres contribuent au développement du jugement et de la réflexion critique.

4. Les systèmes naturels et les systèmes techniques
Le discours doit être argumenté, les élèves doivent pouvoir formuler des questionnements clairs et précis.

5. Les représentations du monde et l'activité humaine
La connaissance de quelques œuvres majeures du patrimoine et de la littérature de jeunesse adaptées au cycle 2 favorise une première compréhension des représentations du monde.

Les points forts de l'apprentissage du français au cycle 2

Le programme est construit autour de ces deux affirmations :
« L'apprentissage du français est au centre de tous les apprentissages ».
« La langue est un outil au service de tous les apprentissages du cycle dans des champs qui ont chacun leur langage ».

- **Langage oral :** une place prépondérante lui est donnée. Il est présent en toute occasion car les élèves s'expriment, écoutent pour comprendre, formulent un point de vue, une proposition, acquiescent, contestent... Il fait également l'objet de séances d'entrainement spécifiques (raconter, décrire, expliquer ; prendre part à des interactions) en français mais aussi dans les autres disciplines et dans les moments de régulation de la vie de classe.
- **Lecture :** les activités sur le code sont fréquentes et indispensables pour identifier rapidement les mots et accéder au sens, finalité de toute lecture. La compréhension est travaillée de manière explicite avec le professeur à partir de l'écoute de textes lus par celui-ci, en situation de découverte guidée, puis autonome, de textes plus simples ou à travers des exercices réalisés sur des extraits courts. La lecture à voix haute a plusieurs objectifs : familiariser avec la syntaxe de l'écrit et automatiser les processus d'identification des mots.
- **Écriture :** l'écriture est en relation avec toutes les autres composantes de l'enseignement de français et en particulier avec la lecture. Un premier volet concerne le perfectionnement du geste graphomoteur, du tracé normé des lettres, la copie et l'utilisation du clavier. Un second volet a trait à la production d'écrits de formes textuelles variées en mettant en œuvre une démarche en lien avec la lecture, le langage oral et l'étude de la langue. L'importance de la relecture par les élèves de leurs propres textes pour les améliorer, les enrichir est soulignée.
- **Étude de la langue (grammaire, orthographe, lexique) :** les élèves étudient la langue pour mieux comprendre et produire un texte. Ils centrent leur attention sur la formation des mots (la morphologie)

et sur les relations entre les mots (la syntaxe). Lors de séances courtes et fréquentes, ils observent, classent, comparent, manipulent les énoncés et identifient des régularités. Les phénomènes irréguliers sont mémorisés. Les connaissances sont consolidées dans des exercices et des situations de lecture et de production d'écrits. Il est spécifié que l'enseignement de l'orthographe a pour référence les rectifications orthographiques publiées au *Journal officiel* du 6 décembre 1990, auxquelles nous nous conformons dans le présent ouvrage.

Les **horaires** de français sont de 10 heures hebdomadaires. Il est précisé en outre qu'elles *« sont consacrées à des activités quotidiennes d'oral, de lecture et d'écriture qui prennent appui sur l'ensemble des champs disciplinaires ».*

Les choix de la programmation et la progressivité dans le cycle

Pour chaque niveau, la programmation articule les différents domaines du français par période : langage oral, lecture, écriture, étude de la langue (grammaire, orthographe, lexique).
Le nombre de séances indiquées ici est donné par semaine.

Lecture

Étude du code graphophonologique
Niveau 1 :8 séances de 15 min
En première période de la première année, un phonème et sa graphie sont étudiés par semaine, ensuite deux phonèmes par semaine (sauf si les graphies sont multiples). L'ordre de leur étude tient compte de la fréquence des phonèmes, de la nécessité d'avoir des sons-voyelles pour travailler dès que possible la combinatoire et du nombre de graphèmes. Cette étude est indépendante des activités de lecture compréhension.

Lecture-compréhension
Niveau 1 : 8 séances de 30 min.
Niveaux 2 et 3 : cinq séances de 40 min.
La lecture compréhension se travaille au début du cycle à partir de textes lus par le professeur puis peu à peu de textes lus en autonomie. Les différentes compétences liées à la compréhension sont travaillées dans des séquences spécifiques dont le titre est noté en gras dans la programmation.

La nature des textes-supports est donnée à titre indicatif. Les textes ont été choisis en prenant en compte les différents enjeux de la lecture, en respectant le lien avec l'écriture et d'autres disciplines. Cinq œuvres complètes sont proposées à chaque niveau. La lecture à voix haute n'est pas particulièrement mentionnée dans la colonne lecture-compréhension mais elle est pratiquée lors de la découverte de tout texte, toujours après une première découverte de ce qui est à lire. Elle fait l'objet de séquences particulières indiquées en langage oral.

Langage oral

Niveau 1 : deux séances de 15 min.
Niveaux 2 et 3 : une séance de 30 min.
Dans la colonne dédiée à l'oral, seules sont indiquées les séances spécifiques en lien avec la lecture ou d'autres disciplines. Elles concernent la mise en voix de textes lus ou mémorisés et l'entrainement explicite de pratiques langagières telles que raconter, décrire, expliquer, donner son point de vue…

Étude de la langue

Grammaire, Orthographe grammaticale
Niveau 1 : une séance de 30 min.
Niveaux 2 et 3 : deux séances de 40 min.
Au niveau 1, l'approche des notions grammaticales reste intuitive. Elle est en lien avec le vocabulaire et/ou la production écrite. Le rythme des séances n'est pas spécifié, il dépend des capacités des élèves, de la méthode de lecture utilisée. L'attention portée aux lettres en fin de mots doit se faire lors des activités de grammaire mais aussi lors des activités de lecture. (Les mots *pluriel, singulier, masculin, féminin, verbe, nom, adjectif, pronom* qui apparaissent dans la programmation sont employés par le professeur mais ne sont pas exigés des élèves.)
Aux niveaux 2 et 3, avant la structuration, l'approche intuitive prévaut encore pour chaque notion.

Lexique
Niveau 1 : trois séances de 30 min. Niveaux 2 et 3 : une séance de 20 min et deux séances de 30 min. Pas de séance particulière prévue dans la programmation sur le sens des mots en contexte, traité dans les activités de lecture lors de la découverte de tout texte. Les séquences sont centrées sur les mots que l'on découvre dans les textes de lecture, dans les

différentes disciplines. Ces mots sont relevés, manipulés pour être mémorisés et utilisés en production écrite. Ce faisant, les élèves repèrent des relations : famille de mots et antonymie aux trois niveaux, polysémie, synonymie aux niveaux 2 et 3, sens propre/sens figuré, registres de langue au niveau 3.
L'ordre alphabétique est abordé au niveau 1 à travers les activités de l'abécédaire. Aux niveaux 2 et 3, une courte séance par semaine est consacrée au rangement alphabétique puis à la recherche dans le dictionnaire.

Orthographe lexicale

Niveaux 2 et 3 : une séance de 40 min, deux séances de 15 min et une séance de 30 min

L'orthographe lexicale comporte plusieurs types de séquences : la révision du code phonie/graphie, la mémorisation des mots les plus fréquents au cours de laquelle on raisonne sur l'orthographe des mots, la dictée et des séances qui font le point sur des observations faites lors de la mémorisation des mots.

Écriture

Niveau 1 : trois séances de 30 min.
Niveaux 2 et 3 : deux séances de 40 min et une séance de 30 min

Comme les activités de lecture, les activités d'écriture sont quotidiennes mais toutes n'apparaissent pas dans la programmation. C'est le cas de l'écriture quotidienne dans le cahier de vie (voir la partie « Questionner le monde ») ou de l'écriture de réponses à des questions à la suite d'une lecture.
Les textes que l'on apprend à produire le sont en lien avec ceux qui sont lus. Ils le sont également dans le cadre de la mise en œuvre d'une démarche de production, pour identifier l'enjeu du texte, trouver et organiser des idées, élaborer des phrases qui s'enchainent avec cohérence, écrire ces phrases, réviser son texte, l'améliorer, l'enrichir et le mettre en page.

Le croisement des disciplines

Tout enseignement ou apprentissage est susceptible de donner à écouter, parler, lire et écrire. Des projets s'inscrivant dans la durée peuvent naturellement associer les activités langagières à tout autre domaine de l'enseignement. On en trouvera plusieurs exemples dans cette programmation : un récit de voyage à partir de l'étude de la ville, la réalisation d'un album incluant des illustrations, la vie à la mer ou à la montagne, etc.

Programmation annuelle d'activités

Français niveau 1 (CP)

<table>
<tr><th rowspan="2"></th><th colspan="2">Lecture</th><th rowspan="2">Langage oral</th><th colspan="2">Étude de la langue</th><th rowspan="2">Écriture</th></tr>
<tr><th>Étude du code</th><th>Lecture compréhension</th><th>Lexique</th><th>Grammaire-Orthographe grammaticale</th></tr>
<tr><td></td><td>Maitriser les compétences et connaissances associées graphophonologiques
Décoder et encoder.</td><td>Apprendre à mettre en œuvre une démarche de compréhension de texte.</td><td>Écouter, apprendre à raconter, décrire, expliquer, participer à des échanges.</td><td>Étendre ses connaissances lexicales, mémoriser et réutiliser des mots nouvellement appris.</td><td>Approcher intuitivement des éléments grammaticaux. Identifier des régularités. Mémoriser quelques formes verbales.</td><td>Copier et produire des écrits avec l'aide de l'adulte en commençant à s'approprier une démarche, réviser et améliorer ses écrits.</td></tr>
<tr><th colspan="7">Période 1</th></tr>
<tr><td>**S1**</td><td colspan="6">**Liaison Grande section-CP**
• Revoir les acquis de la grande section : mots, syllabes, lettres.
• Rappeler les histoires lues en grande section.
• Rappeler les consignes de travail connues, en présenter d'autres : réaliser un affichage collectif.</td></tr>
<tr><td>**S2**</td><td>• Repérer [a] et sa graphie *a*.</td><td rowspan="5">**Un album autour de l'école puis une histoire courte avec une structure répétitive :**
• prendre des indices sur la 1re et la 4e de couverture
• émettre des hypothèses sur le contenu de l'album
• comprendre une phrase, la reformuler avec ses propres mots.
• identifier les liens chronologiques.</td><td rowspan="5">**Raconter**
• Rappeler un récit lu.
Mémoriser
• Mémoriser une structure répétitive
• Récapituler les mots découverts lors de l'écoute ou la lecture des textes.
Jeux avec la voix
• Jouer sur le volume de la voix, la tonalité, le débit pour dire la structure répétitive mémorisée.</td><td rowspan="5">**Des mots par thème**
• Explicitation et collecte de mots en lien avec la lecture et les autres disciplines : la journée, les saisons, l'eau, la classe etc.
• Ranger au fil des collectes les mots des champs lexicaux dans l'abécédaire.
• Proposer un jeu de loto sur un ou plusieurs des thèmes pour utiliser l'abécédaire et revenir régulièrement sur les mots.</td><td rowspan="5">**Le mot**
Trier en deux colonnes :
• les mots (accompagnés de dessins) désignant personnes, choses, animaux ;
• les mots (accompagnés de dessins) indiquant ce que l'on fait : verbes des consignes, des activités de la journée…</td><td rowspan="3">**Un abécédaire avec les mots de la classe**
• Classer des mots (avec dessins) suivant la première lettre d'un mot. Écrire la première lettre d'un mot.
• Écrire des mots dans des écritures différentes : imprimerie, script, cursive.
• Copier des lettres, de mots des champs lexicaux étudiés dans l'abécédaire.</td></tr>
<tr><td>**S3**</td><td>• Repérer [i] et ses graphies *i*, *y*.</td></tr>
<tr><td>**S4**</td><td>• Repérer [r] et sa graphie *r*.
▸ **Comment repérer un phonème dans un mot ?** Lea.fr</td></tr>
<tr><td>**S5**</td><td>• Repérer [t] et sa graphie *t*.
• Lire et écrire *tr*.</td><td rowspan="2">**Des comptines**
• Compléter des comptines données avec des mots ou groupes de mots des champs lexicaux étudiés : jours de la semaine, l'été, l'eau…</td></tr>
<tr><td>**S6**</td><td>• Repérer [u], et sa graphie *ou*.</td></tr>
</table>

Programmation annuelle d'activités

Français niveau 1 (CP)

	Lecture		Langage oral	Étude de la langue		Écriture
	Étude du code	Lecture compréhension		Lexique	Grammaire-Orthographe grammaticale	
Période 2						
S1	• Repérer [l], et sa graphie *l*. • Repérer [p], et sa graphie *p*.	**Un conte** • Prélever des informations clés au fur et à mesure de la lecture et les mettre en relation ; traiter l'implicite. • Identifier les liens logiques. • Reformuler un épisode avec ses propres mots. • Émettre des hypothèses sur la suite d'un épisode.	**Raconter** • Rappeler un épisode du conte lu. **Mémoriser** • Mémoriser une partie du conte. • Récapituler les mots découverts lors de l'écoute ou la lecture des textes. **Jeux avec la voix** • Jouer sur le volume de la voix, la tonalité, le débit pour dire l'extrait du conte mémorisé.	**Des mots par thème (suite)** • Explicitation et collecte de mots en lien en lien avec la lecture et les autres disciplines : la semaine, les mois, la lumière, l'école etc. • Lors de chaque collecte, ranger les mots des champs lexicaux dans l'abécédaire. • Proposer un Memory sur un ou plusieurs des thèmes pour utiliser l'abécédaire et revenir régulièrement sur les mots.	**Approche intuitive du nom** • Classer des mots accompagnés de dessins suivant ce qu'ils désignent : personne/animal/chose. • Placer *un* ou *une*, *le* ou *la* devant des mots (accompagnés de dessins). • Classer les mots suivant qu'ils peuvent être précédés de *un/le* ou *la/une*. • Placer *un/le*, *une/la* ou *les/des* devant des mots (accompagnés de dessins).	**Des listes, des énumérations en utilisant la virgule et le petit mot *et*.** • Lister ce que l'on doit mettre dans son cartable avant de partir à l'école, le matériel à sortir ou à ranger en EPS, les ingrédients pour une recette, le matériel pour un bricolage, les personnages d'une histoire ; etc. • Compléter une énumération à la manière de…
S2	• Repérer [m] et sa graphie *m*. • Repérer [ə] et sa graphie *e*.					
S3	• Repérer [d] et sa graphie *d*. • Repérer [y] et sa graphie *u*.					
S4	• Repérer [e] et ses graphies *é*, *er*, *ez*.				**Approche intuitive de la phrase** • Lire un abécédaire contenant des phrases déclaratives écrites sur une ou plusieurs lignes. • Identifier des phrases et interpréter la ponctuation. • Constituer une phrase avec des étiquettes.	**Une phrase** • Apprendre à copier, par groupe de sens, une phrase que l'on sait lire. • Pour des lettres de l'abécédaire, écrire une phrase contenant le plus grand nombre de mots commençant par la même lettre. • Rédiger une phrase pour indiquer une règle de vie de classe. • Enrichir une phrase.
S5	• Repérer [s] et ses graphies *s*, *ss*. • Repérer [s] et ses graphies *c*, *ç*.	**Des textes injonctifs (Règles de vie)** • Comprendre une injonction. • Repérer les mots importants dans des injonctions. • Reformuler avec ses propres mots.	**Donner des ordres, des conseils** • Formuler les règles de vie de la classe.			
S6	• Repérer [o] et ses graphies *o*, *au eau*. • Repérer [ɔ], lire et écrire *or*, *ol*, *os*, *ot*, *op*.					

	Lecture		Langage oral	Étude de la langue		Écriture
	Étude du code	**Lecture compréhension**		**Lexique**	**Grammaire-Orthographe grammaticale**	
Période 3						
S1	• Repérer [v] et sa graphie *v*. • Repérer [n] et sa graphie *n*.	**Un album avec un récit d'aventure** • Prendre des indices dans le paratexte. • Identifier le héros et ses actions. • Identifier les liens logiques et chronologiques. • Prélever des informations clés au fur et à mesure de la lecture et les mettre en relation ; traiter l'implicite. • Résumer un épisode.	**Décrire** • Décrire une scène de jeux en utilisant des repères spatiaux. **Raconter** • Rappeler un épisode du récit lu. **Jeux avec la voix** • Jouer sur le volume de la voix, la tonalité, le débit pour préparer la mise en voix d'un extrait du texte.	**Des mots pour agir** • Retrouver dans l'abécédaire, des mots indiquant une action. • En collecter dans les textes de lecture de la période. • Les utiliser à l'oral pour décrire des actions ciblées suivant les métiers par exemple. • Proposer un jeu (cartes ou autre) avec des verbes pour y revenir régulièrement.	**Approche intuitive du verbe** • Lire un abécédaire des verbes. • Décrire des images oralement en énonçant des phrases avec un verbe d'action. • Mémoriser et transformer oralement une suite de phrases en fonction du temps et de la personne. • Porter attention aux lettres qui ne s'entendent pas à la fin des verbes, énoncer les régularités observées. • Mémoriser des formes verbales rencontrées dont les élèves ont besoin en production écrite comme : *je suis, j'ai, je vais, il court*, etc.	**Des phrases** (en dictée à l'adulte puis en autonomie avec des mots donnés ou que l'on connait). • Décrire une scène de jeux à l'extérieur. • Rédiger des phrases simples. Veiller à la précision des verbes. Enrichir les phrases. • Répéter l'activité avec deux autres images représentant des scènes diverses. • Copier deux des phrases écrites.
S2	• Repérer [ɛ] et ses graphies *è, ê, ai, et, ei*. • Lire et écrire *er, erre, ette, esse, enne, elle*.					
S3	• Repérer [k], lire et écrire *c, qu, k*.					
S4	• Repérer [ɔ̃], lire et écrire *on, om*. • Repérer [f] et ses graphies *f, ph*.	**Un texte documentaire** • Retrouver des informations dans un texte documentaire. • Résumer ce que l'on a appris.	**Présenter et expliquer** • Utiliser des indicateurs d'espace pour expliquer des déplacements dans l'école. • Présenter la maquette de l'école à d'autres.	**Des mots pour dire où et quand** • En lien avec « Questionner le monde », collecter et employer des indicateurs de temps et de lieu. • Les relever aussi dans les textes de lecture. • Les ranger dans l'abécédaire.		**De la phrase au texte : le compte rendu du travail sur l'école** • Lire des comptes rendus aux élèves. • Rédiger des phrases pour dire tout ce que l'on a fait et vu. • Enchainer les phrases avec des indicateurs de temps et de lieu. • Réviser le texte au niveau de la chronologie et de la situation des lieux. • Copier une partie du compte rendu.
S5	• Repérer [ɑ̃] et ses graphies *an/am, en/em*.					
S6	• Repérer [b] et sa graphie *b*. • Repérer [ʃ] et sa graphie *ch*.					

Programmation annuelle d'activités

Français niveau 1 (CP)

	Lecture		Langage oral	Étude de la langue		Écriture
	Étude du code	Lecture compréhension		Lexique	Grammaire-Orthographe grammaticale	
Période 4						
S1	• Repérer [ɛ̃] et ses graphies *in, ain, ein, un*.	**Un album autour d'un personnage-type** • Prendre des indices dans le paratexte. • Identifier le héros et son caractère. • Mettre en relation les informations prélevées avec ses propres connaissances sur le personnage ; traiter l'implicite. • Affronter un mot inconnu.	**Décrire** • Utiliser un lexique précis (adjectifs) pour décrire un personnage. **Raconter** • Rappeler un épisode du récit lu. **Jeux avec la voix** • Jouer sur le volume de la voix, la tonalité, le débit pour préparer la mise en voix d'un extrait du texte.	**Des mots pour désigner des personnages** • Dans les textes qu'on lit, relever les manières de nommer les personnages. • Y relever les mots qui donnent des précisions sur l'aspect physique, le caractère des personnages. Chaque fois que c'est possible, en donner le contraire.	**Approche intuitive de l'adjectif** • Lire des albums où les personnages sont nommés de manière différente en utilisant des adjectifs. • Décrire des images oralement en utilisant des adjectifs. • Jouer à l'oral avec des adjectifs dont le passage du masculin au féminin est perceptible à l'oral. • En fonction d'informations données sur un dessin, compléter un groupe nominal avec des adjectifs proposés.	**De la phrase au texte (suite)** • Écrire de courts récits à partir de trois images séquentielles. • Écrire une phrase pour chaque image. • Les relier avec des indicateurs d'espace, de temps et des substituts choisis parmi ceux collectés. • Réviser le texte et l'enrichir avec des groupes nominaux expansés avec des adjectifs. • Copier le texte mis en page.
S2	• Repérer [ø] et ses graphies *eu, œu*.					
S3	• Repérer [ʒ] et ses graphies *j, ge*.					
S4	• Repérer [z] et ses graphies *s, z*.			**Des mots par catégorie** • Classer des mots de l'abécédaire et d'autres mots, en catégories : personne, animal, outil de l'écolier, vêtement, véhicule, couleur, arbre, fleurs… • Oralement, faire deviner un animal ou un objet en énonçant une phrase commençant par le mot le catégorisant. • Par exemple : *« Je suis un animal avec… »*		
S5	• Repérer [g] et ses graphies *g, gu*.	**Des devinettes** • Prélever des informations et mettre en relation avec ses propres connaissances.	**Poser des questions** • Formuler des questions de différentes manières.			**Un jeu de Memory avec des devinettes pour jouer en classe** • Présenter le projet. • Dégager la structure de devinettes simples. • Compléter des devinettes. • Rédiger des devinettes portant sur un animal ou un objet à partir d'une structure donnée. • Réaliser les cartes avec les devinettes puis celles avec les réponses illustrées et jouer.
S6	• Repérer [œ] et ses graphies *eu, œu*. • Le *h* muet.					

	Lecture		Langage oral	Étude de la langue		Écriture
	Étude du code	Lecture compréhension		Lexique	Grammaire-Orthographe grammaticale	
Période 5						
S1	• Repérer [wa] et sa graphie *oi*. • Repérer [wɛ̃] et sa graphie *oin*.	**Un conte d'un pays étudié dans « Questionner le monde »** • Mettre en œuvre la démarche de compréhension d'un texte construite au cours de l'année. • Résumer l'histoire.	**Jeux avec la voix** • Jouer sur le volume de la voix, la tonalité, le débit pour préparer la mise en voix d'un extrait du texte. **Raconter** • Rappeler un épisode du récit lu.	**Des mots par thème : le portrait** • Collecter dans les contes lus depuis le début de l'année, les éléments relatifs au portrait des personnages. • Classer ces éléments : physique / caractère / agissements. Retrouver des noms, des verbes et des adjectifs déjà collectés et le contexte dans lequel ils ont été utilisés.	**Approche intuitive du singulier et du pluriel (groupe nominal, pronoms)** • Classer des noms suivant le singulier et au pluriel. Observer les marques du pluriel : *s* ou *x*. • Écrire *le/la* ou *les* devant des noms accompagnés de dessins. Même activité avec *un/une* ou *des*. • Dessiner un ou plusieurs éléments suivant le déterminant proposé.	**Des portraits de personnages de contes pour communiquer à une autre classe** • Présenter le projet. • Lire des portraits, en dégager la structure. • Compléter des portraits. • Choisir les personnages de contes à décrire : ogre, sorcière, renard, loup, poule… Rédiger leur portrait en complétant une structure donnée plus ou moins renseignée suivant les capacités de chacun. • Réviser les textes obtenus. • Choisir la manière de présenter ces portraits pour les communiquer : affiche, album. • Recopier les textes et les illustrer en fonction de la présentation choisie. • Organiser la présentation des portraits à l'autre classe.
S2	• Repérer [j] et sa graphie *i* (*ia, ieu, ion, ien*…).					
S3	• Repérer [j] et ses graphies *ll, ill, il*.					
S4	• Repérer [j] et sa graphie *y*.	**À partir d'un texte documentaire :** • En s'appuyant sur le sujet du documentaire, énoncer ce que l'on voudrait savoir. • Retrouver des informations. • Résumer ce que l'on a appris et comparer avec ce que l'on voulait savoir.	**Présenter et expliquer** • Utiliser des indicateurs d'espace pour expliquer des déplacements dans l'école • Présenter la vie dans le pays étudié dans « Questionner le monde ».	**Des mots par famille** • À partir de cartes avec dessin et mot, constituer des familles : *dent/dentiste/dentifrice, patin/patinoire/patineur/ lion/lionne, lionceau*… • Rechercher dans l'abécédaire, des mots qui seraient de la même famille. • Compléter des familles de mots. • Faire le point sur la construction de certains mots avec les préfixes (*dé, re*) et suffixes (*eur, age*) s'ils ont été rencontrés en lecture.	**Approche intuitive de la pronominalisation à la 3e personne.** • Rechercher dans les textes lus, les personnages pouvant être représentés par *il* ou par *elle*. • Lire et mémoriser des textes comprenant des phrases avec des pronoms substituts. Les redire en changeant le genre et ou le nombre du sujet. (exemple : *Le danseur entre en scène. Il a le trac.*) • Jeux d'étiquettes avec *il/elle* ou *il/ils* ou *elle/elles*.	
S5	• Repérer [ɲ] et sa graphie *gn*. • Repérer [ɥ] et sa graphie *ui*.					
S6	• Repérer [ks] et sa graphie *xs*. • Repérer [gz] et sa graphie *gz*.					

Programmation annuelle d'activités

Français niveau 2 (CE1)

	Lecture découverte et activités de compréhension	Langage oral	Étude de la langue			Écriture
			Grammaire-Orthographe grammaticale	Orthographe lexicale	Lexique	
	Mettre en œuvre la démarche de compréhension de texte construite au niveau 1 plus particulièrement sur les points en gras.	Écouter, apprendre à raconter, décrire, expliquer, participer à des échanges.	Approcher intuitivement puis structurer et utiliser les mots du langage spécialisé. Identifier des régularités.	Maitriser les relations entre l'oral et l'écrit Mémoriser l'orthographe des mots les plus fréquents.	Étendre ses connaissances lexicales, mémoriser et réutiliser des mots nouvellement appris.	Copier et produire des écrits avec l'aide de l'adulte puis en autonomie en commençant à s'approprier une démarche, réviser et améliorer ses écrits.
Période 1						
S1 **S2**	• À partir d'un abécédaire en bande dessinée : (ex : « *Un abécédaire pas comme les autres* », éditions Bilboquet). **La structure de l'abécédaire** • Repérer la manière dont l'abécédaire est organisé. **Comprendre une phrase** • En reformuler l'idée avec ses propres mots. **Les personnages** • Interpréter des pronoms qui désignent des personnes, des animaux…	**Répondre à une question posée** • Formuler clairement une réponse à une question précise pour témoigner de sa compréhension.	**La phrase : approche intuitive** • Relever la ponctuation dans l'abécédaire. • Identifier des phrases dans un texte. • Repérer dans des phrases de qui on parle et ce qu'on en dit.	**Les graphies de [a], [i]** • Mémorisation de mots. • Dictée. **Les graphies de [u], [y]** • Mémorisation de mots. • Dictée. ▸ **Améliorer son orthographe en mémorisant des mots.** Lea.fr	**L'ordre alphabétique** • Repérage de lettres dans l'alphabet. **Des mots pour écrire** • Recherche du vocabulaire nécessaire à la production écrite.	**Des phrases** • Copier des phrases. • Écrire des phrases dans des bulles pour compléter certaines scènes de l'abécédaire.
S3	• À partir d'un conte de randonnée dans un album (texte complet). **Le paratexte** • À partir de la 1re et la 4e de couverture, créer un horizon d'attente. **Les personnages** • Rechercher les différentes manières de les nommer et ce qu'elles nous apprennent sur les personnages. **Les étapes du conte** • Identifier la situation initiale, le problème, les différentes rencontres, le dénouement, la fin. **Les paroles prononcées par les personnages** • Les repérer, les lire à voix haute en respectant l'intonation.	**Raconter** • Reformuler un épisode lu. **Jeux avec la voix** • Jouer sur le volume de la voix, la tonalité, le débit pour préparer la mise en voix d'un dialogue. **Dialoguer** • Imaginer et jouer une nouvelle rencontre. **Donner son point de vue** • Exprimer son ressenti sur le conte et le justifier.	**Les pronoms : approche intuitive** par manipulation de textes en changeant la personne. **La phrase : structuration** • Énoncer les caractéristiques de la phrase. • Constituer des phrases simples à partir de groupes de mots donnés. • Repérer dans des phrases de qui on parle et ce qu'on en dit.	**Les graphies du son [l] :** *l, ll.* • Mémorisation de mots. • Dictée.	**L'ordre alphabétique** • Ranger des mots dans l'ordre alphabétique (1re lettre) **Les mots du conte** • Collecter et utiliser le vocabulaire lié aux lieux, actions des personnages, à l'introduction des paroles rapportées. • Compléter la collecte avec les mots nécessaires à la production écrite. • Trier, classer les mots collectés pour établir des relations : famille et dérivation, polysémie, synonymie, antonymie.	**Deux phrases enchainées** • Légender l'illustration d'une étape du conte de randonnée en deux phrases reliées par un pronom. • Enrichir les phrases produites
S4				**Les graphies du son [r] :** *r, rr.* • Mémorisation de mots. • Dictée.		**Un texte à partir d'une structure donnée** • Dans le conte, insérer une rencontre avec un nouveau personnage en utilisant la structure de la rencontre. • Relire et enrichir le texte. • Copier et mettre en page la rencontre.
S5				**Les graphies du son [e] :** *é, er, ez.* • Mémorisation de mots. • Dictée.		
S6			**Les pronoms *il/ils/elle/elles* : structuration** • Analyse des observations, conclusion, exercices	**Les graphies du son [ɛ] :** *è, ê, e, ai, ei* • Mémorisation de mots. • Dictée.		

<table>
<tr><th rowspan="2"></th><th rowspan="2">Lecture découverte et activités de compréhension</th><th rowspan="2">Langage oral</th><th colspan="3">Étude de la langue</th><th rowspan="2">Écriture</th></tr>
<tr><th>Grammaire-Orthographe grammaticale</th><th>Orthographe lexicale</th><th>Lexique</th></tr>
<tr><th colspan="7">Période 2</th></tr>
<tr><td>S1</td><td rowspan="2">• À partir de fiches présentant les étapes d'une réalisation écrite à la 2e personne : recette, bricolage.
La fonction du texte
• Réaliser la recette et/ou le bricolage en classe.
L'organisation du texte : des consignes dans un ordre donné
• Reconstituer une fiche de fabrication.
• Identifier les mots indiquant les actions.</td><td rowspan="2">Rappeler, reformuler,
• Réutiliser les verbes de la fiche de fabrication ou des synonymes. pour expliquer une fiche de fabrication.</td><td rowspan="4">▸ Le verbe et son sujet (fiche p. 34)
Approche intuitive par manipulation de textes en changeant la personne et le temps.
Le nom
• Approche intuitive par l'observation de groupes nominaux lors de la manipulation des textes et par la collecte de groupes nominaux.
La phrase (suite)
• Identifier des phrases dans un texte.
• Constituer des phrases simples à partir de groupes de mots données.</td><td>Les graphies du son [o] [ɔ] : o, ô, au, eau.
• Mémorisation de mots.
• Dictée.</td><td rowspan="2">L'ordre alphabétique
• Ranger des mots dans l'ordre alphabétique (1re lettre)
Les mots des consignes
• Relever les mots indiquant les actions, leur succession.
• Remplacer les verbes mettre et faire par des verbes plus précis.</td><td rowspan="2">Une fiche de fabrication
• Compléter une fiche avec des verbes précis et des indicateurs de succession donnés.
• Compléter une fiche avec les outils à sa disposition.</td></tr>
<tr><td>S2</td><td>Les graphies du son [p] : p, pp.
• Mémorisation de mots.
• Dictée.</td></tr>
<tr><td>S3</td><td rowspan="4">• À partir d'un « premier » roman d'aventures (écrit au présent).
Le paratexte
• À partir de la première et la 4e de couverture, créer un horizon d'attente.
Les moments de l'histoire
• Identifier les étapes du récit et leur succession,
• Dessiner et remettre dans l'ordre chronologique les étapes du récit.
• Dans un des chapitres, relever ce qui est de l'ordre du passé, du présent ou du futur d'un des personnages à un moment donné.
• Lecture puzzle d'un chapitre.</td><td rowspan="4">Décrire
• Utiliser des repères spatiaux pour décrire la première de couverture.
Raconter
• Reformuler l'épisode lu.
• Avant la lecture d'un chapitre, résumer l'histoire depuis le début.
• Raconter une suite d'actions imagées remises dans l'ordre en utilisant des repères temporels.
Présenter une réalisation
• Faire découvrir à d'autres l'album réalisé en production écrite.
• Jeux avec la voix
• Jouer sur le volume de la voix, la tonalité, le débit.</td><td>La graphie du son [b] : b.
• Mémorisation de mots.
• Dictée.</td><td rowspan="4">L'ordre alphabétique
• Ranger des mots dans l'ordre alphabétique (1re lettre et 2e lettre).
Les mots du récit d'aventures
• Collecter et employer les indicateurs de temps et de lieu.
• Collecter et employer les verbes indiquant des actions. Compléter la liste avec les verbes nécessaires à la production écrite.
• Trier, classer les mots collectés pour établir des relations : famille et dérivation, polysémie, synonymie, antonymie.</td><td rowspan="4">Un album d'histoires courtes pour la bibliothèque de l'école
• Lire des histoires courtes, en trouver la structure.
• Dégager les caractéristiques de chaque partie (fond et forme) et les employer en complétant des parties de récit.
• Rédiger des récits pour l'album avec un guidage plus ou moins fort de l'enseignant. Les relire en les enrichissant, les mettre en page.
• Les illustrer et réaliser l'album.</td></tr>
<tr><td>S4</td><td>Les graphies de [s] : s, ss, sc, c, ç, t.
• Mémorisation de mots.
• Dictée.</td></tr>
<tr><td>S5</td><td rowspan="2">Le verbe et son sujet structuration
• Analyser les observations précédentes, conclure, s'exercer.</td><td>Les graphies de [z] : s, z.
• Mémorisation de mots.
• Dictée.</td></tr>
<tr><td>S6</td><td>Les graphies de [t] : t, tt.
• Mémorisation de mots.
• Dictée.
▸ Les contraires.
Lea.fr</td></tr>
</table>

Programmation annuelle d'activités

Français niveau 2 (CE1)

	Lecture découverte et activités de compréhension	Langage oral	Étude de la langue			Écriture
			Grammaire-Orthographe grammaticale	Orthographe lexicale	Lexique	
	Période 3					
S1	À partir d'un ou plusieurs poèmes jouant sur les sons. **L'organisation du poème** • Repérer les strophes, les vers. • Compter les syllabes de chaque vers, découvrir les rimes.	**Jouer avec la voix** • Jouer sur le volume de la voix, la tonalité, le débit pour préparer la mise en voix de poèmes.	**Le présent : approche intuitive** par manipulation de textes en changeant personne ou temps. • Élaborer progressivement le tableau de conjugaison des verbes en *-er*, repérer des régularités. • Afficher la conjugaison des verbes être et avoir au présent ainsi que les formes verbales d'autres verbes (*faire, dire*) aux personnes les plus utilisées à fin de mémorisation. **Le nom : approche intuitive** par l'observation de groupes nominaux lors de la manipulation des textes et par la collecte de groupes nominaux. • Repérage de la marque du pluriel. • Classement de mots désignant : une personne/un animal/une chose. **La phrase (suite)** • Identifier des phrases dans un texte. • Constituer des phrases simples à partir de groupes de mots et déplacer des groupes de mots qui peuvent l'être.	**Les graphies de [d] : *d, dd.*** • Mémorisation de mots. • Dictée.	**L'ordre alphabétique** • Ranger des mots dans l'ordre alphabétique (1re lettre et 2e lettre) **Les mots du poème** • Rechercher les mots nécessaires à la production.	**Un poème à la manière de...** • Copier un poème. • Compléter un poème avec des vers donnés. • Ajouter une strophe à un poème d'après une structure donnée.
S2				**Les graphies de [k] : *c, qu, k, qu, q.*** • Mémorisation de mots. • Dictée.		
S3	À partir d'un album documentaire. **Le paratexte** • À partir de la 1re et la 4e de couverture et des connaissances que l'on a sur le sujet, exprimer ses attentes. **L'organisation d'une page ou double page.** • Repérer les paragraphes et leur titre, la place et le rôle des illustrations, des légendes. **Des informations** • Les repérer et les mettre en relation avec ses propres connaissances. **Des relations logiques** • Les repérer et les interpréter. **La reprise des informations** • Identifier les phénomènes de reprise.	**Présenter des informations** • Exposer les connaissances que l'on a sur le sujet traité par le documentaire avant de le lire. • Présenter des informations découvertes sur chaque page de l'album en les reformulant et en réutilisant le vocabulaire spécifique. **Présenter une réalisation** • Faire découvrir à d'autres l'affiche documentaire réalisée en production écrite. **Donner son point de vue** • Justifier les choix de contenus et de mise en page. **Décrire** • Utiliser un lexique précis et des repères spatiaux pour décrire une image extraite d'un documentaire.		**Les graphies de [ã] : *an/am, en/em.*** • Mémorisation de mots. • Dictée.	**L'ordre alphabétique** • Ranger des mots dans l'ordre alphabétique (1re et 2e lettre) **Les mots du thème de l'album documentaire** • Collecter le vocabulaire spécifique au thème de l'album ainsi que les mots de liaison logiques. Proposer des activités pour les utiliser. • Compléter cette collecte avec les mots nécessaires à la production écrite. • Trier, classer les mots collectés pour établir des relations : famille et dérivation, polysémie, synonymie, antonymie.	**Une affiche documentaire à la manière de la page de l'album.** • Compléter un texte documentaire avec des informations données et légender une illustration. • Rédiger des phrases à partir d'informations données, les relier et légender une illustration. • Donner des informations sur un thème. Les organiser en trois parties, légender les illustrations. Rédiger deux phrases pour chaque partie, et les relier. Écrire des sous-titres. Mettre en page avec les illustrations et réaliser l'affiche.
S4				**Les graphies de [ɔ̃] : *on/om.*** • Mémorisation de mots. • Dictée.		
S5				**Les graphies de [ɛ̃] : *in/im, ain, ein, un.*** • Mémorisation de mots. • Dictée.		
S6			**Le présent des verbes en *-er* : structuration** • Analyse des observations précédentes, conclusion, exercices	**Les graphies de [m] : *m, mm.*** • Mémorisation de mots. • Dictée.		

	Lecture découverte et activités de compréhension	Langage oral	Étude de la langue			Écriture
			Grammaire-Orthographe grammaticale	Orthographe lexicale	Lexique	
Période 4						
S1	À partir d'un récit de vie se déroulant dans le passé (vers 1900, 1930 ou 1950). **Des informations** • Les repérer et les comparer à ce que l'on sait déjà de la période. **Des mises en relation** • Comprendre les actions et les pensées de la personne qui raconte.	**Interroger des personnes** • Préparer un questionnaire pour interroger des personnes sur la vie autrefois : activités à la campagne, déplacements. (en lien avec « Questionner le monde »). • Réaliser les interviews et présenter les réponses à la classe.	**Le nom : structuration** • Analyse des observations précédentes, conclusion, exercices.	**Les graphies de [n] : *n, nn.*** • Mémorisation de mots. • Dictée.	**Le dictionnaire** • Découverte du dictionnaire : articles, planches, mots repères en haut de page. **Les mots du récit** • Collecter les mots spécifiques et les employer.	**Un résumé** (en lien avec « Questionner le monde ») • Copier un résumé. • Compléter des résumés. • Rédiger un résumé à partir d'idées données : écrire des phrases que l'on enchaine ensuite.
S2			**L'adjectif : approche intuitive** par suppression, substitution, ajout… • Repérage des marques du féminin et du pluriel. **L'imparfait : approche intuitive** • Manipulation de textes en changeant personne et temps. • Élaborer peu à peu le tableau de conjugaison des verbes en *-er.* • Repérer les régularités et la présence de *ai.* **La phrase (suite)** • Identifier des phrases, constituer des phrases simples à partir de groupes de mots. • Transformer des phrases de la forme affirmative à la forme négative. • Dans des phrases, déplacer et supprimer les groupes qui peuvent l'être.	**Les graphies de [f] : *f, ff, ph.*** • Mémorisation de mots. • Dictée.		
S3	À partir de portraits. **L'organisation d'un portrait** • Dégager les caractéristiques du portrait. **Les manières de nommer le personnage** • Trouver les informations qu'elles apportent sur le personnage. **Des relations logiques.** • Réfléchir sur le caractère du personnage, ses intentions, ses actions…	**Décrire** • Utiliser un lexique précis pour décrire un personnage à quelqu'un. **Jeux avec la voix** • Jouer sur le volume de la voix, la tonalité, le débit pour lire un portrait.		**Les graphies de [v] : *v.*** • Mémorisation de mots. • Dictée.	**Le dictionnaire** • Se repérer dans le dictionnaire : l'ouvrir à la page de telle lettre, aller vers telle autre lettre, puis chercher un mot. **Les mots du portrait** • Rechercher et employer le vocabulaire nécessaire au portrait : physique et caractère. • Trier, classer les mots collectés pour établir des relations : famille et dérivation, polysémie, synonymie, antonymie. **Des mots pour écrire une saynète** • Collecter les mots des didascalies indiquant des actions faites ou des actions ordonnées. • Selon les mots collectés, trier, classer pour établir des relations : famille et dérivation, polysémie, synonymie, antonymie.	**Une galerie de portraits** • Copier un portrait. • Compléter différentes parties de portraits en utilisant ce qui a été dégagé en lecture et le vocabulaire collecté. • Rédiger son propre portrait. Le relire et l'enrichir. • Le recopier et réaliser la galerie de portraits des élèves de la classe.
S4				**Les graphies de [g] : *g, gu.*** • Mémorisation de mots. • Dictée.		
S5	À partir d'une saynète de théâtre. **Présentation et fonction du texte** • Distinguer le nom des personnages, les paroles à dire, les didascalies. **La ponctuation** • Interpréter les différents signes de ponctuation. **L'histoire racontée dans la saynète** • Résumer l'histoire.	**Jouer avec la voix** • Jouer sur le volume de la voix, la tonalité, le débit pour préparer la mise en voix d'une une saynète.		**Les graphies de [ʒ] : *j, ge.*** • Mémorisation de mots. • Dictée.		**Des répliques** • Copier des répliques. • Recopier un texte de théâtre en faisant apparaitre le nom des personnages et les paroles. • Insérer une réplique dans une scène donnée.
S6			**L'imparfait : structuration** • Analyse des observations précédentes, conclusion, exercices	**Structuration : *et, ou.*** • Mémorisation de mots. • Dictée.		

Programmation annuelle d'activités

Français niveau 2 (CE1)

	Lecture découverte et activités de compréhension	Langage oral	Étude de la langue			Écriture
			Grammaire-Orthographe grammaticale	Orthographe lexicale	Lexique	
Période 5						
S1	À partir d'articles de journaux sur la montagne ou le bord de mer. **L'organisation d'un des articles lus** • Dans des journaux pour enfants, rechercher des articles sur la montagne ou la mer. • Dégager l'information principale : souvent contenue dans le titre. • Classer suivant leur contenu (vie-accident-météo…)	**Donner son opinion** • Débattre à partir d'un problème soulevé dans un des articles relevés. **Présenter des informations** • Parler de la vie à la montagne ou à la mer (lien avec « Questionner le monde »).	**L'adjectif structuration** • Analyse des observations précédentes, conclusion, exercices	**Les graphies de [ə], [œ], [ɸ] : *e, eu, œu.*** • Mémorisation de mots. • Dictée.	**Le dictionnaire** • Rechercher un mot et lire l'article. **Des mots de la montagne et du bord de la mer** • Relever le lexique spécifique utilisé dans la séquence de « Questionner le monde » et dans les articles de journaux.	**Des titres d'article** • Rédiger un titre à des articles de journaux donnés (type *La photo du jour* du Petit quotidien dont l'article n'a pas de titre).
S2			**Le groupe nominal** • Classement en genre et en nombre **Le futur : approche intuitive** par manipulation de textes en changeant la personne et le temps. • Élaborer progressivement le tableau de conjugaison des verbes en *-er.* • Repérer les régularités et la présence de ai. **La phrase** • Identifier des phrases dans un texte. • Constituer des phrases simples à partir de groupes de mots. • Transformer des phrases de la forme affirmative à la forme négative.	**Structuration : *son, sa, mon*** collectés. • Mémorisation de mots. • Dictée.		
S3	À partir d'un court roman policier avec enquête. **Le paratexte** • Émettre des hypothèses sur l'histoire. **Les personnages** • Identifier les personnages et leurs relations. • Réfléchir sur le but de leurs actions, leurs pensées (ce qu'ils veulent, ressentent, savent, croient). **L'organisation du récit** • Identifier les étapes du récit et mettre en relation les moments et les lieux avec les actions. • Anticiper une suite à chaque chapitre avant de lire le suivant.	**Raconter** • Raconter un des chapitres. • Expliciter avec les mots justes les pensées des personnages. **Jeux avec la voix** • Jouer sur le volume de la voix, la tonalité, le débit pour lire un extrait du roman. **Donner son opinion** • Donner son ressenti sur le roman et justifier son point de vue. • Présenter un livre lu en autonomie pendant l'année.		**Les graphies de [j] : *ill, ll, il, i, y.*** • Mémorisation de mots. • Dictée.	**Le dictionnaire** • Rechercher un mot et lire l'article. **Le champ lexical du roman policier** • Collecter et utiliser les mots ou groupes de mots relatifs à l'enquête, au suspens. • Trier, classer les mots collectés pour établir des relations : famille et dérivation, polysémie, synonymie, antonymie. **Les registres de langue** • Suivant le roman lu, retrouver les mots du registre familier et rechercher les mots correspondants dans le registre courant.	**Un épisode** • À partir des idées principales d'un épisode, écrire quelques phrases et les enchainer pour obtenir un résumé cohérent. • Arrêter la lecture avant le dernier chapitre et énoncer des hypothèses pour la fin. En choisir une ou plusieurs. Rédiger des phrases à partir de ces hypothèses, les relier. • Relire la ou les fins obtenues, comparer ensuite avec celle du roman.
S4				**Les graphies de [ɥi] : *ui.*** • Mémorisation de mots. • Dictée.		
S5				**Les graphies [ɲ] : *gn, ni.*** • Mémorisation de mots. • Dictée.		
S6			**Le futur : structuration** • Analyse des observations précédentes, conclusion, exercices.	**Structuration : *à/au/vers/dans.*** • Mémorisation de mots. • Dictée.		

Français niveau 3 (CE2)

	Lecture découverte et activités de compréhension	Langage oral	Étude de la langue Grammaire-Orthographe grammaticale	Étude de la langue Orthographe lexicale	Étude de la langue Lexique	Écriture
	Mettre en œuvre la démarche de compréhension de texte construite au niveau 1 particulièrement sur les points en gras.	Écouter, apprendre à raconter, décrire, expliquer, participer à des échanges.	Approcher intuitivement puis structurer et utiliser les mots du langage spécialisé. Identifier des régularités.	Maitriser les relations entre l'oral et l'écrit Mémoriser l'orthographe des mots les plus fréquents.	Étendre ses connaissances lexicales, mémoriser et réutiliser des mots nouvellement appris.	Copier et produire des écrits avec l'aide de l'adulte puis en autonomie en commençant à s'approprier une démarche, réviser et améliorer ses écrits.
Période 1						
S1	À partir de trois contes courts. **Le paratexte** • À partir de la 1re et la 4e de couverture et des connaissances que l'on a sur le sujet, exprimer ses attentes. **Les personnages** • Les identifier et dégager leur rôle dans l'histoire. • Retrouver les mots qui les désignent ou les représentent et ce qu'ils nous apprennent sur les personnages. **L'idée essentielle d'un paragraphe** • La repérer, la formuler, la mémoriser. **Les étapes du conte** • Les repérer, les retrouver dans d'autres contes.	**Raconter** • Formuler clairement l'idée principale d'un paragraphe. • Raconter le conte en s'aidant ou non de dessins à partir des étapes repérées. **Jeux avec la voix** • Jouer sur le volume de la voix, la tonalité, le débit pour dire un extrait du conte. **Donner son opinion** • Indiquer son conte préféré, échanger, justifier son choix.	**Le verbe et son sujet** **Approche intuitive** par manipulation de textes en changeant la personne et le temps. **Le présent : approche intuitive** par manipulation de textes en changeant personne ou temps. • Élaborer progressivement le tableau de conjugaison des verbes en *-er*, repérer des régularités. **La phrase** • Identifier des phrases dans un texte. • Constituer des phrases simples à partir de groupes de mots. • Repérer dans des phrases de qui on parle et ce qu'on en dit. **Le groupe nominal approche intuitive** par suppression, substitution, ajout… • Repérage des marques du féminin et du pluriel.	**Les graphies de [ɔ̃] : *on/om.*** • Mémorisation de mots. • Dictée.	**L'ordre alphabétique** • Repérages dans l'alphabet. • Rangement de mots. **Les mots des contes** • Relever les verbes indiquant les actions des personnages, les indicateurs de temps. • Mettre ensemble des mots du conte ayant le même sens ou un sens voisin plus précis. Les employer.	**Une comptine sur l'alphabet** • Choisir une comptine et la compléter.
S2				**Les graphies de [ɑ̃] : *an/am, en/em.*** • Mémorisation de mots. • Dictée.		**Copier une phrase** • Apprendre à copier une phrase. **Des phrases** • Légender une ou plusieurs images illustrant un conte. • Imaginer en deux ou trois phrases la suite directe de l'extrait lu. • Résumer chaque partie d'un conte court en une phrase. Relire et enrichir les phrases.
S3				**Les graphies de [ɛ̃] : *in/im, ain, ein, en, un.*** • Mémorisation de mots. • Dictée.		
S4	À partir d'extraits de romans avec dialogues et narrateurs différents. **Le narrateur** • L'identifier (un personnage de l'histoire ou un observateur), le différencier de l'auteur. • Le point de vue du narrateur. **Les paroles prononcées par les personnages** • Les distinguer du récit et réfléchir à ce qu'elles apprennent sur le personnage.	**Jeux avec la voix** • Jouer sur le volume de la voix, la tonalité, le débit pour dire un dialogue. **Raconter** • Se mettre à la place d'un personnage. **Expliquer** • Faire comprendre à d'autres le point de vue d'un personnage dans un récit.		**Structuration : m, devant *m, b, p.*** • Mémorisation de mots. • Dictée.	**L'ordre alphabétique** • Rangements de mots. **Les mots des textes lus** • Relever et employer les différentes manières de nommer un personnage. **Les verbes pour introduire le dialogue** • Mettre ensemble ceux ayant le même sens ou un sens voisin plus précis. les employer.	**Un récit transformé** • Transformer un récit en changeant le narrateur. • Le recopier. **Un dialogue** • Compléter un dialogue entre des personnages. • Remplacer une partie de récit par un dialogue. • Réviser et enrichir ce qui a été écrit.
S5			**Le verbe, son infinitif, le sujet structuration** • Analyse des observations précédentes, conclusion, exercices	**Les graphies du son [o]: *o, ô, au, eau.*** • Mémorisation de mots. • Dictée.		
S6				**Les graphies du son [ɔ] : o.** • Mémorisation de mots. • Dictée.		

Programmation annuelle d'activités

Français niveau 3 (CE2)

	Lecture découverte et activités de compréhension	Langage oral	Étude de la langue : Grammaire-Orthographe grammaticale	Étude de la langue : Orthographe lexicale	Étude de la langue : Lexique	Écriture
	Période 2					
S1	À partir d'une lettre, un extrait de journal, ou carnet de voyage. **L'organisation du texte** • Dégager les différentes parties et leur fonction. **Les relations temporelles et spatiales** • Trouver l'ordre chronologique et identifier, ce qui permet de le trouver. • Observer le rôle des indicateurs spatiaux dans l'enchainement des phrases.	**Décrire** • Utiliser un lexique précis et des repères spatiaux pour décrire une photo de paysage. **Présenter des informations** • Rechercher des informations complémentaires et présenter un lieu évoqué dans le récit de voyage.	**Le groupe nominal approche intuitive** comme en période 1. **La phrase (suite)** • Identifier des phrases dans un texte. • Constituer des phrases simples à partir de groupes de mots. • Dans des phrases, déplacer et supprimer les groupes qui peuvent l'être. **Le présent : approche intuitive** comme période 1.	**Les graphies de [k] : *c, qu, k, qu, q.*** • Mémorisation de mots. • Dictée.	**Le dictionnaire** • Organisation d'une page de dictionnaire. **Les indicateurs de temps** • Les relever, les classer, les employer: succession/simultanéité/durée). **Les indicateurs de lieu** • Les relever, les classer, les employer.	**Un récit de voyage** • Compléter une journée dans la ville (celle de l'école ou la ville proche) racontée par un enfant venu en touriste en utilisant ce que l'on sait de la ville. • Relire et enrichir le texte obtenu.
S2				**Les graphies de [g] : *g, gu.*** • Mémorisation de mots. • Dictée.		
S3	À partir d'articles documentaires sur les animaux à partir d'un journal pour enfants. **Une démarche pour lire un documentaire** • Avant de lire, dire ce que l'on sait, ce que l'on voudrait savoir. Lire. Après lecture, faire le point sur ce que l'on a appris et rechercher si besoin des informations complémentaires. **L'organisation des informations** • Observer les rubriques, leur titre et le rapport texte/images ou photos. • Repérer les informations essentielles. **Répondre à des questions** • Pour trouver la réponse, relier des éléments du texte puis des éléments du texte avec ses connaissances.	**Décrire** • Utiliser un lexique précis et des repères spatiaux pour décrire un animal. **Présenter des informations** • Présenter un animal d'après une fiche documentaire avec • réutilisation du vocabulaire de la fiche.	**Le présent des verbes en *-er* : structuration** • Analyse des observations précédentes, conclusion, exercices	**Les graphies de [ʒ] : *j, ge.*** • Mémorisation de mots. • Dictée.	**Le dictionnaire** • Chercher un mot en utilisant les mots repères en haut de page. **Les mots pour parler des animaux** • Classer les mots indiquant l'aspect physique, l'habitat, la nourriture, la reproduction etc. • Désigner les animaux avec un terme générique : mammifères, oiseaux, carnivores, herbivores… • Construire un nom à partir d'un verbe pour titrer une rubrique.	**Une double page d'un journal sur un animal** • Enrichir des informations données sur l'aspect physique d'un animal en s'aidant d'une illustration. • Compléter une rubrique d'un texte documentaire à partir d'informations données. • Choisir des animaux représentatifs d'un continent ou d'un pays. Compléter les rubriques d'une page type pour chaque animal à partir d'informations données ou recherchées.
S4			**Le groupe nominal approche intuitive** comme ci-dessus. **La phrase (suite)** comme ci-dessus. **Le présent :** approche intuitive comme ci-dessus pour les autres verbes que les verbes en *-er.* • Afficher la conjugaison des verbes *être* et *avoir* au présent.	**Structuration : la valeur de position de la lettre *g.*** • Mémorisation de mots. • Dictée.		
S5				**Les graphies de [s] : *s, ss, sc, c, ç, t.*** • Mémorisation de mots. • Dictée.		
S6			**Les constituants du groupe nominal : déterminant, nom, adjectif – structuration** • Analyse des observations précédentes, conclusion, exercices.	**Les graphies de [z] : *s, z.*** • Mémorisation de mots. • Dictée.		

<table>
<tr><th rowspan="2"></th><th rowspan="2">Lecture découverte et activités de compréhension</th><th rowspan="2">Langage oral</th><th colspan="3">Étude de la langue</th><th rowspan="2">Écriture</th></tr>
<tr><th>Grammaire-Orthographe grammaticale</th><th>Orthographe lexicale</th><th>Lexique</th></tr>
<tr><td colspan="7">Période 3</td></tr>
<tr><td>S1</td><td rowspan="2">À partir de règles de jeu.
La fonction du texte
• Jouer au jeu dont on lit la règle.
L'organisation du texte
• Mettre en évidence les différentes parties : nombre de joueurs, matériel, but, règles, gagnant…
Des consignes dans un ordre logique
• Reconstituer une règle du jeu.
• Identifier les mots indiquant les actions.</td><td rowspan="2">Expliquer
• Expliciter la règle de jeu que l'on vient de lire avant de jouer.
Faire faire
• Formuler des consignes en employant un verbe précis.</td><td>Le présent des autres verbes : structuration
• Analyse des observations précédentes, conclusion, exercices.</td><td>Structuration : la valeur de position de la lettre s.
• Mémorisation de mots.
• Dictée.</td><td rowspan="2">Le dictionnaire
• Organisation d'un article.
Les verbes de la règle du jeu.
• Les relever et trouver des synonymes.
• Pour certains verbes, approcher leurs différents sens.</td><td rowspan="2">Une règle de jeu
• Imaginer un jeu à partir des pages documentaires réalisées sur les animaux du monde.
• Rédiger la règle en complétant une structure donnée.</td></tr>
<tr><td>S2</td><td rowspan="4">La phrase
• Identifier des phrases dans un texte.
• Constituer des phrases simples à partir de groupes de mots.
• Déplacer, ajouter, supprimer des groupes dans des phrases.
• Transformer des phrases de la forme affirmative à la forme négative.
L'imparfait : approche intuitive par manipulation de textes en changeant personne ou temps.
• Élaborer progressivement le tableau de conjugaison des verbes en -er, repérer des régularités.
Le groupe nominal
• Classement en genre et en nombre.
• Les marques d'accord en genre (e) des noms et des adjectifs.</td><td>Structuration : la valeur de position de la lettre c.
• Mémorisation de mots.
• Dictée.
▸ La valeur de la position de la lettre c.
Lea.fr</td></tr>
<tr><td>S3</td><td rowspan="4">À partir d'un album évoquant des contes sous forme de bande dessinée.
Le paratexte
• À partir de la 1re et 4e de couverture émettre des hypothèses sur l'histoire.
Les différents éléments de la bande dessinée
• Dégager le rôle des vignettes, des bulles, des onomatopées, des cartouches.
• Interpréter les divers signes graphiques.
Les personnages
• Les décrire physiquement et moralement, suivre leurs actions et leurs pensées à travers les dessins et leurs paroles.
L'intertextualité
• Retrouver les indices dans le texte et l'image qui évoquent des contes.</td><td rowspan="4">Raconter
• Raconter l'histoire d'une planche de BD.
• Résumer un des contes évoqués.
Jeux avec la voix
• Jouer sur le volume de la voix, la tonalité, le débit pour mettre en voix la BD.
Expliquer
• Se mettre à la place d'un personnage et expliquer ses intentions set ses pensées.</td><td>Les graphies du son [e] : é, er, ez.
• Mémorisation de mots.
• Dictée.</td><td rowspan="4">Le dictionnaire
• Chercher des mots et relever les abréviations.
Les mots de la bande dessinée
• Relever les onomatopées, en trouver d'autres
• Remplacer des mots de la langue orale de la BD par des mots d'un registre plus soutenu.
• Pour certains mots vus lors de la lecture de l'album, approcher leurs différents sens.</td><td rowspan="4">Une planche de bande dessinée
• Compléter les bulles d'une page de bande dessinée.
• Compléter les cartouches d'une planche de BD.
• Transformer une planche de BD en récit
• Dessiner trois vignettes racontant une scène donnée sous forme de récit. Ajouter des bulles, des cartouches, des signes graphiques.</td></tr>
<tr><td>S4</td><td>Les graphies du son [ɛ] : è, ê, e, ai, ei.
• Mémorisation de mots.
• Dictée.</td></tr>
<tr><td>S5</td><td>Structuration : et, ou rencontrés dans les textes depuis le début de l'année.
• Mémorisation de mots.
• Dictée.</td></tr>
<tr><td>S6</td><td>L'imparfait : structuration
• Analyse des observations précédentes, conclusion, exercices</td><td>Les graphies de [j] : ill, ll, il, i, y.
• Mémorisation de mots.
• Dictée.</td></tr>
</table>

Programmation annuelle d'activités

Français niveau 3 (CE2)

<table>
<tr><th rowspan="2"></th><th rowspan="2">Lecture découverte et activités de compréhension</th><th rowspan="2">Langage oral</th><th colspan="3">Étude de la langue</th><th rowspan="2">Écriture</th></tr>
<tr><th>Grammaire-Orthographe grammaticale</th><th>Orthographe lexicale</th><th>Lexique</th></tr>
<tr><td colspan="7">Période 4</td></tr>
<tr><td>S1</td><td rowspan="3">À partir de faits divers dans des journaux pour enfants.
L'organisation du texte
• Dégager les différentes parties d'un fait divers : un titre, le fait divers répond à des questions (Quand ? Où ? Qui ? Comment ? Pourquoi ?), il est souvent accompagné d'une photo.
L'information importante
• La repérer dans plusieurs faits divers, la surligner.
Le point de vue du journaliste
• Comparer les titres d'articles pour un même événement.
• Retrouver dans un article le point de vue du journaliste.</td><td rowspan="3">**Raconter**
• Raconter des événements survenus à l'école.
Exprimer son point de vue, argumenter
• Présenter certains faits divers lus suivant différents points de vue et les justifier.
• Débattre sur un problème soulevé par un fait divers d'actualité. Utiliser des connecteurs énumératifs et logiques.</td><td rowspan="4">**La phrase**
• Identifier des phrases, constituer des phrases simples, transformer des phrases de la forme affirmative à la forme négative.
• Déplacer, ajouter, substituer, supprimer des groupes dans des phrases.
Le passé composé : approche intuitive par manipulation de textes en changeant personne ou temps.
• Élaborer progressivement le tableau de conjugaison des verbes en *-er*, repérer des régularités.
Le groupe nominal
• Classement en genre et en nombre.
• Les marques d'accord en nombre (s) des noms et des adjectifs.</td><td>**Structuration : les mots terminés par *ail/aille, eil/eille* ; *eui/euille.***
• Mémorisation de mots.
• Dictée.</td><td rowspan="3">**Le dictionnaire**
• Chercher un mot et recopier ses différents sens.
Les indicateurs de temps et de lieu
• Compléter les listes déjà constituées et les utiliser.
Les indicateurs logiques
• Les relever et les employer.
Les verbes d'action
• Compléter les listes déjà constituées et les utiliser.</td><td rowspan="3">**Des faits divers pour le blog de l'école**
• Écrire des titres de faits divers donnés.
• Compléter des faits divers.
• Rédiger un fait divers à partir d'informations données.
• Transformer un fait divers à la manière de *Scoop* de Gianni Rodari (Éditions rue du Monde).
• Relater des événements survenus à l'école dans la rubrique « Faits divers » du blog.</td></tr>
<tr><td>S2</td><td>**Structuration : *son, sa, mon*** rencontrés dans les textes depuis le début de l'année.
• Mémorisation de mots.
• Dictée.</td></tr>
<tr><td>S3</td><td>**Les graphies de [ə], [œ] : *e, eu, œu.***
• Mémorisation de mots.
• Dictée.</td></tr>
<tr><td>S4</td><td rowspan="3">À partir de saynètes de théâtre.
L'organisation et la fonction du texte
• Distinguer le nom des personnages, les paroles à dire, les didascalies.
Les personnages
• Dégager ce que ressentent les personnages et ce qu'ils font sur scène d'après leurs paroles et les didascalies.
L'histoire racontée
• La résumer.</td><td rowspan="3">• Jeux avec la voix Mettre en voix un dialogue et exprimer des émotions différentes.</td><td>**Les graphies de [ɸ] : *e, eu, œu.***
• Mémorisation de mots.
• Dictée.</td><td rowspan="3">**Le dictionnaire**
• Chercher un mot et recopier des mots de la même famille.
Les mots indiquant des émotions
• Les collecter, les classer suivant ce qu'ils expriment, compléter les listes.
• Constituer des familles : *gai/gaieté, effrayé/frayeur*, etc.
Les niveaux de langue
• Relever des mots de registres de langue différents.</td><td rowspan="3">**Des saynètes**
• Insérer une nouvelle réplique et recopier une partie de la saynète.
• Transformer un récit en saynète.
• Imaginer et écrire une saynète à partir d'idées données ou recherchées ensemble. Réviser et enrichir le texte.</td></tr>
<tr><td>S5</td><td>**Le passé composé avec *avoir* : structuration**
• Analyse des observations précédentes, conclusion, exercices.</td><td>**Les graphies de [ɲ] : *gn, ni.***
• Mémorisation de mots.
• Dictée.</td></tr>
<tr><td>S6</td><td>**Le passé composé avec *être* : approche intuitive** par manipulation de textes en changeant personne ou temps.</td><td>**Structuration : noms en *al* et le pluriel en *aux*.**
• Mémorisation de mots.
• Dictée.</td></tr>
</table>

	Lecture découverte et activités de compréhension	Langage oral	Étude de la langue Grammaire-Orthographe grammaticale	Étude de la langue Orthographe lexicale	Étude de la langue Lexique	Écriture
			Période 5			
S1	À partir de poèmes autour d'un thème. **L'organisation et la présentation du poème** • Dégager la structure du poème et la trame sonore. **Les images poétiques** • Les interpréter.	**Jeux avec la voix** • Jouer sur le volume de la voix, la tonalité, le débit pour dire un poème. **Décrire** • Utiliser des expressions imagées pour décrire une photo.	**Le passé composé avec *être* : approche intuitive** par manipulation de textes en changeant personne ou temps.	**Structuration : *à/au/vers/dans*** rencontrés dans les textes depuis le début de l'année.	**Le dictionnaire** • Chercher un mot et recopier son ou ses synonymes. **Des expressions imagées** • Collecter celles des poèmes et compléter avec d'autres. • Approcher la notion de sens propre, sens figuré.	**Des poèmes** • Retrouver la présentation d'un poème et le recopier. • Compléter un poème avec des expressions imagées proposées. • Composer un poème.
S2			**Le passé composé avec *être* : structuration** • Analyse des observations précédentes, conclusion, exercices	**Structuration : le pluriel des noms en *ail*.** • Mémorisation de mots. • Dictée.		
S3	À partir d'un roman d'aventures un peu mystérieuses, insolites. **Le paratexte** • À partir de la 1re et 4e de couverture, émettre des hypothèses sur l'histoire. **L'organisation de l'histoire** • Dégager les différentes parties et résumer chaque partie au fur et à mesure de la lecture afin d'en retenir les idées essentielles. **Les personnages** • Suivre leurs actions, leurs intentions, leurs pensées, ce qu'ils savent, ce qu'ils croient. **L'étrangeté** • Distinguer ce qui relève de la réalité de ce qui est étrange : personnages, comportements, événements, l'atmosphère.	**Raconter** • Reformuler l'histoire lue. **Présenter une réalisation** • Imaginer en dessin une suite à un chapitre et la présenter à l'ensemble de la classe en commentant le dessin. **Décrire** • Parler sur une image présentant un phénomène étrange en utilisant un lexique précis et adapté. **Jeux avec la voix** • Jouer sur le volume de la voix, la tonalité, le débit pour lire un extrait.	**La phrase** • Identifier des phrases. • Constituer des phrases simples à partir de groupes de mots. • Déplacer, ajouter, supprimer, substituer des groupes dans des phrases. • Transformer des phrases de la forme affirmative à la forme négative. **Le futur : approche intuitive** par manipulation de textes en changeant personne ou temps. • Élaborer progressivement le tableau de conjugaison des verbes en *-er*, repérer des régularités. **Le groupe nominal** • Classement en genre et en nombre. • Les marques d'accord en genre et en nombre des noms et des adjectifs.	**Structuration : noms avec un féminin particulier (*teur/trice, eur/euse...*).** • Mémorisation de mots. • Dictée.	**Le dictionnaire** • Chercher un mot et recopier ses différents sens en distinguant sens propre sens figuré. **Les mots du roman** • Relever le vocabulaire qui évoque le mystère, l'étrangeté, l'employer. • Compléter la liste avec les mots nécessaires à la production. • Rechercher le contraire des mots collectés.	**Une aventure bizarre** • Dans une situation réelle donnée, ajouter un personnage ou un objet réel mais agissant de manière insolite. • Imaginer et écrire le retour à la situation normale à la fin du roman avant de la lire. • Comparer avec la fin du roman. • Écrire une suite à une histoire étrange dont le début est donné.
S4				**Structuration : rôles de la lettre *s* : phonologique, lexical, grammatical.** • Mémorisation de mots. • Dictée.		
S5				**Structuration : rôles de la lettre *t* : phonologique, lexical, grammatical.** • Mémorisation de mots. • Dictée.		
S6			**Le futur : structuration** • Analyse des observations précédentes, conclusion, exercices.	**Structuration : rôles de la lettre *x* : phonologique, lexical, grammatical.** • Mémorisation de mots. • Dictée.		

Le verbe et le sujet

Domaine **Grammaire niveau 2**

Objectifs de la séquence

Mettre en évidence, de manière intuitive puis structurée, les caractéristiques du verbe en opérant des transformations dans un texte et dans une phrase :

- le verbe se conjugue : il change avec le temps et la personne ;
- le verbe est encadré par les mots négatifs à la forme négative.

Approcher l'infinitif du verbe en tant que nom du verbe. L'infinitif est une notion difficile que les élèves vont maitriser peu à peu : c'est en nommant l'infinitif des verbes que l'on manipule chaque semaine que les élèves s'approprient cette notion.

Faire identifier le sujet : il indique de qui ou de quoi on parle dans une phrase ; il commande l'accord du verbe. C'est un pronom ou un groupe de mots (que l'on nommera après la leçon de structuration sur le nom : un groupe nominal).

Connaissances et Compétences associées

Identifier le verbe. Comprendre la relation sujet-verbe.

Durée

7 séances de 40 min réparties sur l'ensemble d'une période.

Matériel

La fiche-élève.

Séance 1 : Approche intuitive du verbe et de son sujet

1. Comprendre

Chez les fourmis

L'ouvrière fait toutes sortes de travaux. Elle va à la recherche de la nourriture. Elle creuse des galeries. Elle défend la fourmilière contre les envahisseurs.

La reine pond des œufs. Elle reste toujours dans la fourmilière.

- Projeter ou écrire le texte au tableau et le faire lire silencieusement puis à voix haute.
- Poser quelques questions de compréhension : *De quels insectes parle-t-on ? Que fait l'ouvrière ? Et la reine ? Où vivent les fourmis ? Qui peuvent être les envahisseurs ?*
- Compter le nombre de paragraphes, de phrases.
- Chercher à qui renvoie chaque pronom *elle*. (Le terme pronom a été introduit lors de la structuration des pronoms en période 1.)

2. Transformer

- Faire relire le texte plusieurs fois en remplaçant *l'ouvrière* par *les ouvrières* et *la reine* par *les reines*. Repérer oralement les mots dont la prononciation change.
- Écrire les changements au tableau (les élèves peuvent en même temps les écrire sur un cahier) en attirant l'attention des élèves sur le *s* de *ouvrières*, *reines*, *elles* et sur l'autre mot de chaque phrase qui change. Remarquer que certains changements ne sont pas perceptibles à l'oral. Préciser qu'il ne faut pas oublier ces lettres qui ne se prononcent pas.
- Dans chaque phrase du texte, faire entourer de qui on parle et ce qu'on en dit. Remarquer que dans la deuxième phrase, on parle aussi de l'ouvrière mais que ce mot est repris par *elle*. Faire souligner, dans ce qu'on en dit, le mot qui a changé quand on a transformé le texte.

3. S'entrainer

Réaliser l'activité **1a** et **1b** de la fiche élève p. 39.

4. Garder une trace écrite

Garder le texte de départ et le texte transformé sur le cahier de grammaire. Constituer une affiche collective qui sera titrée plus tard et y écrire :

- *L'ouvrière <u>fait</u> toutes sortes de travaux.*
  Les ouvrières <u>font</u> toutes sortes de travaux.
- *Elle <u>va</u> à la recherche de la nourriture.*
  Elles <u>vont</u> à la recherche de la nourriture.
- *La reine <u>pond</u> des œufs.*
  Les reines <u>pondent</u> des œufs.

Séance 2 : Approche intuitive du verbe et de son sujet (suite)

1. Comprendre

Visite au zoo

Karim et Matthieu sont au zoo. Devant les grimaces des singes, les garçons rient beaucoup. Ils prennent des photos du guépard. Ils ont un peu peur face au lion si majestueux dans son enclos. Un peu plus loin, ils admirent les gros ours blancs.

- Projeter ou écrire le texte au tableau et le faire lire silencieusement puis à voix haute.
- Poser quelques questions de compréhension : *Qui sont Karim et Matthieu ? Où sont-ils ? Quels animaux les font rire ? De quel animal ont-ils un peu peur ? Quels animaux admirent-ils ? Quel animal prennent-ils en photo ?*
- Compter le nombre de phrases.
- Chercher à qui renvoie chaque pronom *ils*.

2. Transformer

- Faire relire le texte plusieurs fois en remplaçant *Karim et Matthieu* par *Karim*. Repérer oralement les mots dont la prononciation change.
- Puis procéder comme en séance 1. Attirer l'attention des élèves sur les changements du mot qui suit de qui on parle.
- Dans chaque phrase du texte, faire entourer de qui on parle et ce qu'on en dit. Remarquer que dans la troisième phrase, on parle aussi de Karim désigné par *il*. Constater que le mot ou le groupe de mots qui désigne de qui on parle n'est pas toujours au début de la phrase. Faire souligner, dans ce qu'on en dit, le mot qui a changé quand on a transformé le texte.

3. S'entrainer

Réaliser l'activité **2a** et **2b** de la fiche élève p. 39.

4. Garder une trace écrite

Garder le texte de départ et le texte transformé. Poursuivre l'affiche collective :

Karim et Matthieu sont au zoo.
Karim est au zoo.
Devant les grimaces des singes, les garçons rient beaucoup.
Devant les grimaces des singes le garçon rit beaucoup.
Ils prennent des photos du guépard.
Il prend des photos du guépard.
Ils ont un peu peur du lion.
Il a un peu peur du lion.

Séance 3 : Approche intuitive du verbe et de son sujet (suite)

1. Comprendre

Comment fabriquer une étoile toute brillante ?

Léa explique la fabrication d'une étoile à Tom.
« Tu regardes bien. Je prends du carton. Je dessine l'étoile. Puis je découpe en suivant bien le trait. J'enveloppe l'étoile avec du papier aluminium. Enfin, j'accroche l'étoile en haut du sapin. Et c'est fini ! »

- Projeter ou écrire le texte au tableau et le faire lire silencieusement puis à voix haute.
- Poser quelques questions de compréhension : *Après avoir lu ce texte, que sera-t-on capable de réaliser ? Quelles sont les différentes étapes de la réalisation ?* Mimer les différentes actions.
- Compter le nombre de phrases. Remarquer les guillemets qui annoncent des paroles rapportées. Expliciter le rôle du point d'interrogation (une question), du point d'exclamation (satisfaction). Relire la phrase interrogative et la phrase exclamative avec l'intonation juste.
- Chercher qui est désigné par le pronom *je*, le pronom *tu*.

2. Transformer

- Faire relire le texte plusieurs fois en remplaçant *Léa* par *Léa et Nora* et *Tom* par *Tom et Nabi*. Faire préciser qui est désigné par *nous*, *vous*. Repérer oralement les mots dont la prononciation change.
- Procéder comme en séances 1 et 2. Attirer l'attention des élèves sur les changements du mot qui suit *Léa et Nora* ainsi que *nous* et *vous*. Faire souligner ce mot. Et entourer celui qui en commande le changement.
- Dans la première phrase du texte : entourer de qui on parle et ce qu'on en dit. Constater que de qui on parle est déjà entouré ; c'est ce qui commande le changement du verbe.

3. S'entrainer

Réaliser l'activité **3** de la fiche élève p. 39.

4. Garder une trace écrite

Garder le texte de départ et le texte transformé.
Poursuivre l'affiche collective :

Tu regardes bien.
Vous regardez bien.

Je prends du carton.
Nous prenons du carton.

Je dessine l'étoile.
Nous dessinons l'étoile.

Séance 4 : Approche intuitive du verbe et de son sujet (suite)

1. Transformer

- Relire le texte de la séance 3 en mettant les phrases à la forme négative. Écrire au tableau, les phrases indiquant les étapes de la réalisation à la forme négative (les élèves peuvent les écrire sur un cahier) et faire entourer les mots de la négation : *ne pas*.
- Constater que ces mots encadrent le mot qui a été souligné précédemment.

2. S'entrainer

Réaliser l'activité 4 de la fiche élève page 39.

3. Garder une trace écrite

Garder le texte de départ et le texte transformé. Poursuivre l'affiche collective :
Je ne prends pas du carton.
Nous ne dessinons pas l'étoile.

Séance 5 : Structuration du verbe et du sujet

1. Repérer

- Relire l'affiche constituée en séance 1 et complétée lors des séances suivantes.
- Exprimer que le groupe de mots entouré qui indique de qui on parle dans une phrase s'appelle le **sujet**. Le mot souligné s'appelle un **verbe**.
- Rappeler les caractéristiques du verbe et du sujet : le verbe change avec le sujet, on dit qu'il se conjugue. Le sujet commande l'accord du verbe. Le verbe est entre le *ne* et le *pas* de la négation dans une phrase négative.
- Faire remarquer que les changements du verbe ne sont pas toujours perceptibles à l'oral mais qu'avec le sujet *nous* ou *vous* ils le sont toujours.
- Donner une grande étiquette à des élèves avec une phrase sans le verbe. Chaque élève lit la phrase et doit faire deviner le verbe à ses camarades en le mimant. Celui qui trouve la phrase doit la dire avec le verbe puis la redire en utilisant *nous* ou *vous* comme sujet.

Le jeune hérisson boit du lait. Mon frère nage très bien. Ce sportif court très vite. Le facteur distribue le courrier. Le cycliste monte sur son vélo. La souris grignote du fromage. Les voitures roulent lentement devant l'école. Le cerf bondit au-dessus de la route. Le cheval gambade dans le pré.

- Titrer l'affiche collective : *Le verbe et le sujet.*

2. S'entrainer

- Recopier le verbe de chaque phrase. Souligner la partie du verbe qui change.

Le garçon traverse la route. Nous traversons la route.
Vous sautez à la corde. Je saute à la corde.
Les filles lancent la balle contre le mur. Vous lancez la balle contre le mur.
Elle tape dans le ballon. Nous tapons dans le ballon.

- Recopier les phrases et souligner le verbe.
La chèvre broute la bonne herbe tendre.
Je plonge dans la piscine.
Vous chantez une chanson triste.
Nous dansons pour la fête de l'école.
Les enfants jouent aux billes.

Séance 6 : Structuration du verbe et du sujet (suite)

1. Repérer

- Relire l'affiche *Le verbe et le sujet.*
- Rappeler que le sujet indique de qui on parle dans la phrase. Il commande l'accord du verbe.
- Faire remarquer que le sujet n'est pas toujours au début de la phrase.
- Dire les phrases suivantes à l'oral, les élèves doivent dessiner le sujet et uniquement le sujet.
  Dans le bois, l'écureuil grimpe dans un arbre.
  Le chaton guette une souris.
  Le chien aboie.
  Sur les genoux de sa maman, le bébé boit son biberon.
  La chaise est trop grande pour le petit garçon.

2. Connaitre la nature des mots

- Sur l'affiche, *Le verbe et le sujet*, observer les sujets. Constater que le sujet peut être un seul mot (c'est un pronom) ou un groupe de mots.
- Lister les pronoms : *je, tu, nous, vous, il, elle, ils, elles.*
- Donner aux élèves des phrases sur des étiquettes. Tracer deux colonnes au tableau :
  Le sujet est un pronom. / Le sujet est un groupe de mots.
  Les élèves doivent venir placer leur étiquette dans la colonne qui convient.

  Dans le jardin, sa sœur tond la pelouse.
  Nous faisons un bonhomme de neige.
  Tu sors tes affaires de ton sac.
  Le skieur descend la pente à toute vitesse.
  À la montagne, vous prenez le téléphérique.
  Je recopie un exercice.
  Avant le tunnel, le train ralentit.
  Elles vont au marché.
  Sur le grand toboggan, il n'est pas très rassuré.
  Deux garçons pataugent dans l'eau.
  Au bord de la mer, il construit un château de sable.
  Le kangourou protège son petit.

3. S'entrainer

Entourer le sujet dans chaque phrase. Souligner le verbe.

Dans la campagne, le train file à toute vitesse.
De gros avions décollent.
Vous fabriquez un collier de perles.
Le samedi, je regarde la télévision.
Sur le toit, des tourterelles blanches roucoulent.

Séance 7 : Structuration du verbe et du sujet (suite)

1. Identifier

- Lire les phrases suivantes :
  Vous dansez. Nous dansons. Je danse. Les enfants dansent.
- Indiquer que ce verbe qui change avec le sujet a un nom. On l'appelle le verbe *danser*. On dit que c'est l'**infinitif** du verbe. Sur l'affiche collective *Le sujet et le verbe*, écrire l'infinitif de chaque verbe.
- Reprendre des phrases des exercices des séances précédentes et trouver l'infinitif des verbes. Rechercher aussi l'infinitif des verbes des consignes de travail de la classe ou du règlement de la classe.

2. S'entrainer

Recopier les verbes avec leur sujet dans la colonne qui convient.

manger	chanter	faire	tomber	prendre

Nous mangeons du pain.
Ce chanteur chante juste.
Je prends un bonnet.
Tu fais du vélo.
Elle tombe dans le fossé.
Je chante dans le bain.
Ils mangent de la compote.
Nous tombons dans la cour.
Vous chantez dans une chorale.
Il prend son stylo neuf.
L'enfant mange un fruit.
Vous prenez le train.
Nous faisons une fusée en Lego.
Ils font de la trottinette.
Les feuilles tombent en automne.

Si les élèves en sont capables, faire de même avec les verbes *être, avoir, aller.*

Vous êtes en colère. J'ai faim. Elle va à la plage. Je suis sage. Nous avons un chien. Vous allez au cirque. Tu es malade. Elles ont une console de jeu. Je vais chez un copain.

3. Garder une trace écrite

Récapituler ce que l'on a appris sur le verbe et son sujet. Garder en mémoire sur le cahier de grammaire.

Le **verbe se conjugue** : *Je joue. Nous jouons. Vous jouez.*

Dans une phrase négative, le **verbe** est entre *ne* et *pas* : *Il ne joue pas.*

Le **verbe a un infinitif** : *jouer, danser, manger, faire, prendre, être, avoir, aller.*

Dans une phrase, le **sujet** indique de qui on parle.

Karim et Matthieu *sont au zoo.*

Le **sujet** commande l'accord du verbe.

Le **sujet** est :

- un **groupe de mots** : *Karim et Mathieu*
- ou un **pronom** : *je, tu, nous, vous, il, elle, ils, elles.*

4. Réinvestir

Dans le roman d'aventures qu'on lit parallèlement à l'étude du verbe, relever des verbes d'action. Les réutiliser lors de la production écrite prévue à cette période.

Le verbe et son sujet

1 a. Remplace *l'ouvrière* par *les ouvrières*. En t'aidant de l'affiche collective, écris les changements de certains mots.
L'ouvrière va à l'extérieur de la ruche. Toute la journée, elle fait son travail.

.... à l'extérieur de la ruche. Toute la journée, ... leur travail.

b. Dans les phrases suivantes, entoure de qui on parle et ce qu'on en dit.

La reine des fourmis reste dans la fourmilière.

Les ouvrières défendent la fourmilière.

2 a. Remplace *Léo et John* par *Léo*. En t'aidant de l'affiche collective, écris les changements de certains mots.
Léo et John sont au cinéma. Ils rient beaucoup en regardant le film.

Léo .... au cinéma. .... beaucoup en regardant le film.

b. Dans les phrases suivantes, entoure de qui on parle et ce qu'on en dit.

Une petite otarie plonge dans le bassin rempli d'eau.

Les girafes mangent les feuilles des arbres.

3 Remplace *je* par *nous*. En t'aidant de l'affiche collective, écris les changements de certains mots.
Je prends un feutre vert. Puis je dessine plusieurs sapins sur mon cahier. Je décore les sapins avec des boules multicolores.

Nous .... un feutre vert. Puis .... un grand sapin sur mon cahier. .... le sapin avec des boules multicolores.

4 a. Écris les phrases suivantes à la forme négative.

Je prends un feutre vert.

....

Je décore le sapin avec des boules multicolores.

....

Nous dessinons plusieurs sapins.

....

b. Souligne le mot qui se trouve entre *ne* et *pas*.

2 Langues vivantes (étrangères ou régionales)

Comprendre le programme

Comme le précédent, le programme 2016 pour les langues vivantes (étrangères ou régionales) au cycle 2 est divisé en cinq parties qui respectent les compétences du niveau A1 du Cadre Européen Commun de Référence pour les Langues (CECRL) :
- Comprendre l'oral ;
- S'exprimer oralement en continu ;
- Prendre part à une conversation ;
- Écrire et comprendre l'écrit ;
- Découvrir quelques aspects culturels d'une langue vivante étrangère et régionale.

Ainsi l'enseignement et l'apprentissage de la langue vivante au cycle 2 est principalement basé sur les **compétences orales** (compréhension et reproduction), même si l'écrit prend progressivement sa place en tant que déclencheur de prise de parole (cartes, affiches, textes courts) ou en tant qu'outil de mémorisation (étiquettes).
Pour chaque compétence du CECRL, le domaine du socle correspondant est indiqué. Concernant les langues, seuls les domaines 1, 2, 3 et 5 sont concernés.

Les quatre premières compétences du programme sont, à leur tour, divisées en trois sous-parties :
1) Les attendus de fin cycle qui donnent ainsi des repères aux équipes pédagogiques pour mettre en place une programmation annuelle.
2) Les connaissances et compétences associées et exemples de situations, en plus des activités et ressources pour l'élève, qui permettent aux enseignants de rechercher des supports adaptés.
3) Des repères de progressivité pour les trois niveaux du cycle qui sont basés sur une progression du type « spiralaire ».

La dernière compétence qui concerne les approches culturelles se décline en trois thématiques centrées sur l'enfant :
a) l'enfant et son environnement proche : sa famille, l'organisation de sa journée, ses trajets, le corps, etc.
b) l'enfant et sa classe : les rituels scolaires, la météo, les loisirs, etc.
c) l'univers enfantin : la littérature enfantine, les héros et personnages imaginaires, mais aussi les commerces, les villes, etc.
Cette dernière compétence permet à l'élève de s'ouvrir sur d'autres modes de vie, d'autres façons de voir le monde. La liste des éléments culturels dans chaque thématique représente, encore une fois, une aide précieuse aux équipes pédagogiques pour construire une progression dans le cycle.

Comment le mettre en œuvre

Pour l'apprentissage d'une langue étrangère au cycle 2, les nouveaux programmes préconisent la mise en place de situations de communication qui favorisent les comportements favorables à l'apprentissage :
- **la curiosité** (en soulignant des spécificités culturelles de la langue étrangère et ses similitudes avec la langue maternelle) ;
- **l'écoute et l'attention** (en s'exerçant aux sonorités nouvelles) ;
- **la mémorisation** (à travers de nombreux jeux interactifs) ;
- **la confiance en soi** (oser parler sans avoir peur du regard des autres).

Par ailleurs, ces situations de communication devraient être régulières. Par exemple, chaque matin pendant 15 minutes, pour permettre un meilleur apprentissage.

Le croisement entre enseignements

Les croisements permettent de rattacher les compétences des langues aux compétences des autres disciplines ou encore de mettre en place une observation comparée entre diverses langues. Ceci aidera à mieux comprendre la langue maternelle.
Ainsi l'interdisciplinarité entre la langue étrangère et la langue maternelle permet d'enrichir l'une et l'autre, notamment concernant l'étymologie.
Quant aux autres enseignements, une transdisciplinarité est possible et l'élève peut mobiliser des connaissances pour les réinvestir dans la langue étrangère étudiée : par exemple, construire un arbre en mathématiques et faire son arbre généalogique en anglais.

Les choix de la programmation et la progressivité dans le cycle

Pour que l'apprentissage d'une langue étrangère soit efficace, il faut la pratiquer non seulement régulièrement mais aussi en enrichissant progressivement le lexique et les structures linguistiques tout au long de la scolarité.
C'est la raison pour laquelle une progression « spiralaire » est la plus adaptée. En permettant de revenir plusieurs fois de suite sur une même compétence, elle laisse ainsi le temps aux élèves de se l'approprier. En prenant en compte ce qui a été étudié antérieurement et en l'enrichissant au fur et à mesure, on permet aux élèves de construire des acquis solides.
Le tableau ci-dessous permet de visualiser une progression « spiralaire » de la compétence « Se présenter ». Le niveau A1 du Cadre européen commun de référence pour les langues (CECRL) a établi des descripteurs qui permettent d'évaluer les capacités des élèves du cycle 2 : réagir et dialoguer/ comprendre à l'oral/ parler en continu. L'apprentissage se fera donc essentiellement à l'oral en associant le visuel et le geste.

Exemple de progression spiralaire

Compétence : Se présenter	Niveau 1	Niveau 2	Niveau 3
Dire son nom	*What's your name ?* *- My name is….*	*What's your name ?* *- My name is….* *- I'm…..*	*What's your name ?* *- My name is…* *- I'm…*
Dire son âge	Les nombres jusqu'à 10	*How old are you ?* *- I'm seven.*	*How old are you ?* *- I'm eight years old.*
Renseigner sur son environnement proche	Quelques villes anglaises : *London, Manchester, Liverpool.*	*Where do you live ?* *- I live in…* (réinvestir les villes)	*Where do you live ?* *- I live in…* (lieu de vie). Lexique des bâtiments.
Dire sa nationalité		*I'm French.*	*I'm French/ English/...*
Renseigner sur sa famille	Lexique des parents : *mum, mummy, daddy, dad.*	Lexique de la famille proche : *brother, sister, father (dad), mother (mum).* *This is my...*	*Who is this ? This is my ...* + lexique de la famille élargie
Renseigner sur son animal de compagnie	Lexique de certains animaux de compagnie : *This is a….*	Lexique de certains animaux de compagnie. *Have you got a pet ?* *- Yes I have. / No I haven't.*	Lexique de certains animaux de compagnie. *Have you got a pet ?* *- Yes I have. / No I haven't...I have got a...* *+ I like/ I don't like…*
Renseigner sur ses loisirs/ses activités préférées/ ses goûts		Lexique de certains verbes d'action : *run, jump, walk.*	Lexique des verbes d'action : *dancing, jumping, walking, reading, singing, swimming.* *- I like/ I don't like…*
Se décrire		Lexique des parties du corps.	Lexique du visage : *I have got a...*

Programmation annuelle d'activités

Anglais niveau 1 (CP)

La programmation qui suit concerne l'apprentissage de l'anglais, car c'est la première langue étrangère enseignée en France. Cette programmation est évidemment transposable à d'autres langues étrangères enseignées à l'école primaire.
(voir : www.senat.fr/rap/r03-063/r03-0632.html)

	Connaissances et compétences	Structures linguistiques et Lexique	Phonologie	Propositions de supports	Aspects culturels
Période 1					
S1	• Savoir se présenter. ▸ **Se présenter en anglais.** Lea.fr	• What's your name? My name is… • Prénoms anglais.	• [w] what • [ei] name • [ai] I, my	• Flashcards.	• Prénoms anglais.
S2	• Savoir nommer les couleurs.	• What color is it? • It's red, black, blue…	• [r] color, red, orange, green...	• Flashcards de fleurs à colorier.	
S3	• Comprendre quelques consignes courantes, des encouragements et des félicitations.	• Listen Repeat! • Very good! Well done! Thank you. Please...	• [i:] please • [ð] thanks	• Flashcards.	
S4	• Prendre connaissance des coutumes anglaises et américaines pour la fête de Halloween.	• Vocabulaire en relation avec la fête : spider, skeleton, Jack o'Lantern.	• [ai] spider	• Masque de squelette à colorier.	• Les coutumes de Halloween au Royaume-Uni et aux États-Unis.
Période 2					
S1	• Savoir compter jusqu'à 10.	• Les nombres de 1 à 10.	• [ð] three • [w] one • [h] how • [ɔ:] four	• Flashcards.	
S2	• Connaître le nom de certains animaux.	• Dog, cat, fish, rabbit, bird.	• [o] dog • [æ] cat, rabbit	• Flashcards.	
S3	• Nommer des animaux. ▸ **La fête d'Halloween.** Lea.fr	• What is it? It's a dog/cat/fish/rabbit…		• Flashcards.	
S4	• Prendre connaissance des coutumes anglaises pour la fête de Noël.	• Vocabulaire en relation avec la fête : Christmas father, Christmas, Christmas tree, Merry Christmas.	• [ð] father	• Carte de Noël.	• Christmas.
Période 3					
S1	• Connaître les noms des jours de la semaine.	• Les jours de la semaine : monday, tuesday,…	• [ð] thursday	• Étiquettes.	• Calendrier anglais.

	Connaissances et compétences	Structures linguistiques et Lexique	Phonologie	Propositions de supports	Aspects culturels
S2	• Connaître certains aliments. • Réinvestir les noms des jours de la semaine.	• Apple, orange, pear, banana, pineapple, cherry.	• [æ] apple • [bə`nanə] banana • [peə(r)] pear • [tʃ] cherry	• Flashcards.	
S3	• Découvrir un petit déjeuner typiquement anglais.	• An english breakfast : baked beans, sausages, eggs, toast, butter, bacon, tea.	• [a:] butter • [ɛ] egg • [ɔ:] [dʒ] sausage	• Flashcards.	• Le petit déjeuner anglais.
S4	• Dire ce que l'on possède : les animaux de compagnie (pets). • Réinvestir certains noms d'animaux.	• Have you got a cat? A dog? A rabbit? • Yes, I have. No I haven't. • Cat, dog, fish, bird, rabbit.	• [h] have	• Flashcards.	
		Période 4			
S1	• Exprimer ce qu'on aime et ce qu'on n'aime pas. • Réinvestir le lexique des aliments.	• I like… / I don't like… • Lexique des aliments étudiés.	• [ai] like • [əʊ] don't	• Flashcards.	
S2	• Présenter ses parents. ▸ **Goldilocks.** Lea.fr	• My parents: Mum, Dad, Mummy, Daddy… • It's…	• [ʌ] mum	• Flashcards.	
S3 S4	• Prendre connaissance des coutumes anglaises en relation avec la fête de Pâques (Easter).	• Happy Easter! • Chocolat.	• [i:] easter • [tʃɔklit] chocolat	• Coloriage.	• Easter.
		Période 5			
S1	• Désigner certaines parties du corps.	• The body ; head, nose, eyes, mouth, knees, hands, shoulders.	• [ð] mouth • [ni:] knee		• Chanson traditionnelle.
S2	• Découvrir la capitale anglaise, les monuments et lieux célèbres.	• A visit to London, you can see… • Taxi, bus, boat, museum, building, street.	• [əʊ] boat • [i:] street • [a:] bus		• Londres et les monuments célèbres.
S3 S4	• Réinvestir le lexique et les structures étudiés dans une prise de parole continue.	• My name is…. • This is my dad, my mum. • I like / I don't like…		• Carte d'identité.	

Programmation annuelle d'activités

Anglais niveau 2 (CE1)

	Connaissances et compétences	Structures linguistiques et Lexique	Phonologie	Propositions de supports	Aspects culturels
			Période 1		
S1	• Dire comment on se sent.	• How are you ? I'm happy, angry, fine, sad.	• [h] how • [ai] I am	• Flashcards.	
S2	• Savoir saluer selon différents moments de la journée.	• Hello ; good morning ; good afternoon ; good evening ; good night.	• [h] hello, hi	• Flashcards.	• Salutations anglaises.
	• Savoir nommer les couleurs.	• Is it red ? No, it's blue. / Yes, it is.	• [r] color, red, orange, green,...	• Le drapeau du Royaume-Uni ; • coloriages	• Le drapeau du Royaume-Uni.
S3	• Comprendre quelques consignes de classe courantes et des encouragements et félicitations.	• Be quiet! Look! Listen! Repeat! • It's your turn! Come here please! • Very good! Well done! Thank you. Please...	• [iː] please • [ð] thanks	• Flashcards.	
S4	• Prendre connaissance des coutumes anglaises et américaines d'Halloween. ▸ **La fête d'Halloween.** Lea.fr	• Vocabulaire en relation avec la fête : witch, ghost, pumpkin, spider, skeleton, bat ; Jack o'Lantern.	• [æ] bat, cat, hat	• *Glad monster, sad monster*, Ed Emberley, Anne Miranda, éd.LB kids.	• Les coutumes de Halloween au Royaume-Uni et aux États-Unis.
			Période 2		
S1	• Dire son âge. ▸ **Se présenter en anglais.** Lea.fr	• Happy Birthday! • How old are you? I'm… • I am… years old. (réinvestir les nombres)	• [ð] three • [w] one • [h] how • [ɔː] four	• Gâteaux d'anniversaire à colorier pour un jeu en binôme.	
S2	▸ **Exploiter un récit (fiche p. 48)** • Connaître le nom de certains animaux.	• Bear, bird, duck, horse, frog, fish, cat, dog, sheep.	• [h] horse • [ʌ] duck • [iː] sheep	• *Brown bear, brown bear, what do you see?*, Éric Carle, éd. Henry Holt & Company.	• Littérature de jeunesse.
	• Enrichir un récit : introduction d'autres animaux.	• What do you see? I see… looking at me. • Cow, pig, monkey, rabbit, mouse.	• [au] mouse, cow	• Flashcards.	• Littérature de jeunesse.
S3	• Savoir exprimer la météo.	• What's the weather like? • It's rainy, snowy, sunny, windy, stormy, cloudy…	• [ð] weather • [w] snowy • [au] clowdy	• Flashcards.	• Cartes météo du Royaume-Uni.
S4	• Prendre connaissance des coutumes anglaises pour la fête de Noël.	• Vocabulaire en relation avec la fête : Christmas gift, father Christmas, Christmas tree, star, bell, Merry Christmas, stocking.		• Crackers.	• Coutume britannique de Noël.
			Période 3		
S1	• Connaître des aliments. ▸ **Parler de ses goûts.** Lea.fr • Réinvestir les noms des jours de la semaine.	• Beans, spaghetti, soup, roast beef, fresh fish, chicken, ice-cream. • All you hungry children, come and eat it up!	• [iː] bean, beef, eat, cream • [tʃ] chicken, children • [ʃ] fresh, fish • [aː] hungry	• *Today is monday*, Éric Carle, éd. The Putman & Grosset Group.	• Littérature de jeunesse.

	Connaissances et compétences	Structures linguistiques et Lexique	Phonologie	Propositions de supports	Aspects culturels
S2	• Dire ce que l'on possède : les animaux de compagnie (pets) • Réinvestir certains noms d'animaux.	• Have you got a pet? • Have you got a cat? A dog? A rabbit? • Yes, I have. No I haven't. • Hamster, cat, dog, fish, bird, rabbit	• [h] have	• Flashcards.	
S3-S4	• Découvrir une fête traditionnelle : the pancake day.	• Pancake, flour, milk, egg, butter, sugar, lemon	• [auə] flour • [ʃ] sugar	• Flashcards.	• The pancake race ; pancake recipe, pancake day at school.
			Période 4		
S1	• Exprimer ce qu'on aime et ce qu'on n'aime pas. • Réinvestir le lexique des aliments.	• I like…I don't like… • + lexique des aliments étudiés	• [ai] like • [əʊ] don't	• Flashcards.	
S2	• Présenter sa famille.	• My family • Mum, dad, mother, father brother, sister, • This is my mum...	• [ð] brother, father, mother	• *Goldilocks and the three Bears*, éd . Penguin Young Readers.	
S3	• Connaître certains objets de l'école.	• Schoolbag, pencil, pencilcase, rubber, ruler, pencil sharpener, a book.	• [r] rubber, ruler • [sk] school	• Flashcards.	• Les écoliers anglais, l'uniforme.
	• Connaître certaines activités sportives. • Exprimer ses préférences.	• Football, handball, basketball, baseball. • Réinvestir I like/I don't like en exprimant ses goûts.	• [h] handball • [ɔː] ball	• Flashcards.	
S4	• Prendre connaissance des coutumes anglaises en relation avec la fête de Pâques (Easter).	• Happy easter! Easter bunny. • Chocolat.	• [iː] Easter • [tʃɔklit] chocolat	• Easter card.	• Easter card.
			Période 5		
S1	• Se présenter. Réinvestir le lexique et les structures étudiés.	• My name is… I am… years old. • I like/ I don't like… (food/ sport). I have got a … (pet). • This is my family : my mum, my dad, … • Lexique des parties du visage.			
S2-S3	• Présenter la météo. Réinvestir le lexique et les structures étudiés.	• The weather report : le lexique en relation avec la météo. • It's hot/it's cold. • In the morning/in the afternoon/ evening.		• La météo pour la ville des élèves (TV ou radio) – radio scolaire (jeu de rôle).	
S4-S5	• Utiliser le contexte, les illustrations et le lexique connu pour comprendre un texte.	• It's getting late tired ; time for bed ; Mum helps; pick up ; to sit on; Zoé washes, brushes her teeth, to put on ; to choose, to read, bed.	• [ai] tired • [ð] teeth • [iː] read	• *Good night Zoë!, Evi de taso*, éd. Siphano Picture Books.	

Programmation annuelle d'activités

Anglais niveau 3 (CE2)

	Connaissances et compétences	Structures linguistiques et Lexique	Phonologie	Propositions de supports	Aspects culturels
Période 1					
S1	• Se présenter et présenter quelqu'un (nom, âge, famille). ▸ **Se présenter en anglais.** Lea.fr	• What's your name? My name is… • His/Her name is… • Who is this? This is my friend/brother/sister/father/mother. • I am... years old. He/she is… years old.	• [h] his, her, he • [ð] father, mother, this, brother	• Pencils puppets, • Flashcards.	• Quelques prénoms anglais.
S2	• Parler de l'origine de quelqu'un. • Réinvestir les couleurs.	• Where are you from? I'm from… (pays européen et pays anglophone) • Are you french? No I am canadian.	• [w] what, where	• Drapeaux à colorier des pays étudiés.	• Drapeaux internationaux. • Pays anglophones.
S3	• Savoir compter en anglais jusqu'à 20.	• How many…? • Les nombres de 1 à 20 (noter la place des unités et des dizaines à l'oral).	• [h] how • [ɛ] twelve		
S4	• Savoir exprimer ses sentiments et parler des sentiments de quelqu'un.	• How are you ? I am fine, happy, sad, scared tired, sick, surprised • How is she/he ? He/She is…	• [sk] scared • [ai] surprise, tired, fine	• Flashcards.	
S5	• Prendre connaissance des coutumes anglaises et américaines pour la fête de Halloween.	• Vocabulaire en relation avec la fête : witch, wand, hat, ghost, pumpkin, spider, skeleton, bat ; Jack o'Lantern. • What's missing? • This is a black cat, a blue bat, a white ghost,...	• [æ] bat, cat, hat	• Flashcards., • Meg and Mog, Helen Nicoll, éd. Puffin.	• Les coutumes de Halloween au Royaume-Uni et aux États-Unis.
Période 2					
S1	• Comprendre quelques consignes de classe courantes et des encouragements et des félicitations.	• Be quiet! Sit down! Stand up! Look! Listen! Write! Draw! Match! Colour!	• Intonation des phrases injonctives		
S2	• Découvrir la journée d'un écolier et le matériel scolaire.	• Exercice-book, pen, rubber, ruler, pencil, pencil-case, coloring pencil, pencil sharpener, scissors, glue, schoolbag	• Voir niveau 1	• Flashcards.	• Une journée à l'école en Angleterre.
S3	• Découvrir la monnaie anglaise.	• How much is the pencil? The rubber? … • Here you are. • Pence	• [h] how, here • [maːtʃ] much		• La monnaie anglaise.
S4	• Se décrire et décrire quelqu'un.	• Le lexique du visage : mouth, eyes, nose, ears, hair. • Le lexique des couleurs. • Les adjectifs : big, small, long, short. • I have got… He/she has got…		• Flashcards.	

	Connaissances et compétences	Structures linguistiques et Lexique	Phonologie	Propositions de supports	Aspects culturels
S5	• Prendre connaissance des coutumes anglaises pour la fête de Noël.	• Le lexique du CE1 • Les cadeaux : video games, computer, football, books, bike, roller skates, MP3, marbles, deck of cards. • What do you want for Christmas? For Christmas I want…		• What do you want for Christmas?, Jazz Chants, OUP • supersimple-learning.com.	• Christmas.
		Période 3			
S1	• Poser des questions et savoir y répondre. • Réinvestir un lexique connu.	• Le lexique des jours, des mois. • La météo. • Écrire la date.	• Voire niveau 2. • Diphtongue [ei].	• Flashcards.	• Le climat au Royaume-Uni.
S2	• Savoir exprimer ses goûts. • Réinvestir un lexique connu.	• Enrichir le lexique des aliments du niveau 2. • I like/ I don't like/ I hate/ I love.	• [s] chips, crisps • [z] potatoes, tomatoes, apples. • [iz] oranges.	• *The very hungry caterpillar*, Eric Carle, éd. Puffinbooks.	• Les coutumes alimentaires au Royaume-Uni.
S3	• Savoir exprimer ce qu'on possède et ce qu'on aime/ n'aime pas. • Réinvestir un lexique connu. ▸ **Parler de ses goûts.** Lea.fr	• Enrichir le lexique concernant les animaux de compagnie du niveau 2. • Have you got a lizard? A parrot? • Do you like snails? Crocodiles?	• Le pluriel. • Intonation des questions.	• *Dear Zoo*, Rod Campbell, éd. Puffinbooks.	
S4	• Connaître une fête traditionnelle : Valentine's Day.	• Will you be my Valentine?			• Valentine's cards.
		Période 4			
S1	• Décrire sa famille. • Réinvestir un lexique connu.	• This is my mother/ father… She/He has got long red hair…	• Voire niveau 2	• *A bit lost*, Chris Haughton, éd. Walker.	
S2	• Exprimer des contraires.	• Big/small, little/tall, hot/ cold ; in/out ; left/right	• [ai] right • [ɔː] small, tall	• « Opposite » éd. PatrickGeorge.	
S3	• Connaître une fête traditionnelle : Easter.	• Where is the red egg? The blue egg? ...	• [w] where		• Easter cards.
		Période 5			
S1	• Nommer les pièces d'une maisons et de certains meubles. ▸ **April fools'day!** Lea.fr	• Le lexique des pièces d'une maison et des certains meubles : bed, chair, table, carpet, picture, sofa, cupboard.	• [ka:bə] cupboard	• *Je dis hello*, de KrisDi Giacomo, éd. frimousse.	
S2-S3	• Découvrir une grande ville américaine : New York. • Comprendre des mots et des expressions courantes.	• A visit to New York. I can see… • skyscrapers, harbor, buildings, museum • Le lexique des affaires de l'école (réinvestissement).	• [ai] sky • [h] harbor	• *Hello, I am Lily from New York City*, éd. ABC Melody.	• New York et ses monuments célèbres. • La vie d'une écolière américaine.
S4-S5	• Utiliser des expressions et des phrases pour se décrire, décrire le lieu d'habitation et les gens de l'entourage.	• Réinvestir le lexique et les structures connus.		• Flashcards.	

Exploiter un récit

Domaine **Langues vivantes Niveau 2**

Objectifs de la séquence

- Chaque séance se divise en trois phases de 20 minutes.
- Elles commencent toujours par une mise en train (« Rebrassage ») qui constitue le rituel de passage à la langue étrangère, et qui peut prendre la forme d'une réactivation ou d'une révision : salutations, date, météo, consignes.

Séance 1

Durée : 3 × 20 min

Objectifs

Réinvestir le lexique des couleurs, découvrir le lexique de certains animaux, repérer les structures répétitives, poser et répondre à des questions en reproduisant un modèle.

Matériel

- L'album *Brown Bear, Brown Bear, What do you see?* d'Eric Carle/Bill martin Jr, éd. Henry Holt and Company, New York.
- Fashcards des animaux de l'album.

Domaines du socle : 1 et 2

Compétences travaillées (A1) : écouter et comprendre des textes simples lus par le professeur ; s'exprimer oralement en continu, prendre part à une conversation.

Déroulement

Phase 1 : Rebrassage

- **Les couleurs :** Jouer à « *Listen and Show* » : chaque élève dispose sur sa table ses crayons de couleur. Puis, un à un, les élèves énoncent une couleur que les autres doivent montrer le plus vite possible. Même genre d'activité à faire lors des autres phases en diversifiant les supports (cartes couleurs, vêtements, etc.).
- **Découverte d'un album de jeunesse :** première lecture par le professeur du récit jusqu'à la grenouille sans montrer les images (écoute). Premier repérage des éléments langagiers récurrents (What do you see ? I see a... looking at me), des couleurs et peut-être même des noms d'animaux. Deuxième lecture avec des flashcards pour lier l'écoute au visuel. Reproduire à l'oral les noms des cinq animaux.

Phase 2 : Rebrassage

- **Les couleurs et les animaux.** À l'aide des flashcards, pour aider à la mémorisation de noms d'animaux, procéder à un jeu de Kim au tableau. Découverte des autres animaux du récit (dont deux sont bien connus des élèves (cat and dog) et reproduire à l'oral les nouveaux noms.

Phase 3 : Rebrassage

- **Les animaux du récit.** Procéder à un « Guessing game », un élève prend l'image d'un animal et la cache à la classe. Les autres doivent deviner l'animal caché. Structure utilisée : « Is it a...? Yes, it is / No it isn't. »

Séance 2

Durée : 3 × 20 min

Objectifs

Réinvestir le lexique des animaux, comprendre des questions, reproduire un modèle oral, répondre à des questions.

Matériel

- Flashcards des animaux de l'album en double
- Flashcards pour les élèves non colorés.
- Carte sur laquelle quatre animaux sont représentés en noir et blanc.

Domaines du socle : 1 et 2

Compétences travaillées (A1) : écouter et comprendre des textes simples lus par le professeur ; s'exprimer oralement en continu, prendre part à une conversation.

Déroulement

Phase 1 : Rebrassage

- Les couleurs et les animaux.
- Relecture de l'album.
- Réinvestir les structures répétitives : « What do you see? », « I see a.... looking at me. ». Procéder à un jeu à partir d'un double jeu d'images d'animaux du récit : le premier jeu est affiché au tableau, le deuxième reste dans une boîte. Ce jeu se joue à trois élèves : celui qui pose la question, celui qui répond et le dernier qui montre ce qu'il a compris. En effet, le premier élève pioche une image dans la boîte et la cache aux yeux des autres.
  Le deuxième élève pose la question : « What do you see? »
  Le premier élève répond : « I see a brown bear looking at me ».
  Le troisième élève montre l'image du brown bear affichée au tableau. Après validation, on change de trio.

Phase 2 : Rebrassage

- **Les noms des animaux à l'aide des flashcards.** Distribuer les images d'animaux du récit en noir et blanc. Pour aider la mémorisation du lexique et la prise de parole, proposer un jeu à jouer à deux (pairworks) : le premier joueur demande : « What is it? » en montrant une image au hasard. Si l'adversaire trouve le nom de l'animal en disant : « It's a.... », il prend l'image, sinon l'image reste en possession du questionneur. Puis on change les rôles.

Phase 3 : Rebrassage

- **Les couleurs et les animaux.** Demander de colorier quatre images parmi celles qui ont été distribuées lors de la phase 2 (par exemple le chat, l'oiseau, le mouton et la grenouille). Le choix des couleurs est libre mais, il est important que tous les élèves colorient les mêmes animaux. Proposer un jeu en binôme en distribuant une carte sur laquelle se trouvent les quatre animaux en noir et blanc : le joueur A demande la couleur des quatre animaux au joueur B (« What color is... ?» et colorie la carte en fonction des réponses du joueur B. La validation se fait par comparaison des images coloriées et de la carte. Ensuite on inverse les rôles.

Séance 3

Durée : 3 × 20 min

Objectifs

Lire, comprendre et reconnaître des mots écrits, associer mots et images, comprendre de nouveaux mots.

Matériel

- Étiquettes qui contiennent les noms des animaux étudiés.
- Images et étiquettes de cinq nouveaux animaux
- Cinq feuilles blanches format A4 pour constituer un petit album.
- Fiche élève page 50.

Domaines du socle : 1, 2 et 5

Compétences travaillées (A1) : s'exprimer oralement en continu, prendre part à une conversation, comprendre l'écrit.

Déroulement

Phase 1 : Rebrassage

- **Les noms des animaux.** Distribuer les étiquettes avec les noms des animaux du récit. Demander de faire correspondre les images (celles de la séance 2, phase 2) et les étiquettes. Après vérification (étiquettes et images affichées au tableau), coller le tout dans un cahier qui pourrait fonctionner comme un imagier.

Phase 2 : Rebrassage

- **Les structures linguistiques.** « What color is? » et « What do you see? I see a... looking at me. » À partir de l'imagier, poser et faire répondre à la question : « What color is ...? » Ajouter alors d'autres animaux à l'aide de flashcards : par exemple : cow, pig, monkey, rabbit et mouse.

Phase 3 : Rebrassage

- **Les noms des nouveaux animaux.** Proposer de construire un petit album avec les nouveaux animaux en suivant le modèle d'Éric Carle. Distribuer les structures linguistiques et le nouveau vocabulaire sous forme d'étiquettes à découper ainsi que les images des animaux en noir et blanc. Demander de colorier les animaux avec les couleurs de son choix. Placer ensuite, comme dans l'original, l'animal au centre d'une feuille blanche pliée en deux. Coller sur la page de gauche, la question et la réponse sur la page de droite. L'élève doit donner la couleur de l'animal par écrit en se servant d'un répertoire élémentaire de mots auparavant mis en place.

Exploiter un récit

Les noms des animaux ne sont pas sous les bonnes images. Découpe les images et les étiquettes des noms des animaux. Place les noms sous les bonnes images.

a cat	a dog	a fish

a sheep	a horse	a frog

a duck	a bear	a bird

3 Enseignements artistiques

Comprendre le programme

Les termes « Enseignements artistiques » regroupent les deux disciplines obligatoires que sont les Arts plastiques et l'Éducation musicale. En deçà de leurs spécificités et différences (notamment didactiques), ils mettent en exergue ce qui leur est fondamentalement commun : la sensibilité et l'expression. Ils s'ouvrent également aux autres arts qui ne sont pas spécifiquement enseignés en tant que disciplines scolaires comme le théâtre, la danse, le cinéma ou l'architecture.

Ce que dit le programme

Dans ce cadre, les programmes 2016 se proposent d'amener les élèves à nourrir leur sensibilité et leur capacité expressive, ces deux éléments étant désignés comme « les moyens et les finalités » des enseignements artistiques.

Développer l'écoute, la curiosité, le regard, la rencontre avec des œuvres sont au cœur de ces apprentissages. En développant son intelligence sensible, l'élève peut ainsi améliorer son estime de soi, ce qui contribue à sa construction en tant qu'être humain et futur citoyen.

Trois éléments structurants sont particulièrement désignés par le texte :

- l'importance de **la démarche de projet**
- l'articulation avec le **Parcours d'Éducation Artistique et Culturelle** (PEAC)
- la relation spécifique au **savoir**.

Comment le mettre en œuvre

• Une démarche de projet

La démarche de projet est essentielle dans le cadre de ces activités. Elle donne sens aux apprentissages et permet une interdisciplinarité propice au développement des compétences. De nombreux domaines peuvent être convoqués dans les enseignements artistiques mais également au-delà : questionner le monde, français, langues vivantes, enseignement moral et civique, éducation physique…

• Le parcours d'Éducation Artistique et Culturelle

Le Parcours d'Éducation Artistique et Culturelle (PEAC) permet également, dans le cadre du projet d'école, de privilégier « un parcours de l'élève » en mettant en avant les trois piliers constitutifs de celui-ci : **les rencontres** (des œuvres, des artistes, des structures culturelles), **les pratiques** (techniques et procédés plastiques, sonores et musicaux) et **les connaissances** (savoirs accumulés et structurés, notamment dans le cadre des deux piliers précédents).

Le **Socle commun de connaissances, de compétences et de culture** (SCCC), composé de cinq domaines de formation (Les langages pour penser et communiquer, Les méthodes et outils pour apprendre, La formation de la personne et du citoyen, Les systèmes naturels et les systèmes techniques, Les représentations du monde et l'activité humaine) permet également de questionner les démarches éducatives et la façon de privilégier une transversalité dans toutes les disciplines.

• Une relation spécifique au savoir

Comme le développent ensuite les programmes d'Arts Plastiques et de Musique, l'importance de la **pratique** est rappelée. Elle est de plus immédiatement associée à la **réflexion**. Les enseignements artistiques sont en effet fondamentalement centrés sur la pratique artistique, à la fois dans leur but et comme condition *sine qua non* de leur intelligence.

Arts plastiques : Les choix de la programmation et la progressivité dans le cycle

Une programmation impossible ?

Traditionnellement, le mode classique de la *programmation* n'est pas usité en Arts plastiques car il n'a pas de pertinence *a priori*.

Cet enseignement fonctionne en effet fondamentalement de manière « **spiralaire** ». Chaque séquence passe (et repasse) par tous les moments importants de structuration des apprentissages, quel que soit le thème ou le contenu abordé[1] : expérimentations diverses, analyse et tri, appropriation et finalisation ; évaluation et socialisation[2] (l'ensemble étant en relation avec le patrimoine artistique). Les programmes

1. Cette structure étant par ailleurs assez proche, dans sa forme (et non dans ses conclusions) de la démarche expérimentale développée en sciences.
2. Il s'agit de présenter les productions à un autre public que celui de la classe : expositions, site Internet…

de 2016 ne font pas exception et, définissant trois « *grandes questions* »[3] à traiter pour le cycle 2, ils laissent à l'entière liberté des enseignants et des élèves la création de situations créatives variées, chacune d'elles devant cependant se structurer selon les quatre compétences fondamentales du domaine, dont il est précisé qu'elles « *se travaillent toujours de front, lors de chaque séquence, et non successivement* » :

- Expérimenter, produire, créer.
- Mettre en œuvre un projet artistique.
- S'exprimer, analyser sa pratique, celle de ses pairs ; établir une relation avec celle des artistes ; s'ouvrir à l'altérité.
- Se repérer dans les domaines liés aux arts plastiques, être sensible aux questions de l'art.

Programmer par l'interdisciplinarité

Le caractère fondamentalement interdisciplinaire des Arts plastiques permet de suivre la programmation d'autres disciplines. Il est proposé ici de suivre celle du domaine « Questionner le monde ». Ce choix, motivé par la grande fécondité du lien ancestral entre les sciences et les arts, permet de proposer aux élèves d'envisager la dimension sensible des thématiques dont ils travaillent par ailleurs la dimension *rationnelle* en sciences. Le texte officiel, à l'occasion du paragraphe « Croisements entre enseignements », insiste d'ailleurs sur ce point.

Problématiser

La mise en relation des sciences et des arts à l'école s'organise de manière cohérente si l'on déduit des *problématiques artistiques* à partir des *problématiques scientifiques* décrites en « Questionner le monde ». Ces problématiques se présentent alors comme des déclinaisons des trois « *grandes questions* »[3] du cycle 2 citées précédemment (et qui sont en fait des problématiques artistiques générales).

Structure de la programmation proposée

Les tableaux de programmation des pages suivantes déclinent ainsi, sur cinq périodes et pour chaque niveau de classe, **15 problématiques issues des programmes de « Questionner le monde »**. Elles sont déclinées selon les trois niveaux du cycle (CP, CE1 et CE2). Si, pour tel ou tel niveau, la programmation en « Questionner le monde » choisie par les enseignants ne suit pas précisément l'ordre proposé ici-même en Arts plastiques et visuels, il est possible de placer les unités dans un ordre différent.
La programmation de chaque niveau couvre les cinq périodes de l'année scolaire. Chaque période permet la réalisation d'une séquence pédagogique divisée en 6 séances d'une heure par semaine (notées S1 à S6).
La septième semaine de la période est réservée aux éventuels – mais pas rares ! – dépassements du temps imparti pour les réalisations. Ces 6 séances se déclinent globalement selon l'enchainement des quatre compétences qui structurent les programmes (dans certains cas, certaines séances peuvent s'étaler sur 2 semaines ou être supprimées).

Semaines	Activités	Compétences
S1	• Induction et expérimentations en fonction de la problématique travaillée (souvent sous forme de situation problème).	• **Cette séance correspond à la compétence « *Expérimenter, produire, créer* ».**
S2	• Évaluation intermédiaire des expérimentations, et de confrontation à des œuvres si besoin.	• **Ces trois séances correspondent à la compétence « *S'exprimer, analyser sa pratique, celle de ses pairs ; établir une relation avec celle des artistes, s'ouvrir à l'altérité* ». La troisième séance intègre la compétence « *Se repérer dans les domaines liés aux arts plastiques, être sensible aux questions de l'art* ».**
S3	• Approfondissements techniques suivant les résultats de S2.	
S4	• Appropriation et approfondissements.	
S5	• Finalisations.	• **Ces séances correspondent à la compétence « *Mettre en œuvre un projet artistique* ».**
S6	• Évaluation finale, références artistiques et socialisation (présentation des productions).	• **Cette séance correspond à la compétence « *Se repérer dans les domaines liés aux arts plastiques, être sensible aux questions de l'art* ».**

3. La représentation du monde, l'expression des émotions, la narration et le témoignage par les images.

Arts plastiques niveau 1 (CP)

Rappel : la notion de programmation n'est pas pertinente a priori en Arts plastiques et visuels. C'est le suivi de la programmation de « **Questionner le monde** » qui est proposé ici (voir page 52).

Thème « Questionner le monde »	Problématique artistique déduite	Q*	Référence(s) artistique(s) associée(s)
Les états de la matière – L'eau	Quelle est la couleur de l'eau ?	1	Marines et paysages du XVIe s à nos jours.

Période 1	
S1	• **Situation problème :** *Quelle est la couleur de l'eau selon ses trois états ?* • **Recherches libres :** Essais sur petits formats papier avec de la peinture, des pastels gras et divers papiers blancs ou colorés (y compris magazines) en découpage/collage.
S2	• **Mur d'images :** Diverses œuvres « marines » (Le Lorrain, Friedrich, Turner, Boudin, Monet, Derain), dont certaines montrent de la glace (paysages hivernaux ou de banquise) et d'autres des nuages (vapeur d'eau). Choisir des œuvres de jour et de nuit, des couchers de soleil. ▸ **Des images qui racontent.** Lea.fr • **Découvertes :** Toutes les couleurs sont possibles, selon la lumière et l'état de l'eau. La manière de diluer la peinture et de la poser sur le support (la touche et l'outil, pinceau, coton, éponge…) donne une impression d'eau, de glace ou de vapeur d'eau. Les papiers déchirés et/ou froissés donnent facilement des effets de vague.
S3	• **Retour sur les essais de S1 :** Approfondissements techniques de ce qui fonctionne : les dilutions et les touches, ainsi que les découpes et froissages de papier (association possible des deux techniques).
S4	• **Appropriation :** Sur un support de format moyen (A4 environ), dessin libre rapide, au trait, d'un paysage présentant obligatoirement les trois états de l'eau : la mer, la montagne (avec neige) et des nuages dans le ciel. Mise en couleur par recouvrement des formes avec les techniques travaillées en S2 et S3.
S5	• **Finalisation :** Fin des travaux de S4. Finitions et détails.
S6	• **Expression des ressentis :** Affichage de toutes les productions et commentaires critiques (animation par l'enseignant pour faire s'exprimer des choix expressifs et des interprétations diverses des productions).

Thème « Questionner le monde »	Problématique artistique déduite	Q*	Référence(s) artistique(s) associée(s)
Matière et lumière	Comment changer la lumière d'un intérieur sans électricité ?	2, 3	Art du vitrail (ancien et moderne).

Période 2	
S1	• **Situation problème :** *Comment changer la lumière d'un intérieur sans électricité ?* • **Recherches libres :** Une fois que l'idée de colorer les fenêtres du lieu a émergé, recherches à l'oral des possibilités comme peindre sur les fenêtres (difficile et interdit), coller des calques colorés (faire des essais aux feutres), coller des plastiques transparents colorés avec des encres translucides.
S2	• **Observation d'œuvres d'art :** Vitraux (réels de préférence, sur Internet). • **Découvertes de techniques :** Le rhodoïd et les pochettes plastiques pour classeur colorées, l'encre pour vitrail.
S3	• **Retour sur les essais de S1 et S2 :** Approfondissements techniques. Il s'agit de réaliser de la « matière première », une production d'un grand nombre de feuilles de plastiques recouvertes de couleurs diverses.
S4	• **Appropriation :** Deux solutions sont proposées, soit la découpe d'éléments figuratifs dans les feuilles de S3 et assemblage comme dans l'art traditionnel du vitrail, soit la découpe d'éléments abstraits collés directement sur les vitres de la classe (avec du ruban adhésif). Dans les deux cas, toute la surface des fenêtres doit être recouverte (ou bien les fenêtres non recouvertes sont occultées).
S5	• **Finalisation :** Fin des travaux de S4. Finitions et détails.
S6	• **Expression des ressentis :** Affichage de toutes les productions et commentaires critiques (animation par l'enseignant pour faire s'exprimer des choix expressifs et des interprétations diverses des productions). L'accent sera mis ici sur l'expérience de l'ambiance lumineuse de la classe lorsque la lumière du jour est filtrée par les « vitraux » réalisés.

* La lettre « Q » réfère aux *trois questions* sur lesquelles se construisent les programmes de chaque cycle. Voir page 52.

Programmation annuelle d'activités

Arts plastiques niveau 1 (CP)

Thème « Questionner le monde »	Problématique artistique déduite	Q*	Référence(s) artistique(s) associée(s)
Le vivant – l'animal	Peut-on inventer des animaux qui n'existent pas ?	2, 3	Bestiaire imaginaire de la mythologie antique à nos jours.

Période 3	
S1	• **Situation problème (première proposition) :** *Peut-on inventer des animaux qui n'existent pas ?* • **Observation d'œuvres d'art, animaux humanisés :** Observation des représentations des dieux de l'Égypte antique et de certains hybrides homme-animal gréco-romains (centaure, minotaure, sirènes…).
S2	• **Découvertes de techniques :** Création d'animaux humanisés par collage de photographies tirées de magazines comme des têtes d'animaux sur des corps humains.
S3	• **Situation problème (seconde proposition) :** *Peut-on inventer des animaux qui n'existent pas ?* • **Observation d'œuvres d'art :** Animaux fabuleux composites d'animaux (griffons, basilics, sphinx…).
S4	• **Découvertes de techniques :** Création d'animaux fabuleux par collage de parties d'animaux. Une fois le collage fait, on le décalque pour obtenir un dessin. On photocopie le calque (variation des formats possibles) et on colorie aux crayons de couleur ou aux feutres.
S5	• **Finalisation :** Fin des travaux de S2 et S4. Finitions et détails.
S6	• **Expression des ressentis :** Affichage de toutes les productions et commentaires critiques (animation par l'enseignant). Recherche d'un nom pour chaque animal imaginaire, et invention (orale ou écrite) de sa vie.

Thème « Questionner le monde »	Problématique artistique déduite	Q*	Référence(s) artistique(s) associée(s)
Les objets	Peut-on inventer des machines qui n'existent pas ?	2, 3	Collages surréalistes et cinéma de science-fiction (robots).

Période 4	
S1	• **Situation problème :** *Peut-on inventer des machines qui n'existent pas ?* • **Observation d'œuvres d'art :** Œuvres de Jean Tinguely (fontaine Stravinsky à Paris par exemple).
S2	• **Réutilisation d'une technique déjà travaillée :** Collage de morceaux de photographies de machines tirées de magazines.
S3	• **Retour sur les essais de S1 et S2 :** Approfondissements techniques. Importance de la qualité du détourage (aide de l'adulte nécessaire).
S4	• **Finalisation :** Fin des travaux de S4. Finitions et détails.
S5	• **Expression des ressentis :** Affichage de toutes les productions et commentaires critiques (animation par l'enseignant). Recherche d'un nom pour chaque machine imaginaire et invention (orale ou écrite) de sa fonction.
S6	• **Socialisation :** Création d'une exposition présentant les productions des périodes 3 et 4.

Thème « Questionner le monde »	Problématique artistique déduite	Q*	Référence(s) artistique(s) associée(s)
L'espace proche	Comment montrer ce que je ressens des espaces proches ?	1, 2	Photographies de Martin Parr.

Période 5	
S1	• **Situation problème :** *Comment montrer ce que je ressens des espaces proches ?* • **Apprentissages techniques 1 :** Prendre une photographie acceptable (cadrage bougé et flou).
S2	• **Apprentissages techniques 2 :** Réaliser des portraits « sans masque » (ne pas faire le pitre devant l'objectif).
S3	• **Retour sur les essais de S1 et S2 :** Tri des images acceptables selon les critères vus en S1 et S2.
S4	• **Appropriation 1 :** Choisir dans l'environnement proche (écoles et alentours) un lieu que j'apprécie et y faire réaliser par un camarade un portrait de moi-même, dans lequel je n'exprime aucune expression.
S5	• **Appropriation 2 :** Choisir dans l'environnement proche (écoles et alentours) un lieu que je n'apprécie pas et y faire réaliser par un camarade un portrait de moi-même dans lequel je manifeste une expression.
S6	• **Expression des ressentis :** Affichage de toutes les productions et commentaires critiques (animation par l'enseignant).

* La lettre « Q » réfère aux *trois questions* sur lesquelles se construisent les programmes de chaque cycle. Voir page 52.

Arts plastiques niveau 2 (CE1)

Rappel : la notion de programmation n'est pas pertinente a priori en Arts plastiques et visuels. C'est le suivi de la programmation de « **Questionner le monde** » qui est proposé ici (voir page 52).

	Thème « Questionner le monde »	Problématique artistique déduite	Q*	Référence(s) artistique(s) associée(s)
	Matérialité de l'air	Comment représenter le vent ?	1	S2 : Turner, Corot, Hokusai, Wall. S6 : Füller, Calder, Panamarenko
	Période 1			
S1	• **Situation problème :** *Comment représenter le vent en peinture ?* • **Recherches libres :** Sur petit format, essais divers avec le la peinture et des pastels gras.			
S2	• **Analyse des essais de S1 :** Tri et classement de la plus forte à la plus faible efficacité visuelle vis-à-vis du sujet. • **Observation d'œuvres d'art :** Analyse comparée des œuvres de référence en fonction du sujet. • **Découvertes et conclusions :** Plusieurs opérations plastiques sont favorables à la représentation du vent (estomper, essuyer, composer dans l'oblique, démultiplier les mouvements des objets).			
S3	• **Retour sur les essais de S1 :** Approfondissements techniques autour des découvertes du S2.			
S4	• **Appropriation :** Réalisation d'un paysage venteux au choix des élèves (à partir d'une photographie par exemple).			
S5	• **Finalisation :** Fin des travaux de S4. Finitions et détails.			
S6	• **Expression des ressentis :** Affichage de toutes les productions et commentaires critiques (animation par l'enseignant pour faire s'exprimer des choix expressifs et des interprétations diverses des productions). Expression notamment de la qualité du vent (doux, fort, chaud, froid, etc.). • **Observation d'œuvres d'art :** Nouvelles œuvres qui ouvrent le sujet, comme le corps et le volume pour une poétique de l'air.			

	Thème « Questionner le monde »	Problématique artistique déduite	Q*	Référence(s) artistique(s) associée(s)
	Matière et lumière – Les ombres	Les ombres peuvent-elles raconter des histoires ?	1, 2 et 3	Ombres chinoises traditionnelles, Boltanski, Fukuda, Noble-Webster
	Période 2			
S1	• **Situation problème :** *Les ombres peuvent-elles raconter des histoires ?* • **Recherches libres :** Matériel à utiliser : lampe électrique, rétroprojecteur, papiers opaques et translucides, feutres colorés (par groupes).			
S2	• **Analyse des essais de S1 :** Mise en commun des découvertes lors des essais. • **Observation d'œuvres d'art :** Un théâtre d'ombres visionné sur Internet. Christian Boltanski. • **Découvertes :** Les mouvements et les colorations des papiers sont importants, la distance à la source lumineuse aussi (flous et différences d'échelle).			
S3	• **Retour sur les essais de S1 :** Approfondissements techniques issus des découvertes du S1.			
S4	• **Appropriation :** Création de saynètes libres par groupes de 2 ou 3.			
S5	• **Finalisation :** Fin des travaux de S4. Finitions et détails. Captations vidéos des saynètes.			
S6	• **Expression des ressentis :** Présentation de toutes les productions et commentaires critiques (animation par l'enseignant pour faire exprimer des choix et des interprétations diverses des productions). • **Observation d'œuvres d'art :** Nouvelles œuvres qui ouvrent le sujet, comme les jeux d'anamorphoses sur les ombres.			

* La lettre « Q » réfère aux *trois questions* sur lesquelles se construisent les programmes de chaque cycle. Voir page 52.

Programmation annuelle d'activités

Arts plastiques niveau 2 (CE1)

Thème « Questionner le monde »	Problématique artistique déduite	Q*	Référence(s) artistique(s) associée(s)
Le vivant – Végétal, animal	Peut-on imaginer un être fantastique animal et végétal ?	1	Arcimboldo, Ernst, Penone, Koons, Le seigneur des anneaux (film)

Période 3	
S1	• **Situation problème :** *Peut-on imaginer un être fantastique animal et végétal ?* • **Recherches libres :** Retour sur les productions vues en P3 du niveau 1 (CP), avec réflexion sur l'intégration d'éléments végétaux. Essais divers.
S2	• **Analyse des essais de S1 :** Mise en commun des découvertes lors des essais. • **Observation d'œuvres d'art :** Élargissement des possibilités aux exemple des œuvres découvertes. • **Affinement des recherches :** Nouveaux essais ou amélioration des essais existants. ▸ **Créer une gargouille.** Lea.fr
S3	• **Appropriation :** Finalisation des travaux.
S4	• **Mise en valeur :** Création de fonds à la peinture en adéquation avec la création (contraste de couleurs).
S5	• **Expression des ressentis :** Affichage de toutes les productions et commentaires critiques (animation par l'enseignant pour faire exprimer des choix et des interprétations diverses des productions).
S6	• **Socialisation :** Présentation des productions (en y ajoutant celles du P3 du niveau 1 du cycle qui auront été conservées). Recherches sur la scénographie de l'exposition, création des cartels, d'un texte d'accompagnement, etc.

Thème « Questionner le monde »	Problématique artistique déduite	Q*	Référence(s) artistique(s) associée(s)
Le monde des objets	Comment harmoniser la forme et la fonction d'une chaise ?	1, 2	Design de l'objet chaise au fil des temps.

Période 4	
S1	• **Situation problème :** *Comment harmoniser la forme et la fonction d'une chaise ?* • **Observation d'œuvres d'art :** Divers types de chaises, tabourets, fauteuils d'appartement, de voiture, trône de rois, etc. • **Découverte :** Les chaises n'ont pas toujours la même forme et souvent cette forme est liée à leur fonction. • **Recherches libres :** Essais de dessin de chaises pour une fonction tirée au sort (bureau, théâtre, avion, etc.).
S2	• **Analyse des essais de S1 :** Appréciation des relations forme/fonction. • **Contrainte pour étayage à la création :** Sur la photocopie d'une chaise de la classe (tirage très pâle), dessin de décors ou de déformations pour transformer cette chaise selon l'une des fonctions préférée du S1.
S3	• **Appropriation 1 :** Approfondissements des recherches sur photocopie et recherches colorées.
S4	• **Appropriation 2 :** Habillage d'une vraie chaise de la classe selon les recherches de S3 (par groupes).
S5	• **Finalisation :** Fin des travaux de S4. Finitions et détails.
S6	• **Expression des ressentis :** Affichage de toutes les productions et commentaires critiques (animation par l'enseignant pour faire exprimer des choix et des interprétations diverses des productions).

Thème « Questionner le monde »	Problématique artistique déduite	Q*	Référence(s) artistique(s) associée(s)
Paysages – La ville	Quelle forme peut avoir la ville idéale ?	1, 2	Piranesi, Ledoux, Boulée, Citroën, Metropolis (film), Hundertwasser, Moebius, Ghery.

Période 5	
S1	• **Situation problème :** *Quelle forme peut avoir la ville idéale ?* • **Recherches libres :** Application des relations forme/fonction vues en période 4 à un nouvel objet, la maison (l'immeuble, le gratte-ciel, etc.). Dessins libres sur sollicitations : maison de la ville « douceur », « enfer », etc.
S2	• **Analyse des essais de S1 :** Appréciation des relations forme/fonction. • **Observation d'œuvres d'art :** Commentaires en fonction des essais préalables de S1. • **Emprunt expressif :** L'œuvre *Metropolis*, de Paul Citroën, propose une accumulation de divers immeubles (collage d'images de magazines). Cette technique sera retenue pour les réalisations originales des élèves.
S3	• **Appropriation 1 :** Choix d'un type de ville et réalisation de 3 ou 4 bâtiments aux formes en adéquation.
S4	• **Appropriation 2 :** Photocopies de diverses tailles des réalisations de S3 pour avoir de 30 à 50 bâtiments. Collage.
S5	• **Finalisation :** Fin des travaux de S4. Finitions et détails.
S6	• **Expression des ressentis :** Affichage de toutes les productions et commentaires critiques (animation par l'enseignant pour faire exprimer des choix et des interprétations diverses des productions).

* La lettre « Q » réfère aux *trois questions* sur lesquelles se construisent les programmes de chaque cycle. Voir page 52.

Arts plastiques niveau 3 (CE2)

Rappel : la notion de programmation n'est pas pertinente a priori en Arts plastiques et visuels. C'est le suivi de la programmation de « **Questionner le monde** » qui est proposé ici (voir page 52).

Thème « Questionner le monde »	Problématique artistique déduite	Q*	Référence(s) artistique(s) associée(s)
Les aliments et l'équilibre alimentaire	Peut-on réaliser un ustensile qui aide à manger équilibré ?	1	Création des arts de la table et design culinaire

	Période 1
S1	• **Situation problème :** *Peut-on réaliser un ustensile qui aide à manger équilibré ?* • **Remue méninge :** Liste de tous les objets que nous utilisons pour se procurer de la nourriture selon les lieux où elle se trouve. Marché, supermarché, producteur : sacs, caddies, paniers… Restaurant : assiettes, plateaux… • **Récapitulation :** les divers types d'aliments et le code coloré qui les désigne.
S2	• **Observation d'œuvres d'art :** Diverses assiettes et plats de l'histoire, et notamment les plats présentant des décors et/ou des compartiments (plateaux repas des entreprises de confection de repas froids à livrer). • **Commande de création :** Pouvez-vous imaginer la forme d'une assiette, d'un plat, d'un plateau repas, d'un panier ou d'un sac… qui permettrait à son utilisateur de se servir un repas équilibré (emplacements spécifique pour chaque type d'aliment) ? • **Premier essais :** Choix d'un objet et recherches de sa forme en dessin (croquis).
S3	• **Retour sur les essais de S1 :** Analyse des croquis. Recherches d'amélioration en commun.
S4	• **Appropriation :** Réalisation de l'objet en 3D (à partir de plats ou assiettes de camping, de cartons…).
S5	• **Finalisation :** Fin des travaux de S4. Finitions et détails.
S6	• **Expression des ressentis :** Affichage de toutes les productions et commentaires critiques (animation par l'enseignant pour faire s'exprimer des choix expressifs et des interprétations diverses des productions).

Thème « Questionner le monde »	Problématique artistique déduite	Q*	Référence(s) artistique(s) associée(s)
Les cartes et les plans	Peut-on créer la carte sensible d'un lieu ?	1, 2	Portulans, Ernst, Cusick, Rosato, Shelley, Vergara, Poisson

	Période 2
S1	• **Situation problème :** *Peut-on créer la carte sensible d'un lieu ?* • **Recherches libres :** Dessin à main levée et seulement de mémoire du plan du chemin emprunté par chaque élève pour aller de chez lui à l'école. ▸ **Art et géométrie.** Lea.fr
S2	• **Observation d'œuvres d'art :** *Les cartes sensibles* de Mathias Poisson. • **Découvertes :** En jouant sur les couleurs et les déformations, je peux créer la carte d'un espace non pas en fonction de ses caractères rationnels (échelle et position topologique – vus en sciences) mais de ses caractères sensibles (ce que j'apprécie et ce que je n'apprécie pas, ce que j'oublie de représenter, etc.).
S3	• **Retour sur les essais de S1 :** Reprise de la carte de S1, en hypertrophiant et colorant les zones que j'apprécie et en minimisant les zones que j'apprécie moins. Plusieurs essais possibles.
S4	• **Appropriation :** Agrandissement de la carte de S3 et mise en couleur. Travail sur les textes à y intégrer (noms de lieux, commentaires…).
S5	• **Finalisation :** Fin des travaux de S4. Finitions et détails.
S6	• **Expression des ressentis :** Affichage de toutes les productions et commentaires critiques (animation par l'enseignant pour faire exprimer des choix et des interprétations diverses des productions).

* La lettre « Q » réfère aux *trois questions* sur lesquelles se construisent les programmes de chaque cycle. Voir page 52.

Programmation annuelle d'activités

Arts plastiques niveau 3 (CE2)

	Thème « Questionner le monde »	Problématique artistique déduite	Q*	Référence(s) artistique(s) associée(s)
	La mémoire	Qu'est-ce qu'un mémorial ?	1	Monuments aux morts, art funéraire, génie de la Bastille.

	Période 3
S1	• **Situation problème :** *Qu'est-ce qu'un mémorial ?* • **Recherches libres :** Choix d'un évènement personnel ou commun à la classe qui s'est passé à l'école, et dessin d'un monument qui pourrait être placé dans la cour de l'école pour commémorer cet évènement.
S2	• **Observation d'œuvres d'art :** Observations de mémoriaux (monuments aux morts, génie de la Bastille…). • **Découvertes :** Un mémorial est souvent formé d'une mise en commun d'éléments architecturaux et sculpturaux. Il cherche souvent à s'élever pour être vu de loin.
S3	• **Retour sur les essais de S1 :** Reprise des essais de S1 en fonction de ce qui a été vu en S2. Possibilité de travail en collage d'images de magazines.
S4	• **Appropriation :** Agrandissement du dessin/collage et mise en couleur (feutres et crayons de couleurs).
S5	• **Finalisation :** Fin des travaux de S4. Finitions et détails. Recherche d'un épitaphe ou d'une légende.
S6	• **Expression des ressentis :** Affichage de toutes les productions et commentaires critiques (animation par l'enseignant pour faire s'exprimer des choix expressifs et des interprétations diverses des productions).

	Thème « Questionner le monde »	Problématique artistique déduite	Q*	Référence(s) artistique(s) associée(s)
	Paysages	Comment créer un décor de théâtre hostile ou accueillant ?	1, 2 et 3	Poussin, Théâtres de papier, cinéma expressionniste, Bob Wilson

	Période 4
S1	• **Situation problème :** *Comment créer un décor de théâtre hostile ou accueillant ?* • **Recherches libres :** Dessins libres de création de paysages hostiles ou accueillants (au choix).
S2	• **Observation d'œuvres d'art :** Œuvres de Nicolas Poussin (*Orphée*) et du cinéma expressionniste allemand (*Le cabinet du docteur Caligari*). • **Analyse technique :** Notion de profondeur par plans. • **Découvertes :** Certains éléments dessinés donnent un effet hostile (incendies, animaux dangereux, végétation ou rochers acérés…) ou accueillant (lumière douce, végétation luxuriante, animaux doux…). La déformation excessive peut donner des ambiances angoissantes.
S3	• **Retour sur les essais de S1 :** Intégration d'éléments copiés des œuvres analysées en S2, ou de photographies tirées de magazines.
S4	• **Appropriation :** Reprise des croquis du S3 sur plus grand format et en séparant les plans, pour un futur décor de théâtre. Observation de théâtres de papier pour comprendre l'organisation des plans.
S5	• **Finalisation :** Fin des travaux de S4. Finitions et détails.
S6	• **Expression des ressentis :** Affichage de toutes les productions et commentaires critiques (animation par l'enseignant pour faire exprimer des choix et des interprétations diverses des productions).

	Thème « Questionner le monde »	Problématique artistique déduite	Q*	Référence(s) artistique(s) associée(s)
	Paysages	▸ **Comment créer la table d'orientation de l'école ? (fiche p. 58)**	1, 2	Tables d'orientation classiques et contemporaines

	Période 5
S1	• **Situation problème :** *Comment créer la table d'orientation de l'école ?* • **Observation d'œuvres :** Qu'est-ce qu'une table d'orientation ? Comment est-ce fait ? • **Dessins libres :** Que pourrait-on représenter sur une table d'orientation à mettre dans la cour de l'école ?
S2	• **Observation d'une carte détaillée du quartier :** Carte centrée sur l'école et sur 300 m aux alentours. • **Division du travail :** Traçage d'un cercle sur la carte dont le centre est la cour de l'école, et division de ce cercle en autant de parts qu'il y a d'élèves. Par groupes de 2 ou 3, les élèves choisissent les 2 ou 3 parts à travailler.
S3	• **Collecte :** Visite des parties du quartier avec prises de photo et ramassage d'objets trouvés là.
S4	• **Création de la table en terre crue :** Réalisation de galettes de terre de la forme des parts de la table.
S5	• **Empreintes et réserves pour photos :** Empreintes sur la terre crue des objets trouvés de la part de quartier correspondante, et marquage des emplacements ou seront collées les photos de cette partie du quartier.
S6	• **Réalisation et socialisation :** Moulage au plâtre et collage des photos sur le plâtre sec. Installation dans la cour et médiation auprès des autres classes et des parents d'élèves. ▸ **Dessiner un paysage.** Lea.fr

* La lettre « Q » réfère aux *trois questions* sur lesquelles se construisent les programmes de chaque cycle. Voir page 52.

Créer la table d'orientation de l'école

Domaine **Arts plastiques Niveau 3**

Cette séquence de 6 à 7 semaines, suivant les options choisies, permet de s'intéresser à la dimension graphique et visuelle (donc artistique) des tables d'orientations vues dans les séances du domaine « Questionner le monde ». Elle permettra une relation au Arts plastiques (tradition séculaire des paysages, « vol d'oiseau » et des dioramas) aussi bien qu'aux Arts appliqués (la table d'orientation envisagée comme objet du design).

Objectifs de la séquence

- Observer le réel et en laisser une trace graphique et artistique.
- Organiser les empreintes des traces et éléments glanés dans le paysage pour obtenir un effet visuel pertinent et signifiant.
- Expérimenter un moyen efficace de mise en mémoire pérenne de ces empreintes : le moulage en plâtre à la terre perdue.

Relation à la programmation de *Questionner le monde*

- La question du paysage et de la lecture de paysage.

Problématique artistique déduite

- Comment donner une cohérence visuelle à la transcription graphique d'une lecture de paysage sur une table d'orientation ?
- Comment développer la dimension sensible et poétique de cette transcription graphique, en complément de sa dimension scientifique ?

Grande(s) question(s) associée(s)

- **Question 1 :** La représentation du monde.
- **Question 2 :** L'expression des émotions.

Matériel

- Images de tables d'orientations trouvées sur Internet (Semaine 1).
- Sacs en plastique ou boîtes pour la collecte d'objets et de fragments (Semaine 2).
- Papier blanc type « machine » (Semaine 3).
- Appareil photo numérique (APN). L'idéal est 1 APN pour 2 ou 3 élèves, mais un seul APN pour la classe peut suffire. (Semaine 3).
- Terre crue (argile) à raison de 1 à 5 kg pour 3 élèves (selon la taille finale de la table d'orientation). (Semaine 4).
- Rouleaux à pâtisserie (un pour 3 élèves dans l'idéal).
- Couteaux en plastique.
- Plâtre de moulage (Semaine 5).
- Peinture acrylique ou gouache (Semaine 6 – Facultatif).

Relation à l'Histoire des arts

Arts du visuel : Paysages « vol d'oiseau » des XVIIe et XVIIIe siècles, comme par exemple la vue du Château de Versailles par Pierre Patel (1668) ou les vues « en éventail » de châteaux anglais comme celui de Hampton court, de Leonard Knyff (XVIIIe siècle).

Arts du quotidien : Diverses tables d'orientation sont disponibles sur Internet (moteurs de recherche d'images).

Préparer la séquence

Une telle séquence gagne à avoir été précédée de plusieurs temps de réflexion et de travaux dans le domaine *Questionner le monde* autour de la lecture de paysage et de la table d'orientation (l'idéal étant d'avoir pu expérimenter l'une et l'autre lors d'une sortie pédagogique dédiée).

Séance 1 : Préalables dans les domaines *Questionner de monde* et *Histoire des arts*

Un temps de récapitulation de ce qui a été étudié en *Questionner le monde* est possible et induira la suite des activités en Arts plastiques.

1. Observer et comprendre le fonctionnement d'une table d'orientation

On considère ici que cette notion est acquise. Il s'agit donc d'un pré-acquis que cette séance se contente de récapituler (rebrassage).

2. S'intéresser aux formes de cet objet

L'observation par Internet de multiples formes de tables d'orientation permet d'en déduire :

• **la diversité :** les matériaux, les hauteurs, les qualités des éléments visuels qui les composent sont très divers (réalisme ou stylisation des éléments représentés notamment).

• **les constantes :** le plus souvent la table est présentée sous la forme d'un demi-cercle, soit à hauteur de la taille du spectateur, soit au sol. Ce qui est en bas montre ce qui est proche du spectateur, et ce qui est loin de lui est représenté en haut. Ce sont du moins ces constantes qui seront utilisées dans les activités qui suivent.

3. Mettre en relation avec la tradition

La pratique des Arts plastiques à l'école consiste généralement à ne montrer des œuvres d'art qu'après le début des recherches des élèves, ou même à la fin, par crainte de trop orienter et donc brider l'imaginaire des élèves.

Exceptionnellement, ici, les œuvres d'art de référence sont proposées dès le début de la séquence : d'une part il est essentiel que les élèves aient bien compris la nature, les formes et les fonctions d'une table d'orientation, et d'autre part ce qui va leur être demandé s'éloigne suffisamment

des œuvres proposées pour que leurs formes ne viennent pas s'imposer à celles que les élèves auront à imaginer.
Les œuvres des XVIIe et XVIIIe siècles. On tirera de ces œuvres quelques notions fondamentales :
- **Le point de vue :** il s'agit d'une vision « à vol d'oiseau ».
- **Le souci du détail :** tout ce qui caractérise le paysage y est consigné.
- **La composition :** le bas de l'image correspond à ce qui est le plus proche du spectateur, et plus on va vers le haut, plus les choses sont loin.

Séance 2 : Sortie et prises de notes

Compétence(s) associée(s)
Expérimenter, produire, créer. *Représenter le monde environnant ou donner forme à son imaginaire en explorant la diversité des domaines (dessin, collage, modelage, sculpture, photographie…).*

1. Partage du territoire à intégrer sur la table d'orientation

Selon l'ambition du projet et la configuration des lieux, la table d'orientation pourra ne représenter que la cour de récréation et les espaces associés (plates-bandes, espaces verts éventuels…) ou, notamment dans le cas d'une école à cour de petite taille, concerner l'ensemble du quartier. Le même type de projet peut également être adapté à un autre lieu, comme un parc ou une forêt, visités lors d'une sortie pédagogique dont on choisira de dresser la table d'orientation.

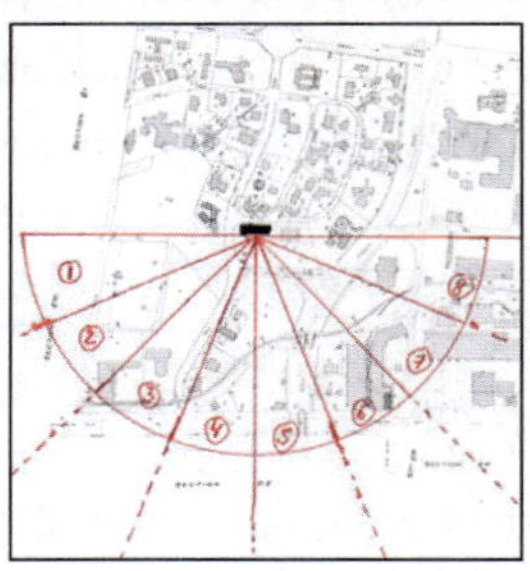

Le schéma ci-contre propose une découpe de l'espace à investir, à partir d'un plan du quartier. Le petit rectangle noir désigne l'école, au pied de laquelle s'étendent la cour de récréation et ses quelques espaces verts.
Le schéma en rouge découpe le territoire comme un camembert, en 8 parties égales, conformément à ce qui a été vu lors de la séance 1 à propos des constantes des « tables d'orientation ». Chaque « part de camembert » sera confiée à un groupe des 3 élèves (classe de 24 élèves).

2. Dessiner, photographier, récolter…

Chaque groupe devra explorer la part d'espace qui lui a été confiée et y recueillir le plus grand nombre de données matérielles et visuelles : croquis, photographies de l'ensemble et des détails (gros plans de petits éléments ou de matières vues de près notamment), petits objets trouvés au sol (cailloux, feuilles d'arbres, etc.). Ces éléments formeront la base matérielle de la future table d'orientation, car ils seront la mémoire réelle du lieu.

Séance 3 : Recherches de compositions

Compétence(s) associée(s)
- **Expérimenter, produire, créer.** *S'approprier par les sens les éléments du langage plastique : matière, support, couleur… Observer les effets produits par ses gestes, par les outils utilisés. Tirer parti de trouvailles fortuites, saisir les effets du hasard. Représenter le monde environnant ou donner forme à son imaginaire en explorant la diversité des domaines (dessin, collage, modelage, photographie…).*
- **Mettre en œuvre un projet artistique.** *Respecter l'espace, les outils et les matériaux partagés. Mener à terme une production dans le cadre d'un projet accompagné par le professeur. Montrer sans réticence ses productions et regarder celles des autres.*

1. Disposer et photographier

L'enseignant distribue à chaque groupe d'élèves la forme ci-contre, dessinée sur une feuille de papier, correspondant à un huitième de l'arc de cercle qui formera la table d'orientation finale et qui en forme donc le gabarit.
Il est important que ce gabarit soit de la grandeur de la part qui formera la table réelle. Le format A4 constitue une bonne dimension (correspondant à l'exemple de table donné ici). Il peut être photocopié ensuite.

2. Composer

Après avoir imprimé certaines photographies ou fragments de photographies, et choisi éventuellement quelques croquis (l'ensemble de petit format, environ 5 à 6 cm de côté), disposer certaines de ses images à l'emplacement qui leur correspond sur le gabarit, en considérant que le petit côté est le plus proche de l'école et le grand, le plus éloigné. Entre les images disposées, déposer également certains des petits objets rapportés lors de la séance précédente.

3. Photographier plusieurs essais

Une fois la première composition organisée sur le gabarit, la prendre en photo, puis en réaliser encore deux ou trois autres.
Choisir. Lors d'une mise en commun, chaque groupe présente et explique à la classe ses diverses compositions (rétroprojection des photos numériques). Le choix de la meilleure se fait en commun. Les autres sont abandonnées.

Séance 4 : Réalisation des plaques de terre et des empreintes

Compétence(s) associée(s)
Mêmes compétences qu'en semaine 3.

1. Plaques de terre

Chaque groupe dispose d'un pain de terre d'environ 4 à 5 kg. À l'aide d'un rouleau à pâtisserie, réaliser une plaque de la grandeur d'une feuille de papier A4, de 3 à 4 centimètres d'épaisseur, la plus plane possible (déposer au départ la plaque sur une surface lisse comme par exemple une pochette plastique de feuille de classeur qui collera à la terre d'un côté et permettra son déplacement par glissement sur la table de travail). Une fois la plaque réalisée, poser dessus un gabarit vierge préalablement découpé, puis découper la terre selon cette forme avec un couteau en plastique.

2. Empreintes

Utiliser la photographie de la composition réalisée à la séance précédente pour la reproduire sur la terre le plus fidèlement possible. Les photographies et les dessins ne seront pas posés sur la terre (cela les abimerait) mais à la place on laissera un espace libre. Les objets sont quant à eux disposés sur la terre et pressés pour qu'ils s'y enfoncent un peu. Ils sont ensuite retirés pour que seule leur empreinte demeure.

3. Conservation de la terre humide

À la fin de ce travail, dans l'attente de la séance suivante, chaque plaque est enveloppée dans un chiffon légèrement humide et l'ensemble est glissé dans un sac poubelle fermé le plus hermétiquement possible (conservation de plusieurs semaines possibles).

Séance 5 : Coulage du plâtre et démoulage immédiat

Compétence(s) associée(s)
Mêmes compétences qu'en semaine 3.

1. Transformer chaque plaque en un moule

À partir de colombins de terre aplatis à l'aide du rouleau à pâtisserie, réaliser des bandeaux d'environ 8 cm de large et 2 cm d'épaisseur sur une longueur d'environ 20 cm. Disposer ces bandeaux verticalement tout autour des plaques, afin de réaliser une sorte de « murette » de terre tout autour. Veiller à ce que la base de cette enceinte soit en contact étroit avec les côtés de la plaque.

2. Gâcher et couler le plâtre

Pour chaque moule, gâcher environ un demi-seau de maçon de plâtre de moulage liquide (suivre les instructions sur le paquet pour les dosages). Disposer les moules sur une table et non au sol (cf. ci-après), puis couler le plâtre jusqu'à ce que chaque moule soit plein (aide de l'adulte pour le coulage car les seaux sont relativement lourds). Ne pas craindre les débordements qui, une fois durcis, seront facilement cassés et éliminés. Alors que le plâtre est encore bien liquide, proposer aux élèves de tambouriner sur la table avec les poings fermés, afin de créer une vibration pendant environ une minute ; cela permettra aux bulles de remonter à la surface et d'avoir un meilleur moulage.

3. Démouler rapidement et admirer

Une fois le plâtre pris (entre 30 et 50 minutes en général), il est important de démouler alors que la terre est encore humide donc souple. Un démoulage délicat peut permettre de récupérer la terre qui ne sera pas trop souillée des débris du plâtre. Il sera en revanche assez difficile de sauvegarder le moule, que le démoulage aura au mieux déformé, et le plus souvent abimé. Cette technique n'autorise pas les moulages multiples (d'où sa dénomination « à la terre perdue »).
Les plaques de terre sont devenues des plaques de plâtre, qui montrent en positif les empreintes qui étaient en négatif dans la terre. Les plus minuscules détails sont reproduits avec finesse.

Terre avec empreintes (en creux)

Moulage des empreintes (en bosse)

4. Finaliser avec les photos et les dessins

Attendre plusieurs jours que les plaques soient sèches, puis coller à leur emplacement les photos et les croquis choisis lors de la séance 3. Le résultat est une sorte de « pétrification » de tout ce qui est caractéristique de l'espace auquel fait référence chaque part du « camembert » de la table d'orientation.

Séance 6 : Passage à la couleur (facultatif)

Compétence(s) associée(s)
Mêmes compétences qu'en semaine 3.
Une fois le plâtre sec, il peut se travailler à la peinture. Il est alors possible de colorer les éléments en volume autour des photographies, de manière réaliste ou non.

Séance 7 : Installation et inauguration de la table d'orientation

Compétence(s) associée(s)
S'exprimer, analyser sa pratique, celle de ses pairs. Prendre la parole devant un groupe pour partager ses trouvailles. Formuler ses émotions, entendre et respecter celles des autres. Repérer les éléments du langage plastique dans une production : couleurs, formes, matières, support…

1. Installer et commenter

Sur un espace dédié de la cour de récréation, disposer les huit plaques à leur emplacement afin de reconstituer la table d'orientation. Amener les élèves à expliquer encore leurs choix et à commenter les qualités de leur travail et de celui des autres.

2. Inaugurer et présenter

Inviter les autres classes et/ou les parents d'élèves à expérimenter la table d'orientation en l'observant et en tentant de retrouver, en allant se promener dans l'espace auquel fait référence chaque partie, certains des éléments qui y sont représentés. Pour un projet assez ambitieux comme celui-ci, cette socialisation des productions gagnera à être organisée sous la forme d'une cérémonie officielle, où sont invités les notables du quartier et la presse locale et où les élèves prennent en charge les explications et la médiation de leur travail.

Éducation Musicale

Les points forts de l'apprentissage en Éducation musicale au cycle 2

Les programmes 2016 mettent en avant deux grands champs de compétences que sont la perception et la production.

Amener les élèves à faire de la musique, en écouter, produire avec leurs voix, interpréter un chant, mobiliser leur corps contribue à leur épanouissement et leur équilibre. Les expériences, les savoir-faire, les repères culturels, le travail en collectif permettront d'assoir le socle de la formation musicale et artistique de l'élève.

Le programme est décliné en quatre compétences à travailler :

- Chanter
- Écouter, comparer
- Explorer et imaginer
- Échanger, partager

Les choix de la programmation et la progressivité dans le cycle de l'Éducation musicale

Niveau 1 : chanter

Cette programmation au niveau 1 privilégie le travail autour de la voix (et du corps), de la production vocale et des écoutes musicales à dominante vocale. Au cours de cette année particulière, tournée vers l'apprentissage de la lecture et de l'écriture, cela permet de faire des liens entre la voix parlée, chantée et la dimension sonore de la langue (phonologie).

Le tableau ci-dessous propose quatre entrées que l'on retrouvera dans la programmation.

Les trois autres entrées que sont « écouter, comparer », « explorer et imaginer » et « échanger, partager » seront également présentes et organisées de façon cohérente et complémentaire.

Niveau 2 : écouter, comparer

Cette programmation pour le niveau 2 se tourne vers le monde sonore en privilégiant l'entrée « écouter, comparer ». Les trois autres, « chanter », « explorer et imaginer » et « échanger, partager » seront également présentes et organisées de façon cohérente et complémentaire.

Mettre en avant dans toute séance en EM « la perception et la production ».

Niveau 3 : explorer et imaginer

Cette programmation pour le niveau 3 privilégie l'entrée « explorer et imaginer » parmi les quatre proposées en éducation musicale.

Les trois autres entrées que sont « chanter », « écouter, comparer » et « échanger, partager » seront également présentes et organisées de façon cohérente.

Le travail proposé se situe également dans le domaine « Questionner le monde » et plus précisément « Se situer dans l'espace et dans le temps ». Il va être orienté vers l'extérieur de l'école et quelques lieux spécifiques afin d'appréhender la ville et ses différentes composantes.

Niveau 1, 2 et 3 : échanger, partager

La compétence « échanger, partager » sera présente à tous les niveaux de ces programmations et plus particulièrement lors des semaines 5 de chaque période et des projets de la période 5.

Le numérique

Les outils numériques sont présents à chaque étape de ces programmations.

La captation sonore (enregistrement) est primordiale. Le son, enregistré et réécouté, constitue une véritable plus-value dans toute séance d'écoute et d'invention. Les fichiers sons permettent de se constituer une banque de sons, à l'instar de l'appareil photographique numérique pour les collections d'images. De nombreux enregistreurs audio existent sur le marché (un téléphone portable peut également être utilisé).

Les fichiers sons permettent de garder une trace sonore du travail mené : lors des séances d'écoute du monde sonore et des sorties à l'extérieur de l'école ; lors de moments de création, d'invention sonore et musicale ; lors de séances de chant (pour garder une trace) ; lors de moments d'échanges après un travail, après une sortie ; lors de travail de captation d'une interview par exemple d'un professionnel du spectacle…

Ces fichiers pourront être accessibles aux élèves à partir d'un ordinateur, d'un répartiteur de casques et permettront de créer des montages sonores et musicaux en utilisant des logiciels simples (exemple : Audacity, gratuit et téléchargeable sur internet).

Musique Prim (site ressources en Éducation Musicale du ministère accessible à tous les professeurs des écoles) permet de télécharger gratuitement de nombreuses œuvres de musiques, de chansons, de comptines…

Éducation Musicale Niveau 1 (CP)

Le travail autour de la voix (et du corps), de la production vocale et des écoutes musicales à dominante vocale est privilégié. Cela permettra au cours de cette année particulière tournée vers l'apprentissage de la lecture et de l'écriture de faire des liens entre la voix parlée, chantée et la dimension sonore de la langue (phonologie).

	Compétences	Connaissances	Situations/activités, productions
Période 1			
S1 Chanter	• Écouter un chant nouveau. • S'imprégner par de nombreuses écoutes. • Chanter par imitation. Apprendre paroles et mélodie. • Jouer avec sa voix.	• Découverte et apprentissage d'un chant nouveau : *L'alphabet* (Brousse/Serres). • Couplet/refrain. • Garder une trace de ce chant.	• Installer des moments de chant (en classe et en formation chorale). • Faire des jeux vocaux.
S2 Écouter, comparer	• Découvrir et rencontrer une musique avec une même mélodie chantée par une voix. • Commencer à identifier des éléments sonores.	• Écoute musicale autour d'une œuvre à dominante vocale : *Minnie the Moocher* de Cab Calloway. • Garder une trace de l'écoute et de l'œuvre.	• Installer un cadre pour une écoute musicale ritualisée. • Par des dictées à l'adulte, noter des éléments sonores de l'œuvre liés aux paramètres du son et aux instruments de musique (autres que la voix).
S3 Explorer, imaginer	• Produire, inventer, créer avec sa voix. • Proposer une invention vocale individuelle.	• Posture de producteur et d'auditeur : s'écouter (par enregistrement), écouter les autres.	• Séances d'invention, d'exploration à dominante vocale et corporelle avec enregistrement et réécoute.
S4 Chanter	• Découvrir un chant nouveau. L'apprendre. • Interpréter le chant appris en séance 1.	• Découverte et apprentissage d'un chant nouveau : *Les Pompiers* (Coulon/Tupin).	• Mobiliser le corps et installer des habitudes de « chanteur ».
S5 Écouter, comparer	• Découvrir et rencontrer deux musiques. • Comparer deux musiques à dominante vocale. • Identifier des éléments sonores.	• Écoute musicale comparative de deux œuvres à dominante vocale : *Petit Pays* de Cesaria Evora et *La croisade des enfants* de Jacques Higelin.	• Tableau comparatif faisant apparaitre les points communs entre ces deux musiques et les différences.
S6 Échanger, partager	• Chanter les chants appris. Les interpréter. • Produire, inventer, imiter avec sa s voix et son corps lors de jeux vocaux. • Écouter les deux œuvres rencontrées en période 1.	• Revisiter, remobiliser les compétences en jeu lors des séances de cette période. • Évaluer ce travail.	• Garder des traces de ce travail. • Se constituer un « cahier » d'éducation artistique. • Noter l'implication des élèves, leurs réussites et leurs difficultés lors de ces séances.
Période 2			
S1 Chanter	• Écouter et apprendre un chant nouveau. • Apprendre par imprégnation et par imitation (le pas à pas). • Être attentif au chef de chœur (l'enseignant en général) lors des phases de chant collectif. • Développer une posture de chanteur.	• Se construire une culture commune au travers de chanson et comptines • Découverte et apprentissage d'un chant nouveau : *Mon oiseau à moi* (Bohl/Bierry). • Vocabulaire spécifique : couplet/refrain, rime, mélodie… • Garder une trace de ce chant.	• Moment de chorale pouvant regrouper plusieurs classes. • Faire des jeux vocaux et corporels. • Faire des vocalises lors des phases d'échauffement.
S2 Écouter, comparer	• Découvrir et rencontrer une musique (une chanson classique). • Commencer à identifier des éléments sonores, des éléments musicaux et des principes musicaux. • Commencer à identifier des registres musicaux (chanson issue de la musique classique, chanson « jeune public »…).	• Écoute musicale autour d'une chanson issue de la musique classique : *Carmen-Air du toréador* de Georges Bizet. • Garder une trace de l'écoute et de l'œuvre.	• Écoute musicale d'un chant. • Noter les éléments liés à sa dimension sonore et musicale ainsi qu'à son registre musical.
S3 Explorer, imaginer	• Produire, inventer, créer avec sa voix et son corps. • Proposer une invention vocale à deux.	• Posture de producteur et d'auditeur : s'écouter (par enregistrement), écouter les autres.	• Séances d'invention, d'exploration à dominante vocale et corporelle avec enregistrement et réécoute.
S4 Chanter	• Découvrir un chant nouveau. L'apprendre ce chant. • Comparer avec ceux appris précédemment.	• Découverte et apprentissage d'un chant nouveau : *Le ramoneur* (chant traditionnel de Savoie). • Notion d'introduction du chant et de sa fin.	• Mobiliser le corps et installer des habitudes de « chanteur ». • Partager le groupe en deux avec un groupe de chanteurs et un groupe de spectateurs.
S5 Écouter, comparer	• Découvrir et rencontrer une musique avec deux voix (duo). • Identifier des éléments sonores, musicaux et liés au genre et au style de ce chant.	• Écoute musicale autour d'une œuvre chantée en duo : *Tout reste à faire* de Cabrel/Massi. • Cette chanson à l'écoute ne sera pas chantée.	• Noter les éléments spécifiques à cette œuvre : deux voix, registre traditionnel, populaire, jazz, chanson…
S6 Échanger, partager	• Chanter les chants appris. Les interpréter. • Produire, inventer, imiter avec sa s voix et son corps lors de jeux vocaux. • Écouter les deux œuvres rencontrées lors de cette période 2.	• Revisiter, remobiliser les compétences en jeu lors des séances de cette période. • Évaluer ce travail.	• Enrichir le cahier d'éducation artistique avec des traces personnelles : dessins, remarques, textes des chansons, texte personnel en dictée à l'adulte.

Programmation annuelle d'activités

Éducation Musicale Niveau 1 (CP)

	Compétences	Connaissances	Situations/activités, productions
Période 3			
S1 Chanter	• Écouter un chant nouveau. • S'en imprégner par de nombreuses écoutes. • Jouer avec sa voix, son corps. Bouger, se déplacer sur ce chant.	• Découverte et apprentissage d'un chant nouveau : *Dis t'as vu ma bulle* (Denis Couvreur). • Revoir les notions déjà rencontrées et comparer ce chant à certains déjà appris. • Garder une trace de ce chant.	• Ritualiser un moment de chorale chaque semaine avec sa classe ou avec une autre classe.
S2 Écouter, comparer	• Découvrir et rencontrer une musique nouvelle instrumentale. • Installer des notions musicales et des principes sonores déjà rencontrés et en faire émerger des nouvelles. • Faire émerger la notion de compositeur.	• Écoute musicale autour d'une œuvre à dominante instrumentale : *Gymnopédie n°1* d'Erik Satie. • Noter les paramètres sonores, les principes musicaux et les instruments rencontrés. • Garder une trace de l' écoute et de l'œuvre.	• Séance d'écoute musicale ritualisée • Proposer aux élèves de bouger, de se déplacer, de fredonner, de chantonner et de reproduire avec leur voix et leur corps certains moments de cette musique instrumentale.
S3 Explorer, imaginer	• Produire, inventer, créer avec sa voix, son corps et un instrument de percussion (ou objet sonore). • Proposer une invention collective vocale et instrumentale.	• Posture de producteur et d'auditeur : s'écouter (par enregistrement), écouter les autres.	• Séances d'invention, d'exploration à dominante vocale, corporelle et instrumentale avec enregistrement et réécoute. • Séances au cours desquelles les élèves inventeront par petits groupes (4 à 6 élèves par exemple).
S4 Chanter	• Découvrir un chant nouveau. • Apprendre ce chant. • Travailler la justesse du chant. • Interpréter un chant déjà appris avec expressivité.	• Découverte et apprentissage d'un chant nouveau : *La ferme des prés* d'Henri Dès. • Lors de la phase de découverte de ce chant, développer les moments d'échanges.	• Mobiliser le corps et installer des habitudes de « chanteur » avec une exigence particulière autour de la justesse vocale par différents jeux d'imitation mélodique. • Jeux vocaux de fusée, d'ascenseur (avec une flûte à coulisse par exemple).
S5 Écouter, comparer	• Découvrir, rencontrer deux musiques. • Comparer deux musiques : une à dominante vocale et une autre à dominante instrumentale. • Identifier des éléments sonores.	• Écoute musicale autour de deux œuvres, une vocale, une instrumentale : *Strange fruit* de Billy Holiday/Lewis et *Polonaise héroïque n° 6 opus 53* de F. Chopin. • Développer un outil collectif avec du vocabulaire musical rencontré depuis le début de l'année.	• Tableau comparatif faisant apparaitre les points communs entre ces deux musiques et les différences.
S6 Échanger, partager	• Chanter et interpréter les chants appris. • Produire, inventer, imiter avec sa voix et son corps lors de jeux vocaux. • Écouter les deux œuvres rencontrées lors de cette période 1.	• Revisiter, remobiliser les compétences en jeu lors des séances de cette période. • Évaluer ce travail.	• Enrichir le cahier d'éducation artistique avec des traces personnelles : dessins, remarques, textes des chansons, texte personnel qui peut être fait en dictée à l'adulte et le « cartel » des œuvres rencontrées (titre, compositeur, période).
Période 4			
S1 Chanter	• Écouter un chant nouveau, l'apprendre. • Jouer avec le texte du chant « prosodié » (sans mélodie) en privilégiant le rythme du chant. • Travailler l'articulation.	• Découverte et apprentissage d'un chant nouveau : *La java des squelettes* d'Alain Schneider. • Une chanson : la notion de rythme frappé. • Les paroles du chant peuvent être scandées, déclamées, slamées, déformées, étirées…	• Installer des moments de chant (en classe et en formation chorale). • Faire des jeux vocaux à partir de voyelles, de syllabes, d'onomatopées…
S2 Écouter, comparer	• Découvrir une musique à dominante vocale. • Percevoir un chant avec plusieurs voix chantant une même mélodie (plein chant, monodie) : les voix chantent à l'unisson (chant grégorien par exemple). • Commencer à identifier des éléments sonores, des principes musicaux (plusieurs voix chantent la même chose en même temps) par l'imitation vocale. • Percevoir la dimension ancienne de ce chant.	• Écoute musicale autour d'une œuvre à dominante vocale. • *Beautiful tango* d'Hindi Zhara. • Garder une trace de cette écoute et de cette œuvre.	• Écoute musicale ritualisée mettant en jeu la voix, le corps par jeux d'imitation. • Par des dictées à l'adulte, noter des éléments sonores de l'œuvre liés aux paramètres du son et aux principes musicaux.
S3 Explorer, imaginer	• Produire, inventer, créer avec sa voix une mélodie improvisée. • Inventer une comptine, une chanson à partir de mots, de phrases, d'un texte poétique.	• Posture de producteur et d'auditeur : s'écouter (par enregistrement), écouter les autres. • Construire une mélodie pas à pas avec l'aide d'un enregistreur.	• Séances d'invention mélodique, d'exploration à dominante vocale et corporelle avec enregistrement et réécoute.

	Compétences	Connaissances	Situations/activités, productions
S4 **Chanter**	• Découvrir un chant nouveau sous forme de canon. • Apprendre ce chant. • Interpréter le chant déjà appris lors d'une séance précédente en alternant l'interprétation individuelle et collective.	• Découverte et apprentissage d'un chant nouveau : *Dans la forêt lointaine* (canon). • Quelles sont les caractéristiques de ce chant ?	• Mobiliser le corps et ancrer des habitudes de « chanteur ». • Travailler la nuance de l'interprétation lors des séances de chorale. ▸ **Le son dans la ville.** Lea.fr
S5 **Écouter, comparer**	• Découvrir et rencontrer une musique à dominante vocale. Percevoir un chant avec plusieurs voix chantant des mélodies différentes : polyphonie (chant chorale, canon de Pachelbel version chantée, polyphonies jazz comme les « double six » par exemple). • Commencer à identifier des éléments sonores, des principes musicaux (plusieurs voix chantent la même chose en même temps) par l'imitation vocale.	• Écoute musicale autour d'une œuvre patrimoniale à dominante vocale polyphonique : *La Marseillaise* d'Hector Berlioz. • Faire des liens avec d'autres écoutes musicales déjà réalisées et des chansons apprises.	• Séance d'écoute mobilisant la voix et le corps. • Bouger sur certains contre-chants identifiés. • Frapper avec les mains, sur le corps, avec des petits instruments le rythme des différentes parties du chant.
S6 **Échanger, partager**	• Chanter les chants appris. • Interpréter ces chants et installer un canon. • Produire, inventer, imiter avec sa voix une polyphonie simple lors de jeux vocaux. • Écouter les deux œuvres rencontrées lors de cette période : exprimer sa sensibilité musicale, ses ressentis à l'écoute d'une musique.	• Revisiter, remobiliser les compétences en jeu lors des séances de cette période en y introduisant des petits instruments de musiques ou des objets sonores détournés. • Évaluer ce travail.	• Utilisation de petits instruments lors de la séance dans les différences phases de celle-ci : chant, écoute, production…
Période 5			
Projet artistique à la croisée des arts : musique, arts visuels et langage • Un texte de littérature • Une ou plusieurs œuvres en arts visuels (peinture, photographie, sculpture…) • Des chansons et des musiques • Une valorisation sous forme d'un spectacle, d'une vidéo, d'une exposition			
S1	• Français, littérature : découvrir une œuvre littéraire (petit texte issu d'un roman, poésie, conte…). • Arts visuels : découvrir une ou plusieurs œuvres en résonance avec le texte littéraire choisi. • Chanter les chants appris au cours de l'année avec nuances et expressivité.	• Découverte d'œuvres issues de la littérature, des arts visuels. • Faire le lien entre ces œuvres. • Évoquer la composition plastique de l'œuvre picturale et la dimension textuelle de l'œuvre littéraire.	• Séance de lecture à voix haute de l'enseignant(e). • Moments d'échanges sur le texte, sa constitution, son vocabulaire… • Séance de découverte d'une œuvre plastique. • Chanter avec ou sans instruments de musique.
S2	• Arts visuels : produire du sonore face à l'œuvre ou aux œuvres du projet. • Entrer dans la matière sonore du texte littéraire choisi. • S'inscrire dans une production musicale collective.	• Créer des liens textuels, musicaux, sonores entre les différentes œuvres artistiques du projet (texte/œuvre plastique/chansons/musiques).	• Séance de jeux oraux et vocaux à partir du texte, mise en voix du texte. • Séance d'invention et de création musicale face aux œuvres plastiques. • Créer un décor pour le spectacle.
S3	• Croiser les œuvres lors de séances de production, d'invention afin de lier les éléments artistiques du projet. • S'inscrire dans un travail collectif prenant en compte les contraintes d'un tel projet et être à l'écoute de l'autre.	• Le codage va aider fixer les différentes étapes du projet. • Développer un lexique lié au spectacle vivant.	• Séances permettant la construction d'un spectacle : contenu, lien entre les tableaux (scènes), contraintes temporelles, techniques, matérielles… • Créer un programme du spectacle et une trace du projet.
S4	• Construire une production artistique collective prenant en compte tous les élèves, les différents domaines choisis pour ce projet.	• Situer les œuvres du projet les unes par rapport aux autres (repères simples, chronologie, domaine…) • Faire une synthèse du projet.	• Dans un espace dédié, enchaîner les différentes propositions artistiques liées à ce projet. • Créer une affiche du projet.
S5	• Développer des compétences liées à un tel projet : être à l'écoute du pilote du projet (enseignant), respecter les règles, les exigences. • Présenter ce projet aux autres classes oralement.	• La diversité des domaines artistiques en lien dans ce projet. • Concentration, écoute, mémorisation.	• Proposer des filages de ce projet à d'autres classes.
S6	• Valorisation : - répéter ce projet et le donner en représentation ; - vivre des émotions de partage.	• Traces du spectacle et du projet : photographies, captations sonores, musiques, œuvres, croquis/dessins, petits textes sur son ressentis, cartes des œuvres rencontrées…	• Proposer ce projet aux familles dans le cadre d'un spectacle de fin d'année. • Garder une trace du projet et sous quelle forme : papier, numérique, sonore…

Programmation annuelle d'activités

Éducation Musicale Niveau 2 (CE1)

Cette programmation se tourne vers le monde sonore en privilégiant l'entrée des programmes « Écouter, comparer ». Les trois autres entrées que sont « Chanter », « Explorer, imaginer » et « Échanger… » seront présentes et organisées de façon cohérente et complémentaire. Mettre en avant dans toute séance en EM les deux grands champs de compétences : **perception** et **production**.

	Compétences	Connaissances	Situations/activités, productions
		Période 1	
S1 Écouter, comparer	• S'ouvrir sur l'environnement sonore de proximité (à partir de la classe). • Décrire des sons entendus, en enregistrer quelques-uns et photographier l'instrument ou l'objet qui est à l'origine du son. • Comparer des sons et des musiques.	• Lexique autour du son. • Un son de la classe : que peut-on en dire ? • Un bruit de porte, de tiroir… Quelles caractéristiques ? • Les quatre paramètres du son : intensité, durée, timbre, hauteur.	• En classe. • Installer un cadre pour une séance d'écoute qui sera valable pour l'écoute du monde sonore comme pour une écoute musicale. • Écoute et échanges autour de certains sons enregistrés lors de la séance. • Dictée à l'adulte pour la synthèse du travail mené.
S2 Chanter	• Écouter un chant nouveau. • S'imprégner de ce chant par des écoutes répétées. • Chanter par imitation. • Apprendre paroles et mélodie d'un chant. • Jouer avec sa voix.	• Découverte et apprentissage d'un chant nouveau. • *Les bêtises à l'école* d'Henri Dès.	• Installer des moments de chant (en classe et en formation chorale). • Jouer avec sa voix. ▸ **Vivre la voix : la voix et la pratique du chant à l'école.** Lea.fr
S3 Explorer, imaginer	• Produire, inventer, créer un paysage sonore. • Proposer une invention avec des sons de la classe. Produire plusieurs sons en classe par différents élèves.	• Notion de paysage sonore. • Notion d'alternance sonore (tel son après tel autre).	• Séance de création avec enregistrement et réécoute. • Valider la notion d'alternance.
S4 Écouter, comparer	• Comparer des sons et des musiques. • Faire une séance d'écoute musicale à partir d'une œuvre de musique contemporaine.	• Une musique et un son de la classe : quelles différences ? • Son : un bruit de porte, de tiroir… • Musique : *Variation pour une porte et un soupir* Pierre Henry (1963) site INA. Musique concrète.	• Séance de comparaison entre un son et une musique. • Tableau comparatif : points communs et différences.
S5 Chanter	• Découvrir un chant nouveau. L'apprendre. • Interpréter le chant appris en séance 2.	• Découverte et apprentissage d'un chant nouveau : « *Le bateau qui s'endort* », chant traditionnel.	• Lors d'une séance de chant, mobiliser le corps, la voix, la respiration en amont de la voix chantée.
S6 Échanger, partager	• Chanter et interpréter les chants appris. • Produire, inventer, imiter avec sa voix et son corps lors de jeux vocaux.	• Revisiter, remobiliser les compétences en jeu lors des séances en EM de cette période. • Évaluer ce travail.	• Réécouter les enregistrements de la séance 1, les œuvres musicales rencontrées lors de cette période 1. • Garder des traces de ce travail. • Noter l'implication des élèves, leurs réussites et leurs difficultés lors de ces séances en EM.
		Période 2	
S1 Écouter, comparer	• S'ouvrir sur l'environnement sonore de proximité (l'école intra-muros). • Découvrir et écouter le monde sonore de l'école. • Échanger, exprimer ses sentiments et respecter l'avis des autres.	• Lexique lié aux différents sons de l'école repérés et collectés : que peut-on en dire ? • Une voix, une sonnette, un lavabo… Quelles caractéristiques? • Les quatre paramètres du son : intensité, durée, timbre, hauteur…	• École intra-muros. • Collecte de sons dans l'école avec le groupe classe et un enregistreur. Garder une trace photographique de ces captations.
S2 Chanter	• Écouter un chant nouveau. • S'imprégner de ce chant par des écoutes répétées. • Chanter par imitation. • Apprendre paroles et mélodie d'un chant. • Jouer avec sa voix. • Interpréter un chant déjà appris.	• Découverte et apprentissage d'un chant nouveau : • *La chanson des bûcherons (issu de l'opéra Myla)* d'Isabelle Aboulker. • Notion de chant tiré d'un opéra pour enfants.	• Séance d'écoute, d'échauffement corporel et vocal. • Séance de chant mobilisant le corps, le souffle, la voix.
S3 Explorer, imaginer	• Produire, inventer, créer un moment sonore et musical • Proposer une invention avec des sons de l'école faits en imitation avec le corps, la voix • Produire plusieurs sons en classe par différents élèves.	• Notion de création sonore. • Quelques principes musicaux simples.	• Séance de création avec enregistrement et réécoute. • Notation de quelques termes musicaux simples.
S4 Écouter, comparer	• Comparer des sons et des musiques. • Repérer des éléments sonores communs et différents en comparant deux musiques.	• Deux musiques: quelles différences, quels points communs ? • *Bilule* de Pierre Schaeffer et *Prélude en ut mineur (du clavier bien tempéré)* de J.-S. Bach.	• Faire une séance comparative d'écoute musicale à partir d'une œuvre de musique contemporaine et une œuvre de musique classique.

	Compétences	Connaissances	Situations/activités, productions
S5 Chanter	• Écouter un chant nouveau. • S'imprégner de ce chant par des écoutes répétées. • Chanter par imitation. Apprendre paroles et mélodie d'un chant. • Jouer avec sa voix. Interpréter un chant déjà appris. • Être attentif au chef de chœur lors des moments de chant choral.	• Découverte et apprentissage d'un chant nouveau. • *La vie d'écolier* d'Aldebert. • Voix chantée, voix parlé (rap).	• Lors d'une séance, découvrir le chant nouveau, s'en imprégner. • Lors d'une seconde séance apprendre ce chant et revoir les chants connus. • Possibilité de ne pas apprendre tout le chant.
S6 Échanger, partager	• Chanter et interpréter les chants appris. • Produire, inventer, imiter avec sa voix et son corps lors de jeux vocaux.	• Revisiter, remobiliser les compétences en jeu lors des séances en EM de cette période. • Évaluer ce travail.	• Réécouter les enregistrements de la séance 1, les œuvres musicales rencontrées lors de cette période 2. • Garder des traces de ce travail. • Se constituer un « cahier » d'éducation artistique. • Noter l'implication des élèves, leurs réussites et leurs difficultés lors de ces séances en EM.
Période 3			
S1 Écouter, comparer	• S'ouvrir sur l'environnement sonore de proximité (l'eau à l'école). • Découvrir et écouter le monde sonore de l'école. • Repérer des éléments sonores lors de l'écoute musicale. • Échanger, exprimer ses sentiments et respecter l'avis des autres.	• Notion de timbre (différents bruits, sons de l'eau). • Écoute musicale d'une chanson : *L'eau* de Jeanne Cherhal. • Ce chant n'est pas à chanter mais à écouter.	• Séance de captation sonore et photographique dans l'école de bruits et sons de l'eau.
S2 Chanter	• Écouter un chant nouveau. • S'imprégner de ce chant par des écoutes répétées. • Chanter par imitation. • Apprendre paroles et mélodie d'un chant. • Jouer avec sa voix. • Comparer ce chant avec ceux appris précédemment.	• Découverte et apprentissage d'un chant nouveau : *C'est de l'eau* Jean Nô.	• Séance d'écoute, d'échauffement corporel et vocal. • Séance de chant mobilisant le corps, le souffle, la voix. • Faire des propositions sonores en accompagnement de ce chant (bruits d'eau…).
S3 Explorer, imaginer	• Produire, inventer, créer un moment sonore et musical. • Proposer une invention avec des sons d'eau faits en imitation avec le corps, la voix, des objets sonores et de l'eau (récipients, bouteilles…). • Produire plusieurs sons en classe par différents élèves.	• Notion de création sonore. • Les différents timbres des sons liés à l'eau • Quelques principes musicaux simples.	• Sonoriser un poème avec des bruits d'eau faits par imitation avec sa voix et son corps. • Exemple : *Une goutte d'eau* de Guy Thomas. • Séance de création avec enregistrement et réécoute. • Notation de quelques termes musicaux simples.
S4 Écouter, comparer	• Comparer des sons et des musiques. • Repérer des éléments sonores communs et différents en comparant une musique et un paysage sonore.	• Écoute de bruits d'eau. • Écoute musicale : *L'aquarium, extrait du Carnaval des animaux* de Camille St Saëns. http://www.musiphil.org/stsaens/index.html	• Faire une séance comparative d'écoute musicale et d'écoute du monde sonore (lié à l'eau) à partir d'une œuvre de musique et de bruits d'eau (banques de sons sur internet).
S5 Chanter	• Écouter un chant nouveau. • S'imprégner de ce chant par des écoutes répétées. • Chanter par imitation. • Apprendre paroles et mélodie d'un chant. • Jouer avec sa voix, son corps… bouger, se déplacer sur le chant.	• Découverte et apprentissage d'un chant nouveau. • *À la claire fontaine*, comptine.	• Lors d'une séance, découvrir le chant nouveau, s'en imprégner. • Lors d'une seconde séance apprendre ce chant et revoir les chants connus.
S6 Échanger, partager	• Chanter et interpréter les chants appris. • Produire, inventer, imiter avec sa voix et son corps lors de jeux vocaux.	• Revisiter, remobiliser les compétences en jeu lors des séances de cette période. • Évaluer ce travail.	• Réécouter les enregistrements de la séance 1, les œuvres musicales rencontrées lors de cette période 3 • Garder des traces de ce travail. • Enrichir le cahier d'éducation artistique. • Noter l'implication des élèves, leurs réussites et leurs difficultés lors de ces séances.
Période 4			
S1 Écouter, comparer	• S'ouvrir sur l'environnement sonore de proximité (les extérieurs de l'école : cour de récréation, gymnase, réfectoire…) et environnement proche de l'école. • Découvrir, écouter le monde sonore de l'école et faire des enregistrements. • Repérer des éléments sonores lors de l'écoute musicale. • Échanger, exprimer ses sentiments et respecter l'avis des autres.	• Lexique lié aux différents sons collectés : que peut-on en dire ? • Les quatre paramètres du son : intensité, durée, timbre, hauteur…et quelques principes musicaux simples. • Notion de duo vocal (homme/femme) • Écoute musicale : *La flûte enchantée, duo Papageno-Papagena* de Mozart.	• Les extérieurs de l'école. • Séance d'écoute du monde sonore et d'écoute musicale. • Enregistrer (captation sonore) et écouter certains sons entendus lors de cette séance de découverte de l'environnement sonore de proximité. • Dictée à l'adulte pour la synthèse du travail mené.

Programmation annuelle d'activités

Éducation Musicale Niveau 2 (CE1)

	Compétences	Connaissances	Situations/activités, productions
S2 Chanter	• Écouter un chant nouveau. • S'imprégner de ce chant par des écoutes répétées. • Chanter par imitation. • Apprendre paroles et mélodie d'un chant. • Jouer avec sa voix et danser sur le chant. • Travailler la justesse du chant.	• Découverte et apprentissage d'un chant nouveau : *Venez danser* (traditionnel).	• Séance d'écoute, d'échauffement corporel et vocal. • Séance de chant mobilisant le corps, le souffle, la voix. • Séance de danse sur le chant.
S3 Explorer, imaginer	• Produire, inventer, créer un moment sonore et musical. • Proposer une invention avec des sons faits avec le corps, la voix, des objets sonores et des petits instruments. • Produire plusieurs sons en classe par différents élèves en individuel, par deux et en collectif.	• Notion de création sonore avec codage. • Les paramètres du son. • Quelques principes musicaux simples. • Le son lié au geste.	• Séance de création avec enregistrement et réécoute. • Notation de gestes et de sons (possibilité de prendre des photographies). • Créer un codage simple. • Notation de quelques termes musicaux simples.
S4 Écouter, comparer	• Repérer des éléments sonores lors de l'écoute musicale : plusieurs voix (un chœur d'enfants).	• Écoute musicale : *Carmen-le chœur des enfants* de Georges Bizet. • Notion de chœur (polyphonie).	• Une séance d'écoute musicale • Utilisation du cahier d'éducation artistique
S5 Chanter	• Écouter un chant nouveau. • S'imprégner de ce chant par des écoutes répétées. • Chanter par imitation. Apprendre paroles et mélodie d'un chant. Jouer avec sa voix. • Travailler l'articulation, la justesse, le rythme.	• Découverte et apprentissage d'un chant nouveau : *Le cheval de Thomas* (comptine en canon).	• Lors d'une séance, découvrir le chant nouveau, s'en imprégner. • Lors d'une seconde séance apprendre ce chant et revoir les chants connus.
S6 Échanger, partager	• Chanter et interpréter les chants appris. • Produire, inventer, imiter avec sa voix et son corps lors de jeux vocaux.	• Revisiter, remobiliser les compétences en jeu lors des séances en EM de cette période. • Évaluer ce travail.	• Réécouter les enregistrements de la séance 1, les œuvres musicales rencontrées lors de cette période 4. • Garder des traces de ce travail. • Enrichir le « cahier » d'éducation artistique. • Noter l'implication des élèves, leurs réussites et leurs difficultés lors de ces séances en EM.
Période 5			
Projet à la croisée des arts : musique, arts visuels, littérature et le langage • Un conte : *L'eau de la terre* (par exemple) • Dessins, photographies et peintures autour de l'eau • Chansons, comptines, musiques • Valorisation sous forme d'un spectacle, d'une vidéo, d'une exposition		▸ La musique à la croisée des disciplines (dossier). Lea.fr	
S1	• Français, littérature : découvrir une œuvre littéraire (conte : L'eau de la terre). • Arts visuels : découvrir une ou plusieurs œuvres en résonance avec le texte littéraire choisi. • Chanter les chants appris au cours de l'année avec nuances et expressivité.	• Découverte d'œuvres issues de la littérature, des arts visuels. • Faire le lien entre ces œuvres. • Évoquer la composition plastique de l'œuvre picturale et la dimension textuelle de l'œuvre littéraire.	• Séance de lecture à voix haute du maître. • Moments d'échanges sur le texte, sa constitution, son vocabulaire… • Séance de découverte d'une œuvre plastique. • Chanter avec ou sans instruments de musique.
S2	• Séance de lecture à voix haute du maître. • Moments d'échanges sur le texte, sa constitution, son vocabulaire… • Séance de découverte d'une œuvre plastique. • Chanter avec ou sans instruments de musique.	• Créer des liens textuels, musicaux, sonores entre les différentes œuvres artistiques du projet (texte/œuvre plastique/chansons/musiques).	• Séance de jeux oraux et vocaux à partir du texte, mise en voix du texte. • Séance d'invention et de création musicale face aux œuvres plastiques. • Créer un décor pour le spectacle.
S3	• Croiser les œuvres lors de séances de production, d'invention afin de lier les éléments artistiques du projet. • S'inscrire dans un travail collectif prenant en compte les contraintes d'un tel projet et être à l'écoute de l'autre.	• Le codage va aider fixer les différentes étapes du projet. • Développer un lexique lié au spectacle vivant.	• Séances permettant la construction d'un spectacle : contenu, lien entre les tableaux (scènes), contraintes temporelles, techniques, matérielles… • Créer un programme du spectacle et une trace du projet
S4	• Construire une production artistique collective prenant en compte tous les élèves, les différents domaines choisis pour ce projet.	• Situer les œuvres du projet les unes par rapport aux autres (des repères simples, chronologie, domaine…). • Faire une synthèse du projet.	• Dans un espace dédié, enchaîner les différentes propositions artistiques liées à ce projet. • Créer une affiche du projet.
S5	• Développer des compétences liées à un tel projet : être à l'écoute du pilote du projet (enseignant), respecter les règles, les exigences. • Présenter ce projet aux autres classes oralement.	• La diversité des domaines artistiques en lien dans ce projet. • Concentration, écoute, mémorisation.	• Proposer des filages de ce projet à d'autres classes.
S6	• Valorisation : Répéter ce projet et le donner en représentation. Vivre des émotions de partage.	• Traces du spectacle et du projet : photographies, captations sonores, musiques, œuvres, croquis/dessins, petits textes sur son ressentis, cartes des œuvres rencontrées…	• Proposer ce projet aux familles dans le cadre d'un spectacle de fin d'année. • Garder une trace du projet et sous quelle forme : papier, numérique, sonore…

Programmation annuelle d'activités

Éducation Musicale Niveau 3 (CE2)

Cette programmation pour le niveau 3 privilégie l'entrée « Explorer, imaginer » parmi les quatre proposées en éducation musicale en mettant en avant les deux grands champs de compétences que sont perception et production. Les trois autres entrées, « Chanter », « Écouter, comparer » et « Échanger, partager… » seront présentes et organisées de façon cohérente et complémentaire.

Le travail proposé se situe en Éducation musicale mais également dans le domaine « Questionner le monde », et plus précisément « Se situer dans l'espace et dans le temps ». Il va être orienté vers l'extérieur de l'école, ses abords, quelques lieux spécifiques afin d'appréhender la ville et ses différentes composantes.

	Compétences	Connaissances	Situations/activités, productions
		Période 1	
S1 Explorer, imaginer	• Lors d'une « sortie découverte » des abords de l'école : écouter le monde sonore, l'enregistrer. • Produire en imitation et *in situ* des bruits, des événements sonores, des musiques entendues lors de cette sortie. ▸ **S'ouvrir sur le monde sonore (fiche p. 73)**	• Développer un vocabulaire lié aux lieux et sons rencontrés ainsi qu'aux imitations et productions sonores et musicales proposées.	• Les abords de l'école • « Sortie découverte » des abords de l'école : le portail, la rue (la route), le quartier immédiat, des véhicules, des activités humaines et des sons liés à l'environnement naturel. • Retour en classe : écoute des captations et échanges (pris avec un enregistreur, un appareil photographique).
S2 Chanter	• Écouter un chant nouveau. • S'imprégner de ce chant par des écoutes répétées. • Chanter par imitation. Apprendre paroles et mélodie d'un chant. Jouer avec sa voix.	• Découverte et apprentissage d'un chant nouveau : *Toi et moi* (Fabrice Ramos). ▸ **Écrire une chanson sur une musique.** Lea.fr	• Installer des moments de chant (en classe et en formation chorale). • Jouer avec sa voix.
S3 Écouter, comparer	• Écouter les sons et musiques produits lors de la sortie en S1 : décrire, comparer, identifier des éléments sonores. • Découvrir et écouter une musique : être attentif, concentré, repérer des principes sonores et musicaux.	• Les paramètres du son. • Les sons liés à une activité, un geste, à une source naturelle… • Une œuvre musicale : • *Wiegenlied opus 49 n° 4* de Johannes Brahms.	• Séance d'écoute avec identification d'éléments sonores caractéristiques. • Séance d'écoute musicale : installer un cadre d'écoute pouvant mettre en jeu la voix, le corps. • Garder une trace de ces moments d'écoute.
S4 Explorer, imaginer	• Réécouter les productions faites lors de la sortie découverte. • Proposer des inventions sonores et musicales faites avec la voix, le corps en s'inspirant de sons collectés. • Mobiliser ses connaissances : lister les sites, des lieux dans la ville remarquables.	• Aller du son à la musique. • Connaissance de différents sites de la ville (patrimoine…). • Noter le vocabulaire rencontré lié au monde sonore, musical rencontré lors du travail précédent.	• Séance d'invention sonore et musicale. • Alterner lors de cette séance les moments de production, d'invention et de perception, d'écoute.
S5 Chanter	• Découvrir un chant nouveau. • Apprendre ce chant. • Interpréter le chant déjà appris en séance 2.	• Découverte et apprentissage d'un chant nouveau : - *La jument de Michao* (traditionnel).	• Mobiliser le corps et installer des habitudes de « chanteur ».
S6 Échanger, partager	• Écouter les productions sonores et musicales faites lors de cette période. • Chanter et interpréter les chants appris.	• Remobiliser les compétences en jeu de cette période. • Définir le lexique utilisé. • Évaluer ce travail.	• Quelles traces ? • Se constituer une banque de sons ainsi qu'une collection d'images, de photographies, de dessins et de textes liés au travail de cette période.
		Période 2	
S1 Explorer, imaginer	• Lors d'une « sortie découverte » d'un lieu culturel ou du patrimoine de la ville : bibliothèque, théâtre, cinéma, mairie, église, écouter le monde sonore lié à ce lieu, l'enregistrer. • Produire en imitation et in situ des bruits, des événements sonores, des musiques entendues lors de cette sortie.	• Développer un vocabulaire lié aux lieux et sons rencontrés et aux imitations et productions sonores et musicales proposées.	• Un lieu culturel emblématique de la ville : médiathèque… • « Sortie découverte » : bruits, sons, musique enregistrés lors de cette sortie (avec un enregistreur, un appareil photographique). • Retour en classe : écoute des captations et échanges.
S2 Chanter	• Écouter et apprendre un chant nouveau. • Apprendre par imprégnation et par imitation (le pas à pas). • Être attentif au chef de chœur (l'enseignant en général) lors des phases de chant collectif. • Développer une posture de chanteur.	• Se construire une culture commune au travers de chansons. • Garder une trace de ce chant. • Découverte et apprentissage d'un chant nouveau (un couplet/un refrain par exemple). • *La Maison Monde* d'Aldebert.	• Moment de chorale pouvant regrouper plusieurs classes. • Faire des jeux vocaux et corporels. • Faire des vocalises lors des phases d'échauffement.
S3 Écouter, comparer	• Écouter les sons et musiques produits lors de la sortie en S1 : décrire, comparer, identifier des éléments sonores. • Organiser ces sons de façon musicale. • Écouter, découvrir et comparer deux musiques en mobilisant la voix, le corps…	• Les paramètres du son : quelques principes sonores simples. • Il peut également être codé avec une trace écrite : les sons liés au lieu visité en S1… • Écoute musicale : comparaison de deux musiques : *Aéroport* extrait de Un retour/El regresso d'Oscar Strasnoy ; *Nuage* de Django Reinhardt.	• Noter les éléments sonores et musicaux rencontrés. • Tableau comparatif faisant apparaître les points communs et les différences entre deux musiques. • Garder une trace de ces moments d'écoute.

Programmation annuelle d'activités

Éducation Musicale (EM) Niveau 3

	Compétences	Connaissances	Situations/activités, productions
S4 **Explorer, imaginer**	• Réécouter les productions faites lors de la sortie découverte de la S1. • Proposer des inventions sonores et musicales faites avec la voix, le corps en s'inspirant de sons collectés. • Organiser les sons.	• Aller du son à la musique. • Quelques principes sonores simples • Noter le vocabulaire rencontré lié au monde sonore, musical rencontré lors de ce travail.	• Séance d'invention sonore et musicale • Alterner lors de cette séance les moments de production, d'invention et de perception, d'écoute.
S5 **Chanter**	• Découvrir un chant nouveau. L'apprendre. • Comparer ce chant avec ceux appris précédemment.	• Découverte et apprentissage d'un chant nouveau : *Le palais royal* (comptine).	• Mobiliser le corps et installer des habitudes de « chanteur ». • Partager le groupe en deux avec un groupe de chanteurs et un groupe de spectateurs.
S6 **Échanger, partager**	• Réécouter les œuvres musicales abordées. • Exprimer ses préférences, ses sentiments Chanter et interpréter les chants appris. • Respecter l'avis des autres.	• Remobiliser les compétences en jeu dans cette période. • Définir le lexique utilisé • Évaluer ce travail.	• Écouter les productions sonores et musicales faites lors de cette période. Quelles traces individuelles et collectives ? • Se constituer une banque de sons ainsi que d'une collection d'images, de photographies, de dessins et de textes liés au travail de cette période.
Période 3			
S1 **Explorer, imaginer**	• Lors d'une « sortie découverte » de la ville : écouter le monde sonore lié aux différents lieux de la ville, les enregistrer. • Produire en imitation et *in situ* des bruits, des événements sonores, des musiques entendues lors de cette sortie.	• Développer un vocabulaire lié aux lieux et sons rencontrés et aux imitations et productions sonores et musicales proposées.	• Ma ville, mon village, mon quartier « Sortie découverte » de la ville … : bruits, sons, musiques enregistrés lors de cette sortie. • Retour en classe : écoute des captations et échanges (avec un enregistreur, un appareil photographique).
S2 **Chanter**	• Écouter un chant nouveau. S'imprégner par de nombreuses écoutes. • Jouer avec sa voix, son corps. Bouger, se déplacer sur ce chant.	• Découverte et apprentissage d'un chant nouveau : *Le petit cheval* (Georges Brassens). • Garder une trace de ce chant.	• Ritualiser un moment de chorale chaque semaine avec sa classe ou avec une autre classe.
S3 **Écouter, comparer**	• Écouter les sons et musiques produits lors de la sortie en S1 : décrire, comparer, identifier des éléments sonores. • Organiser ces sons de façon musicale et proposer un codage. • Écouter, découvrir une musique en mobilisant la voix, le corps…	• Aller du son, de la musique jusqu'à à la trace écrite : codage. • Lexique lié au sonore, à quelques principes musicaux simples. • Écoute musicale : • *When I am laid in Earth*, air final (lamento) de Dido et Aenas, Henry Purcell.	• Séance d'écoute avec identification d'éléments sonores caractéristiques. • Séance d'écoute musicale. • Garder une trace de ces moments d'écoute.
S4 **Explorer, imaginer**	• Proposer des inventions sonores et musicales faites avec la voix, le corps et des petits instruments (ou objets détournés) en s'inspirant de sons collectés. • Découvrir un poème et le sonoriser : *Dans ta ville* de Paul Eluard.	• Aller du son à la musique. • Quelques principes sonores simples. • Un poème lu, une musique jouée : deux événements sonores simultanés. • Noter le vocabulaire rencontré lié au monde sonore, musical rencontré lors de ce travail.	• Réécouter les productions faites lors de la sortie découverte de la S1 autour d'un poème, d'un texte. • Alterner lors de cette séance les moments de production, d'invention et de perception, d'écoute.
S5 **Chanter**	• Découvrir un chant nouveau. • Apprendre ce chant. Travailler la justesse du chant. • Interpréter un chant déjà appris avec expressivité.	• Découverte et apprentissage d'un chant nouveau : *Nous n'irons plus au bois* (traditionnel).	• Mobiliser le corps et installer des habitudes de « chanteur » avec une exigence particulière autour de la justesse vocale par différents jeux d'imitation mélodique. • Jeux vocaux de fusée, d'ascenseur (avec une flûte à coulisse par exemple).
S6 **Échanger, partager**	• Écouter les productions sonores et musicales faites lors de cette période. • Exprimer ses préférences, ses sentiments. • Chanter et interpréter les chants appris. • Respecter l'avis des autres, leurs sensibilités.	• Remobiliser les compétences en jeu en EM de cette période. • Définir le lexique utilisé. • Évaluer ce travail.	• Réécouter les œuvres musicales abordées. • Quelles traces ? • Se constituer une banque de sons ainsi que d'une collection d'images, de photographies, de dessins et de textes liés au travail de cette période.

	Compétences	Connaissances	Situations/activités, productions
Période 4			
S1 **Explorer, imaginer**	• Lors d'une « sortie découverte » d'un lieu avec une activité humaine (commerce, rue commerçante…) de la ville : - Écouter le monde sonore lié à ce lieu, l'enregistrer. - Produire en imitation et « in situ » des bruits, des événements sonores, des musiques entendues lors de cette sortie.	• Développer un vocabulaire lié aux lieux et sons rencontrés et aux imitations et productions sonores et musicales proposées.	• « Sortie découverte » d'un lieu avec une activité humaine… : bruits, sons enregistrés lors de cette sortie. • Retour en classe : écoute des captations et échanges (avec un enregistreur, un appareil photographique).
S2 **Chanter**	• Écouter un chant nouveau, l'apprendre. • Jouer avec le texte du chant « prosodié » (sans mélodie) en privilégiant le rythme du chant.	• Découverte et apprentissage d'un chant nouveau : *Le soleil et la Lune* (C. Trenet). • Notion de rythme frappé. • Les paroles du chant peuvent être scandées, déclamées, slamées, déformées, étirées…	• Installer des moments de chant (en classe et en formation chorale). • Faire des jeux vocaux à partir de voyelles, de syllabes, d'onomatopées…
S3 **Écouter, comparer**	• Écouter les sons et musiques produits lors de la sortie en S1 : décrire, comparer, identifier des éléments sonores. • Organiser ces sons de façon musicale et proposer un codage. • Écouter, découvrir et comparer deux musiques en mobilisant la voix, le corps…	• Les paramètres du son, quelques principes sonores simples. • Coder les sons : coder ceux liés au lieu visité en S1 avec une trace écrite… • Écoute musicale : comparaison de deux musiques : *Prélude numéro 1* de J.-S. Bach et *Insert 7 : Bach* de Tan Dun.	• Noter les éléments sonores et musicaux rencontrés. • Tableau comparatif faisant apparaître les points communs et les différences entre deux musiques. • Garder une trace de ces moments d'écoute et situer les compositeur sur une frise chronologique.
S4 **Explorer, imaginer**	• Réécouter les productions faites lors de la sortie découverte de la S1. • Proposer des inventions sonores et musicales faites avec la voix, le corps et des objets sonores en s'inspirant de sons collectés. • Créer un codage.	• Aller du son à la musique. • Quelques principes sonores simples. • Vocabulaire lié au monde sonore, musical rencontré lors de ce travail. • Codage : écriture de gauche à droite avec déroulé temporel.	• Séance d'écoute des productions faites et d'invention sonore et musicale • Alterner lors de cette séance les moments de production, d'invention et de perception, d'écoute.
S5 **Chanter**	• Découvrir un chant nouveau sous forme de canon. • Apprendre ce chant. • Interpréter le chant déjà appris lors d'une séance précédente en alternant l'interprétation individuelle et collective.	• Découverte et apprentissage d'un chant nouveau : *Le canon des arbres* de Steve Waring. • Une chanson : quelles caractéristiques ?	• Mobiliser le corps et ancrer des habitudes de « chanteur ». • Travailler la nuance de l'interprétation lors des séances de chorale.
S6 **Échanger, partager**	• Écouter les productions sonores et musicales faites lors de cette période. • Exprimer ses préférences, ses sentiments. • Chanter et interpréter les chants appris. • Respecter l'avis des autres, leurs sensibilités.	• Remobiliser les compétences en jeu. • Définir le lexique utilisé. • Évaluer ce travail.	• Réécouter les œuvres musicales abordées. • Quelles traces ? • Se constituer une banque de sons ainsi que d'une collection d'images, de photographies, de dessins et de textes liés au travail de cette période.

Programmation annuelle d'activités

Éducation Musicale (EM) Niveau 3

	Compétences	Connaissances	Situations/activités, productions
Période 5			
Projet à la croisée des arts : musique, arts visuels, littérature, espace, temps et langage • Littérature : une poésie : Jacques Charpentreau, *L'école*. • Arts visuels : dessins, photographies et peintures autour de la ville. • Éducation musicale : chansons, comptines, musiques. • Questionner le monde : se situer dans l'espace et dans le temps. • Valorisation sous forme d'un spectacle, d'une vidéo, d'une exposition.			
S1	• Français, littérature : découvrir une œuvre littéraire : poésie. • Arts visuels : découvrir une ou plusieurs œuvres en résonance avec la ville. • Chanter les chants appris au cours de l'année avec nuances et expressivité. • Assembler des éléments issus de tous les champs artistiques rencontrés depuis le début de l'année.	• Découverte d'œuvres issues de la littérature, des arts visuels. • Faire le lien entre ces œuvres. • Évoquer la composition plastique de l'œuvre picturale et la dimension textuelle de l'œuvre littéraire.	• Séance de lecture à voix haute du maître • Moments d'échanges sur le texte, sa constitution, son vocabulaire… • Séance de découverte d'une œuvre plastique. • Chanter avec ou sans instruments de musique. • Utilisation de la banque de sons constituée, des images, photographies, textes, chansons, musiques…
S2	• Arts visuels : produire du sonore face à l'œuvre ou aux œuvres du projet. • Entrer dans la matière sonore du texte littéraire choisi. • S'inscrire dans une production musicale collective • Faire un montage sonore (Audacity).	• Créer des liens textuels, musicaux, sonores entre les différentes œuvres artistiques du projet (texte/création musicale/œuvre plastique/chansons/musiques).	• Séance de jeux oraux et vocaux à partir du texte, mise en voix du texte. • Séance d'invention et de création musicale face aux œuvres plastiques. • Créer un décor pour le spectacle.
S3	• Croiser les œuvres lors de séances de production, d'invention afin de lier les éléments artistiques du projet. • S'inscrire dans un travail collectif prenant en compte les contraintes d'un tel projet et être à l'écoute de l'autre.	• Le codage va aider fixer les différentes étapes du projet. • Développer un lexique lié au spectacle vivant.	• Séances permettant la construction d'un spectacle : contenu, lien entre les tableaux (scènes), contraintes temporelles, techniques, matérielles… • Créer un programme du spectacle et une trace du projet.
S4	• Construire une production artistique collective prenant en compte tous les élèves, les différents domaines choisis pour ce projet.	• Situer les œuvres du projet les unes par rapport aux autres (repères simples, chronologie, domaine…). • Faire une synthèse du projet.	• Dans un espace dédié, enchaîner les différentes propositions artistiques liées à ce projet. • Créer une affiche du projet.
S5	• Développer des compétences liées à un tel projet : être à l'écoute du pilote du projet (enseignant), respecter les règles, les exigences. • Présenter ce projet aux autres classes oralement.	• La diversité des domaines artistiques en lien dans ce projet. • Concentration, écoute, mémorisation.	• Proposer des filages de ce projet à d'autres classes.
S6	• Valorisation : - Répéter ce projet et le donner en représentation ; - Vivre des émotions de partage.	• Traces du spectacle et du projet : photographies, captations sonores, musiques, œuvres, croquis/dessins, petits textes sur son ressentis, cartes des œuvres rencontrées…	• Proposer ce projet aux familles dans le cadre d'un spectacle de fin d'année • Garder une trace du projet : sous quelle forme ? Papier, numérique, sonore…

S'ouvrir sur le monde sonore

Domaine **Enseignements artistiques / Éducation musicale Niveau 3 (CE2)**

Objectifs de la séquence

Cette séquence en éducation musicale se déroule sur les six semaines de la première période de l'année.

Chaque séance propose différentes entrées en lien avec les compétences associées : **Explorer et imaginer** pour les séances 1 et 4, **Écouter** pour la séance 3, **Chanter** pour les séances 2 et 5, **Échanger et partager** pour la séance 6, avec un moment d'évaluation.

Séance 1 : S'ouvrir sur le monde sonore aux abords de l'école

Objectifs : écouter des sons aux abords de l'école, les collecter (enregistrer), les imiter.

Compétences : écouter, explorer le monde sonore. Produire en imitation.

Matériel : un enregistreur numérique (dictaphone, téléphone…), un appareil photographique.

« Sortie découverte » : ce travail doit être adapté en fonction de l'environnement proche de l'école (quartier d'une grande ville, lieux emblématiques d'une petite ville, d'un village…).

Phase 1 : Explicitation du projet au groupe-classe

« *Nous allons travailler sur l'environnement sonore de l'école, les sons, les bruits, les musiques que l'on peut entendre aux abords de l'école : le portail, la rue (la route), le quartier, les véhicules, des activités humaines et les sons naturels. Notre but : repérer de nombreux sons différents, les enregistrer, les imiter avec notre voix, notre corps et prendre des photographies des endroits où nous avons repéré ces sons.* »

Identifier et relever les représentations des élèves relatives à ce travail.

Phase 2 : Sortie aux abords de l'école

La sortie se fait avec le groupe-classe au complet (si possible en demi-groupe, avec le même itinéraire ou même un itinéraire complètement différent). Prévoir des lieux de rassemblement du groupe pour que tous participent, écoutent les consignes et échangent sur l'environnement sonore rencontré.

Il est possible de prévoir des groupes de deux élèves qui pourront enregistrer, photographier, prendre des notes du travail mené.

• **Étape 1 :** portail de l'école. Inviter les élèves à être totalement silencieux (et immobiles) lors de l'enregistrement. Photographier l'endroit où la captation sonore a été effectuée. Moment d'échange rapide. Noter dans un carnet les différentes étapes de ce parcours.

En fonction de l'environnement de l'école, anticiper différents lieux qui intéressants à enregistrer. Tous les arrêts effectués ne seront pas forcément prétextes à captations.

Ne pas prévoir trop de captations et dans la mesure du possible enregistrer des sons différents (c'est-à-dire distinctement reconnaissables). Envisager de dix à quinze enregistrements différents qui ne doivent pas excéder une à deux minutes.

Lors de certains enregistrements (véhicule, cloche) proposer au groupe classe après cette captation de produire par imitation le son, le bruit enregistré. Exemple : un camion passe ; on l'enregistre, on imite le bruit du camion avec sa voix ; on enregistre cette imitation.

• **Deuxième étape et suivantes :** chaque étape sera soit anticipée par l'enseignant, soit fortuite en fonction d'un événement sonore intéressant.

Quelques pistes de sons de l'environnement proche de l'école : bruits de portail (porte), sonnette, véhicule qui passe dans la rue, feu rouge avec arrêt et redémarrage des véhicules, cloche d'une église, conversation, bruits d'animaux, bruits venant d'une entreprise/usine, bruits de la cour de récréation enregistrée de l'extérieur…

Phase 3 : Retour en classe, écoute des productions ; échange et langage

Le moment d'échange suite à cette sortie est essentiel. Dans un premier temps, noter ce que l'on a fait et les différentes étapes du parcours « à chaud », c'est-à-dire au moment du retour en classe.

L'écoute des productions et la lecture des photographies peuvent être différées car l'attention et la mobilisation des élèves lors d'un tel travail a été beaucoup sollicitée. Ne pas hésiter à proposer ce travail de réécoute et de lecture de photographies la demi-journée suivante ou le lendemain.

Synthèse du travail et perspectives

Noter au tableau ce que l'on a fait et les traces du travail mené : sonores, photographies, écrits liés aux étapes du parcours… Noter la mobilisation des élèves ainsi que ceux qui semblent avoir des difficultés à s'ouvrir vers le monde sonore. Solliciter particulièrement ces derniers lors de la séance suivante.

Séance 2 : Une chanson, découverte et apprentissage

Matériel : chant : « Toi et moi », à retrouver sur le site Musique Prim.

Objectifs : découvrir et apprendre une chanson.

Compétences : chanter une mélodie simple avec une intonation juste ; chanter en imitation.

Phase 1 : Découverte

Cette phase est essentielle car c'est la première rencontre avec la chanson.
Plusieurs possibilités : la chanson peut être préalablement présentée (son auteur, ce dont elle parle), ou au contraire chantée sans contextualisation afin de garder le mystère de la découverte. Une mise en scène, une touche artistique peuvent également donner à ce moment particulier une magie supplémentaire.
L'enseignant (ou un adulte connaissant bien la chanson, musicien intervenant, collègue, parent..) interprète la chanson devant les élèves. Écoute de l'œuvre produite par un(e) chanteur(euse) à partir d'un support sonore ou vidéo... Exemple : cette chanson est interprétée ici par des enfants dans version issue de Musique Prim (Chanson Prim 1).

Phase 2 : Échange

Autour de la chanson, du vocabulaire, de la forme (alternance couplet/refrain, phrase finale répétée), de l'accompagnement (quels instruments reconnait-on ?), de la période de création (cette chanson est contemporaine : qu'est-ce que cela signifie ?).

Phase 3 : Apprentissage

Le pas à pas.
• **Parlé :** L'enseignant(e) égrène une phrase parlée, les élèves répètent en écho, en imitation...
• **Mélodie :** L'enseignant(e) chante la mélodie de chaque phrase (sans paroles, la la la...) et les élèves répètent en imitation... Donner la hauteur de la note de départ : DO (carillon, flûte).
• **Paroles et musique :**
- L'enseignant(e) chante le couplet (ou le refrain) uniquement en entier, ensuite il (elle) chante une phrase, les élèves la chantent en imitation, etc.
- L'enseignant(e) enchaine deux phrases puis chante soit le couplet, soit le refrain d'un seul coup et les élèves chantent en imitation.
Conseil : soyez clair par rapport à qui chante, vous, les élèves, à nouveau vous, etc.

Séance 3 : Une musique, écoute et écoute musicale

Matériel, espace : (*Wiegenlied, opus 49 n° 4* de Johannes Brahms). Un lecteur sonore de qualité ; s'installer dans un coin regroupement où il est possible de bouger, se déplacer éventuellement.
Objectifs : rencontrer des œuvres musicales, se construire une culture commune.
Compétences : comparer, décrire et identifier des éléments sonores et développer un lexique élémentaire pour décrire la musique.

Déroulement, points clés

Il s'agit d'amener les élèves à une vraie rencontre d'une œuvre par des questions ouvertes, une écoute active par la mobilisation du corps et de la voix. Cette démarche peut se pratiquer sur toute musique, quelle qu'en soit la forme, la composition et le registre. Elle ira ainsi de la découverte, *via* la production, la reproduction de certains paramètres sonores et musicaux à la rencontre de l'œuvre par elle-même, de son compositeur, de l'époque...
1 : **Réécouter plusieurs fois** un extrait (le début par exemple). **Préparer et expliciter** ce moment d'écoute. Rappeler quelques consignes : pendant l'écoute, ne pas parler, possibilité de bouger mais sans bruit, fredonner sans déranger pas les camarades, ne pas lever le doigt, garder ses remarques pour les moments d'échanges après l'écoute.
Pratiquer une écoute courte (de 30 secondes à 1 minute) mais que l'on répètera plusieurs fois lors de cette séance (4 à 6 fois, davantage si besoin). Éviter d'induire l'écoute, laisser les élèves découvrir cette musique sans a priori.
2 : **Les moments d'échanges** entre chaque écoute sont essentiels. Ils permettent de rebondir afin d'entrer davantage dans le fond sonore des œuvres. L'enseignant(e) retient un mot, une remarque, d'un élève pour que ce soit l'occasion de réécouter l'œuvre en s'appuyant dessus : les instruments, les mouvements musicaux, une note aigüe, des alternances *tutti-solo*, une voix....
3 : **La notion de « plaisir »** n'est pas forcément liée à ces écoutes ; écouter une musique éloignée de ses habitudes peut déranger, gêner dans un premier temps. **La dimension subjective** va émerger et permettra à chacun de s'exprimer. L'objectif sera d'amener les élèves à dépasser le « j'aime, j'aime pas » et à tendre davantage vers une écoute plus **objective**, liée aux éléments sonores.
Le travail sur les impressions et l'imaginaire pourra s'installer au cours de ces séances d'écoute par des productions sonores, des propositions vocales...
Donner des clés au cours pour amener les élèves à aller plus loin. Exemple : le titre de l'œuvre, son époque, le nom de son compositeur/chanteur, l'origine géographique de l'œuvre...

Trace des écoutes

Toute écoute n'appelle pas forcément d'en garder une trace dans un cahier (écoute offerte) mais lorsqu'un travail plus approfondi se fait, il est important de le faire figurer dans un cahier avec le titre de l'œuvre et son compositeur. Cela permettra également de créer du lien entre l'école et les parents.

Séance 4 : Production, invention

Objectifs : écouter des sons collectés, les imiter.
Compétences : écouter, inventer, produire et reproduire en imitation, expérimenter les paramètres du son.
Matériel : un enregistreur numérique (dictaphone, téléphone...), des photographies imprimées (ou projetées).

Suite à la « sortie découverte » des abords de l'école, la séance proposée va permettre un travail d'écoute, de réécoute et d'invention/création.

Phase 1 : Explicitation des objectifs au groupe-classe

« Nous allons travailler sur l'environnement sonore de l'école, les sons, les bruits, les musiques que l'on a enregistré aux abords de l'école lors de notre sortie. Notre but sera de réécouter ce que l'on a enregistré : l'environnement sonore, les productions que nous avions faites à l'extérieur. Ensuite nous allons créer des inventions sonores et musicales faites avec la voix, le corps en s'inspirant de ce que l'on a réécouté. »

Phase 2 : Écoute, langage et production

Proposer des écoutes actives des captations faites en demandant aux élèves d'échanger sur ce qui a été entendu et de l'imiter avec son corps, sa voix, des corps sonores éventuellement.

Phase 3 : Création d'une invention musicale par petits groupes

Proposer aux élèves de travailler par groupe et d'inventer un moment musical et sonore reprenant des sons et musiques entendues lors de ces écoutes. Faire reformuler la consigne et inviter les élèves durant quelques minutes à inventer une production sonore et musicale. Passer de groupe en groupe pour aider à l'avancée du travail. Inviter les élèves à créer un moment musical relativement court (moins d'une minute par exemple).

Phase 4 : Écoute et enregistrement des productions des groupes

Écoute des inventions : Chaque groupe propose son invention que l'enseignant enregistre pour réécouter et garder une trace du travail. **Échanges :** Après chaque passage d'un groupe, un moment court va permettre aux élèves d'échanger su cette création. **Écoute des productions :** réécouter après cet échange pour affiner l'analyse de ces créations.

Synthèse de la séance

Qu'avons-nous fait lors de cette séance ?

Séance 5 : Découverte et apprentissage d'un chant nouveau, chanter un chant déjà appris

Matériel : un chant : *La jument de Michao* (traditionnel (sur Musique Prim).
Objectifs : découvrir et apprendre une chanson.
Compétences : chanter en imitation, interpréter un chant avec expressivité (chant déjà appris).
Même déroulement que la Séance 2.

Séance 6 : Synthèse

Cette séance d'éducation musicale en fin de période 1 permet de passer à nouveau en revue le travail mené dans les cinq séances précédentes. Ce sera l'occasion d'écouter, de chanter, d'échanger et d'évaluer les compétences et les connaissances liées à ces expériences.

Échanger et partager autour du travail mené lors de cette période :
- les écoutes et captations faites lors de la sortie, les productions/inventions des élèves, les écoutes d'œuvres réalisées ;
- les chants appris ;
- l'expression de ses ressentis, ses émotions.

Quelles traces va-t-on garder de ce travail ?

Dans un carnet, un cahier, un blog, noter les œuvres rencontrées, intégrer les traces écrites, les croquis, les photographies, les enregistrements numériques…

Comment évaluer un travail en éducation musicale ?

Identifier des critères de réussite relatifs au groupe et à l'individu :
- implication dans le projet, dans les séances, participation ;
- propositions lors des phases de création ;
- respect des contraintes du travail collectif ;
- écoute et respect de l'avis des autres ;
- justesse de la voix ;
- mémorisation d'un chant.

4 Éducation physique et sportive

Comprendre le programme

Ce que dit le programme

Champs d'apprentissage	Exemple d'activités pour l'élève
Champ 1 : Produire une performance optimale, mesurable à une échéance donnée	Activités athlétiques aménagées : sauter, lancer, courir vite, courir longtemps…
Champ 2 : Adapter ses déplacements à des environnements variés	Natation, activités de roule et glisse, activités nautiques, équitation, parcours d'orientation, parcours d'escalade…
Champ 3 : S'exprimer devant les autres par une prestation artistique ou acrobatique	Activités gymniques, danses collectives, danses de création, arts du cirque…
Champ 4 : Conduire et maîtriser un affrontement collectif et interindividuel	Jeux de lutte, jeux de raquette, jeux traditionnels simples, jeux collectifs avec ou sans ballon (à effectifs réduits), jeux pré-sportifs…

La programmation annuelle en EPS doit permettre aux élèves de construire les 5 compétences du socle commun au travers d'activités inscrites dans **les 4 champs d'apprentissage complémentaires listés ci-dessus**.

En continuité avec les apprentissages engagés à l'école maternelle

Les apprentissages du cycle 2 s'appuient sur les repères donnés à l'école maternelle pour « agir, s'exprimer, comprendre à travers l'activité physique », répartis en quatre objectifs caractéristiques :

- « Agir dans l'espace, dans la durée et sur les objets » : les élèves ont été sollicités pour constater les résultats de leurs actions, essayer de reproduire un effet obtenu au hasard des tâtonnements, en particulier dans la manipulation de petit matériel. Ils commencent à anticiper des effets, à enchaîner des comportements moteurs dans une continuité d'action.
- « Adapter ses équilibres et ses déplacements à des environnements ou des contraintes variés » : les élèves ont été invités à développer de nouveaux équilibres (se renverser, rouler, se laisser flotter,…) et à porter leur attention sur leur sécurité et celle des autres.
- « Communiquer avec les autres au travers d'actions à visée expressive ou artistique » : les élèves ont pu découvrir leurs propres possibilités d'improvisation, d'invention et de création en utilisant leur corps. Ils ont pu participer à un projet collectif porté au regard des autres.
- « Collaborer, coopérer, s'opposer » : les élèves ont pu s'approprier différents modes d'organisation de jeux collectifs, partager du matériel et un espace de jeu avec des règles communes. Ils ont commencé à explorer des actions en relation avec des intentions de coopération et d'opposition.

Une contribution au socle commun des apprentissages

L'EPS participe à la construction des connaissances, compétence et de la culture du **socle commun dans ses cinq domaines** :

1. Des langages pour penser et communiquer
Les élèves développent leur motricité et prennent conscience des différentes ressources à mobiliser pour agir avec leur corps. Ils s'expriment par leur corps et acceptent de se montrer à autrui. Ils adaptent leur motricité à des environnements variés. Ils apprennent le contrôle et la maîtrise de soi.

2. Des méthodes et outils pour apprendre
Par la pratique physique et sportive, les élèves s'approprient des méthodes et des outils. Ils apprennent par essai-erreur en utilisant les effets de leur action. Ils apprennent à planifier leur action avant de la réaliser.

3. La formation de la personne et du citoyen
Les élèves partagent des règles, assument des rôles et des responsabilités spécifiques aux différentes activités supports (joueur, arbitre, juge, médiateur, organisateur, chorégraphe, danseur…). Ils élaborent, respectent et font respecter règles et règlements. Ils acceptent et prennent en considération toutes les différences interindividuelles au sein d'un groupe.

4. Les systèmes naturels et les systèmes techniques
Les élèves apprennent à entretenir leur santé par une activité physique régulière. Ils découvrent les principes d'une bonne hygiène de vie, utile tant à leur santé qu'à leur bien-être. Ils apprennent à agir avec discernement.

5. Les représentations du monde et l'activité humaine
Les élèves s'approprient une culture physique sportive et artistique. Ils découvrent la variété des activités et des spectacles sportifs. Ils expriment des intentions et des émotions par leur corps dans un projet artistique individuel ou collectif.

Les points forts de l'apprentissage de l'EPS au cycle 2

S'exprimer par le corps : Il s'agit d'encourager, par des situations variées, la diversité des productions corporelles.
Lors des temps de classe, on apprend les uns des autres. En EPS également, les interactions sont à favoriser. L'enseignant organise donc les conditions d'un regard bienveillant et constructif, permettant à chacun d'ajuster au mieux son geste.

Par la pratique, s'approprier des méthodes et des outils : Les élèves doivent disposer d'un temps suffisant de pratique, de répétition de l'action motrice pour pouvoir ajuster et stabiliser leur geste. Ils prendront ainsi conscience de l'effet de différentes façons de faire sur le résultat de leur action.
Ils sont amenés à expliciter leurs stratégies pour comprendre que l'on « ne réussit pas par hasard ». Ils sont également amenés à prendre conscience de leurs acquis (ce qui est déjà là), de leurs progrès et de leurs réussites par des dispositifs d'évaluation et d'auto-évaluation, des grilles individuelles de positionnement. En dehors de l'école, les enfants acquièrent des connaissances dans le domaine physique (connaissance de son corps, des mouvements). Ces connaissances, acquises de façon implicite, sont utilisées comme fondements des apprentissages explicites.

Une démarche s'appuyant sur des situations de transversalité et de projets : Les apprentissages sont reliés entre eux, ce qui en renforce le sens à leurs yeux.
Le volume horaire en Éducation physique et sportive est de 108 heures annuelles, soit 3 heures par semaine en moyenne.

Les choix de la programmation et la progressivité dans le cycle

Le tableau suivant constitue une **proposition de programmation**. Les activités proposées sont choisies dans les quatre champs d'apprentissage de l'EPS. Leur choix peut varier en fonction des équipements disponibles, des ressources locales et humaines mobilisables.
Une période moyenne correspond à une séquence d'apprentissage de 6 séances. Toutefois, il peut s'avérer plus judicieux de mener une séquence sur 9 à 12 séances, c'est à dire pendant deux périodes : la natation, la danse créative, la course longue font partie des activités où des compétences se mettent en place sur un plus long terme.
Cette programmation propose d'aborder chacune des années* du cycle ainsi que les 4 champs de l'EPS à travers différentes activités pour développer une motricité riche et diversifiée. Elle répond en cela au besoin des élèves d'un apprentissage **spiralaire** : les compétences liées à chaque champ sont abordées et travaillées de façon récurrente mais dans des situations qui varient, ajoutant à chaque niveau une difficulté supplémentaire tout en s'appuyant sur les acquis.
Cependant, si les ressources locales ne permettent pas d'aborder chaque année des activités dans les 4 champs d'apprentissage, il faudra néanmoins veiller à ce que chacun des quatre champs ait été abordé au cours du cycle.

* Chaque année peut correspondre à un niveau. En effet, selon les compétences et les contraintes de la programmation (disponibilité d'une salle, de la cour, du matériel…) on peut choisir d'aborder l'ensemble des niveaux de compétence sur deux années, puis revenir l'année suivante sur certaines compétences par le biais d'une autre activité. Par exemple, « Sauter, lancer, courir vite » lors de la première et deuxième année du cycle 2 (CP et CE1) puis « Courir longtemps » lors de la troisième (CE2).

	Période 1	Période 2	Période 3	Période 4	Période 5
Niveau 1 ou année 1	**Activités athlétiques** 6 séances de 50 min (cour de l'école)	**Activités gymniques** 6 séances de 55 min (préau avec matériel)	**Danses collectives** 6 séances de 50 min (préau)	**Danses collectives** 6 séances de 55 min (préau)	**Vélo** 6 séances de 55 min (cour de l'école)
	Parcours d'orientation 6 séances de 50 min (cour de l'école)	**Natation** 6 séances de 40 min dans l'eau + déplacement (piscine)	**Natation** 6 séances de 40 min dans l'eau + déplacement (piscine)	**Activités athlétiques** 6 séances de 50 min (cour de l'école)	**Activités athlétiques** 6 séances de 50 min (cour de l'école)
	Jeux traditionnels 6 séances de 45 min (cour de l'école)			**Jeux de lutte** 6 séances de 55 min (salle avec tapis)	**Jeux de raquette** 6 séances de 50 min (gymnase ou cour de l'école)
Niveau 2 ou année 2	**Activités athlétiques** 6 séances de 50 min (cour de l'école ou stade)	**Activités gymniques** 6 séances de 55 min (préau avec matériel)	**Danse créative** 6 séances de 55 min (préau)	**Danse créative** 6 séances de 55 min (préau)	**Vélo** 6 séances de 55 min (cour de l'école ou allées d'un parc proche)
	Parcours d'orientation 6 séances de 55 min. (jardin public délimité proche)	**Natation** 6 séances de 40 min dans l'eau + déplacement (piscine)	**Natation** 6 séances de 40 min dans l'eau + déplacement (piscine)	**Activités athlétiques** 6 séances de 50 min (cour de l'école ou stade)	**Activités athlétiques** 6 séances de 50 min (cour de l'école ou stade)
	Jeux traditionnels 6 séances de 50 min (cour de l'école)			**Jeux de lutte** 6 séances de 55 min. (salle avec tapis)	**Jeux de raquette** 6 séances de 50 min (gymnase ou cour de l'école)
Niveau 3 ou année 3	**Activités athlétiques** 6 séances de 50 min (stade)	**Activités gymniques** 6 séances de 55 min (préau avec matériel)	**Danse créative** 6 séances de 55 min (préau)	**Danse créative** 6 séances de 55 min (préau)	**Vélo** 6 séances de 55 min (cour de l'école ou piste à vélo proche)
	Parcours d'orientation 6 séances de 55 min (parc délimité proche)	**Natation** 6 séances de 40 min dans l'eau + déplacement (piscine)	**Natation** 6 séances de 40 min dans l'eau + déplacement (piscine)	**Activités athlétiques** 6 séances de 50 min (stade ou parc)	**Activités athlétiques** 6 séances de 50 min (stade ou parc)
	Jeux collectifs 6 séances de 55 min (cour de l'école ou terrain extérieur)			**Jeux de raquette** 6 séances de 50 min (gymnase ou cour de l'école)	**Jeux pré-sportifs** 6 séances de 55 min (cour de l'école ou terrain extérieur)

Éducation physique et sportive niveau 1 (CP)

Les compétences du socle en lien avec les compétences de l'EPS
L'EPS participe à la construction des cinq compétences du socle commun travaillées en continuité durant les différents cycles. Chacune a été numérotée pour l'identifier dans le tableau de programmation.

1. Développer sa motricité et apprendre à s'exprimer en utilisant son corps. **2.** S'approprier par la pratique physique et sportive, des méthodes et des outils. **3.** Partager des règles, assumer des rôles set des responsabilités.	**4.** Apprendre à entretenir sa santé par une activité physique régulière. **5.** S'approprier une culture physique sportive et artistique.

Période 1	**Semaine 1**	**Semaine 2**	**Semaine 3**	**Semaine 4**	**Semaine 5**	**Semaine 6**
Activités athlétiques : Sauter, lancer	**1. Sauter :** « des rivières » en alternant les appuis ; pour atteindre une cible. **Lancer :** en translation, différents types d'objets à travers un cerceau vertical ; en rotation, des anneaux pour atteindre des « maisons » successives.		**1. Sauter :** enchaîner des sauts en alternant les appuis ; de plot en plot pour terminer en contrehaut. **Lancer :** en cherchant la précision, lancer à bras cassé différents objets et des anneaux en contrôlant le lâcher. ▸ **« Lancer »** Lea.fr		**1. Sauter :** enchaîner des sauts en gardant le même rythme, courir puis sauter, en utilisant toujours le même pied (appel). **Lancer** en cherchant la distance : des balles, à bras cassé, bras opposé au pied devant ; des anneaux, tenus par-dessus, en contrôlant le lâcher.	
Parcours d'orientation	**1.** Dans un espace familier perçu globalement (cour), repérer des lieux photographiés, mémoriser son parcours.		**1.** Dans un espace familier où les repères ne sont pas tous dans le champ visuel, se diriger de proche en proche avec des directions de déplacement dites oralement puis codées.		**1.** Dans un espace familier, utiliser un plan simple pour repérer des objets et des codes pour les déplacements.	
Jeux traditionnels	**1.** Selon le rôle de l'élève, dans un espace défini, agir (courir, sauter, esquiver, attraper, arrêter, lancer) pour gagner/défendre des objets, un terrain en respectant des règles de jeu. (déménageurs, ogres et lutins…). ▸ **« Comment mieux coopérer pour s'opposer ? »** Lea.fr		**1.** En étant attaquant, dans un espace orienté, coordonner ses actions à celles de son équipe pour gagner des objets, un terrain, un but en respectant les règles de jeu. En étant défenseur, envisager les actions freinant ou empêchant le gain (attaque du château, rivière aux crocodiles).		**1.** Selon le rôle de l'équipe (attaque ou défense) dans un espace orienté, organiser ses actions avec son équipe pour gagner/défendre des objets, un terrain, un but en respectant les règles de jeu (douaniers-contrebandiers, épervier).	
Période 2	**Semaine 1**	**Semaine 2**	**Semaine 3**	**Semaine 4**	**Semaine 5**	**Semaine 6**
Activités gymniques	**1. Rouler :** roulade avant à partir d'un niveau décroché. **Voler :** saut d'un caisson en avant pour arriver dans un cerceau. **Se balancer :** en suspension sur une corde, en avant, arriver équilibré. **Se renverser :** pieds sur caisson, mains en contrebas, bras tendus. **Tourner autour** d'une barre, vers l'avant. **Franchir** un tapis roulé en saut de lapin.		**1. Rouler :** roulade avant d'un plan incliné. **Voler :** saut d'un caisson en arrière, arriver dans un cerceau. **Se balancer :** suspension manuelle à une corde, arriver équilibré en avant, en arrière. **Se renverser :** monter les pieds contre un mur, bras tendus. **Tourner autour** d'une barre : vers l'arrière, avec l'aide d'un appui au départ. **Franchir** un espace : saut de lapin pour arriver en contrebas ou contre-haut. **Enchainer** 2 actions puis 3 à 4 actions. Accepter de montrer sa prestation.		**1. Rouler :** roulade arrière d'un plan incliné. **Voler :** saut en avant pour toucher un objet suspendu, arriver dans un cerceau. **Se balancer :** suspension à une barre, arriver équilibré. **Se renverser :** monter les pieds contre un mur, bras tendus. **Tourner autour** d'une barre, vers l'avant et vers l'arrière, sans appuis au départ. **Franchir** un obstacle en appui sur bras tendus, élever le bassin au-dessus des épaules. **Enchainer** 3 à 4 actions avec des déplacements et des changements de direction. Montrer sa prestation en recherchant un effet.	
Natation	**1. Entrer dans l'eau** (avec l'aide de l'adulte) par le bord, l'escalier, l'échelle… **S'équilibrer** dans le petit bain (marcher, sauter…). **S'immerger, respirer** (s'arroser, souffler, faire des bulles…). **Se déplacer** dans le petit bain (marcher, tracter un camarade…).		**1. Entrer dans l'eau** par le tapis, le toboggan, l'échelle… **S'équilibrer** dans le petit bain (marcher en « écartant l'eau » avec les mains), **s'immerger** le plus possible dans différentes positions (accroupi, assis, allongé), **respirer** (souffler par la bouche, le nez). **Se déplacer** dans le petit bain (tracter un camarade, pousser une planche…).		**1. Entrer dans l'eau** par le tapis, le toboggan, l'échelle… **S'équilibrer**, perdre ses appuis plantaires, **s'immerger** complètement en ouvrant les yeux, **respirer** (souffler par la bouche dans l'eau, inspirer par le nez hors de l'eau), **se déplacer** dans le petit bain (tracter, pousser) et dans le grand bain le long de la goulotte.	
Période 3	**Semaine 1**	**Semaine 2**	**Semaine 3**	**Semaine 4**	**Semaine 5**	**Semaine 6**
Danses collectives	**1.** Danser en une ou plusieurs rondes, changer de direction (avant, arrière, droite, gauche), effectuer différentes actions seul (marcher, sautiller, tourner, frapper des mains…), repérer le tempo et des phases au sein d'une musique.		**1.** Danser en ligne, couloir, tunnel… Passer d'une formation à l'autre, se déplacer dans différentes directions. Marcher, sautiller à deux. Coordonner ses actions à des repères musicaux.		**1.** Danser en cortège, en farandole. Passer d'une formation à l'autre, changer de direction, tourner, frapper des mains à deux en fonction des repères musicaux.	
Natation	**1. Entrer dans l'eau** par le tapis, le toboggan, l'échelle… **S'équilibrer**, s'allonger (sur le dos, le ventre) avec une frite, **s'immerger** complètement, yeux ouverts, dans différentes positions (accroupi, assis, allongé), **respirer** (souffler par la bouche dans l'eau, inspirer par le nez hors de l'eau), **se déplacer** dans le grand bain en se tractant le long de la goulotte.		**1. Entrer dans l'eau** par le toboggan, pieds ou tête en avant **s'équilibrer** : passer de l'horizontalité à la verticalité sans aide, **s'immerger** complètement allongé, sur le dos, le ventre, **respirer** : souffler longtemps par la bouche dans l'eau, inspirer brièvement par le nez hors de l'eau, **se déplacer** dans le grand bain en se tractant le long d'une ligne d'eau.		**1. Entrer dans l'eau** par un saut depuis le bord, avec matériel (frites sous les bras), **s'équilibrer** : passer de l'horizontalité (dos, ventre) à la verticalité sans aide, **s'immerger** complètement dans le grand bain, **respirer** : souffler longtemps par la bouche dans l'eau, inspirer brièvement par le nez hors de l'eau, **se déplacer** dans le grand bain en se tractant, tracté par la perche.	

Programmation annuelle d'activités

Éducation physique et sportive niveau 1 (CP)

Période 4	Semaine 1	Semaine 2	Semaine 3	Semaine 4	Semaine 5	Semaine 6
Danses collectives	**1.** Danser en moulin, en carré. Enchaîner différentes formations, se déplacer (courir, pas chassés) dans différentes directions, changer de partenaire en fonction du tempo et des repères musicaux de plus en plus précis.		**1.** Danser en formations par deux, par quatre, en grand groupe, enchaîner différents pas en fonction du tempo et des repères musicaux. Anticiper les différentes formations en se repérant dans l'espace scénique.		**1.** Danser et mémoriser des enchaînements de différentes formations, de différents pas. Se repérer sur la musique, dans l'espace scénique et par rapport aux autres danseurs. Adapter ses déplacements aux autres.	
Activités athlétiques : courir vite	Courir droit sur 25 m avec signal de départ donné par un camarade (couloir matérialisé), courir vite en franchissant des obstacles pour transporter des objets d'un bac à un autre.		Courir à deux, droit sur 25 m avec signal de départ donné par un camarade (2 couloirs matérialisés), vite en franchissant des obstacles pour transporter des objets d'un bac à un autre.		Courir droit sur 25 m en réagissant vite à un signal de départ sonore ou visuel et en arrivant vite, seul ou à deux côte à côte, à plat ou en franchissant des obstacles.	
Jeux de lutte	**1.** Dans des situations par équipes, à quatre pattes, accepter le contact, la chute. Saisir et contrôler un adversaire, seul ou à plusieurs, en étant soit attaquant soit défenseur. Selon son rôle : immobiliser en ceinturant, en supprimant les appuis ou résister en se collant à plusieurs, en écartant ses appuis. ▸ **« Jeux d'opposition »** Lea.fr		**1.** Dans des situations duelles, selon son rôle : • Toucher ou saisir un objet possédé par l'adversaire : feinter, changer rapidement de direction. • Résister activement pour garder l'objet (foulard, ballon, pince à linge…) : esquiver ou stabiliser ses appuis.		**1.** Dans des situations duelles, selon son rôle : • Contrôler l'adversaire pour le déséquilibrer. Assurer des prises solides, tirer et pousser dans différentes directions. Rechercher les saisies au corps. • Résister activement. Élargir ses appuis. Rechercher l'équilibre du couple.	
Période 5	**Semaine 1**	**Semaine 2**	**Semaine 3**	**Semaine 4**	**Semaine 5**	**Semaine 6**
Vélo	**1.** Maintenir son équilibre en position assise sur un parcours de référence (passage étroit, virages et ligne droite, passage sous un obstacle) en étant poussé, tiré ou en pédalant. ▸ **« Le vélo à l'école »** Lea.fr		**1.** Enchaîner trajectoire rectiligne, virage à droite, à gauche et arrêt. Pédaler pour conserver sa vitesse. Marcher en tenant son vélo		**1.** Enchaîner ligne droite, virage à droite, à gauche en pédalant pour conserver sa vitesse puis s'arrêt sur une zone définie. Démarrer sans aide.	
Activités athlétiques : Courir longtemps	**1.** Accepter de se déplacer en course lente, en continu, pendant 4 à 6 minutes. Expérimenter les effets sur le corps de la marche très rapide, la course lente. Partir lentement et arriver lentement sur 600 à 700 mètres. ▸ **« Comment aborder un module d'apprentissage en course d'endurance avec des débutants ? »** Lea.fr		**1.** Prendre des repères spatiaux (plots) et temporels (signal sonore toutes les 20 secondes) tout au long de sa boucle de course (600 à 800 m). Courir en petit groupe pendant 5 à 7 minutes sans chercher à dépasser les autres.		**1.** Repérer le rythme de course dans lequel on est à l'aise et se regrouper en fonction de celui-ci. Se fixer collectivement un contrat de course basé sur le temps (5 à 10 minutes) ou la distance (600 à 1000 mètres) et le respecter.	
Jeux de raquette	**1.** En situations duelles, selon son rôle : lancer à la main, frapper avec la main en cuillère une balle ou un volant ou attraper à la main, recevoir dans un cerceau le volant, attraper, recevoir dans un cône la balle après un rebond au sol. ▸ **« Coopérer et s'opposer individuellement, jeux de raquettes »** Lea.fr		**1.** En situations individuelles, avec une raquette et une balle ou un ballon paille : frapper pour faire rouler ou frapper en laissant tomber la balle dans le tamis ou frapper après un rebond au sol, maintenir la balle en équilibre sur la raquette, jongler…		**1.** En situations duelles, coopérer pour faire des échanges, avec raquette ou avec une bouteille en plastique coupée en deux : frapper la balle, produire une trajectoire vers le camarade/ se déplacer pour recevoir après un rebond au sol puis frapper à son tour…	

REPÈRES DE PROGRESSIVITÉ POUR LES AUTRES COMPÉTENCES DU SOCLE AU NIVEAU 1 :

2. Utiliser des fiches descriptives d'une situation. Garder trace de ce qui est fait à chaque séance (photos, dessins…). Évaluer ses réussites en utilisant des repères. Noter ses progrès sur une fiche de positionnement. Comprendre les effets de ses actions sur le résultat de l'action. Expliquer ce que l'on a fait et comment on l'a fait.

3. Endosser différents rôles selon l'activité support (athlète, gymnaste, entraîneur, juge, arbitre, chorégraphe, observateur, spectateur…). Accepter la mixité dans différentes situations.
Aider à installer et désinstaller les ateliers. Comprendre et respecter des rotations, attendre son tour. Connaître et accepter les règles du jeu, les consignes de sécurité, les équipements à porter. Tenir compte d'un codage facilement lisible.

4. Identifier les situations dangereuses. Ritualiser une phase d'échauffement et de mis en disponibilité corporelle. S'engager dans l'action en toute lucidité. Distinguer, nommer et comprendre les principes de fonctionnement du matériel utilisé (vélo, raquette, ballon…).

5. En lien avec sa pratique, faire référence à quelques pratiques sociales. Savoir reconnaître des actions à visée esthétique. Évaluer une production en intégrant des critères esthétiques.

Éducation physique et sportive niveau 2 (CE1)

Période 1	**Semaine 1 – Semaine 2**	**Semaine 3 – Semaine 4**	**Semaine 5 – Semaine 6**
Activités athlétiques : Sauter, lancer	**1. Sauter :** enchaîner des sauts en gardant le même rythme, courir puis sauter, sans s'arrêter, en utilisant toujours le même pied (appel). **Lancer :** des balles, en cherchant la distance, à bras cassé, bras opposé au pied qui est devant -des anneaux, tenus par-dessus, en contrôlant le lâcher.	**1. Sauter**, vers le multi-bond : franchir une zone donnée par multi-sauts en ajustant le rythme de ses appuis. **Sauter**, vers le saut en hauteur : courir puis franchir un obstacle dans la continuité, sans piétiner. **Lancer :** atteindre des cibles de plus en plus éloignées en enchaînant course et lancer, lancer des anneaux en réalisant un lancer ascendant.	**1. Sauter :** Enchainer une course d'élan puis une succession de sauts avec des appuis différents ou un franchissement d'obstacle dans la continuité, en utilisant sa course d'élan. **Lancer :** Enchainer course et lancer avec les pieds dans l'axe du lancer, lancer des anneaux dans des zones échelonnées (12 à 20 mètres) en éloignant l'anneau du corps en rotation.
Parcours d'orientation	**1.** Dans un espace connu (parc public proche), repérer des lieux à partir de photos et dessins, évaluer les distances entre des repères, mémoriser son parcours. ▸ **« jeux d'orientation »** Lea.fr	**1.** Dans un espace connu où les repères sont dans le champ visuel, se diriger de proche en proche avec des directions de déplacement codées à partir de chaque étape.	**1.** Dans un espace connu, utiliser et construire un plan simple pour repérer des objets. Évaluer un temps de parcours entre les objets. Adapter son allure pour pouvoir repérer les objets.
Jeux traditionnels	**1.** Selon le rôle de l'équipe (attaque ou défense) dans un espace orienté ou non, organiser ses actions (dont la passe/le blocage de ballon) avec son équipe pour gagner/ défendre des objets, un terrain, un but en respectant les règles de jeu (déménageurs ballons, passe à cinq).	**1.** Dans un espace orienté ou non, endosser alternativement au cours du jeu le rôle d'attaquant et de défenseur : identifier le porteur de balle, réorganiser ses actions en fonction du rôle de son équipe. Effectuer des passes, exercer un marquage en flottement (attaque du château, passe à dix).	**1.** Dans un espace orienté, endosser simultanément le rôle d'attaquant et de défenseur. Réceptionner et passer le ballon, exercer un marquage sur des adversaires non porteurs de ballon (ballon capitaine avec variables sur espace et nombres de joueurs).
Période 2	**Semaine 1 – Semaine 2**	**Semaine 3 – Semaine 4**	**Semaine 5 – Semaine 6**
Activités gymniques	**1. Rouler :** roulade avant, arrière d'un plan incliné. **Voler :** saut d'un tremplin, toucher un objet suspendu, arriver dans un cerceau. **Se balancer :** en suspension manuelle à une barre, en avant, en arrière puis arriver équilibré. **Se renverser :** au départ d'un plinth, monter les jambes pour aligner bras, jambes, tronc puis tenir 1 à 2 secondes. **Tourner autour** d'une barre, vers l'avant et vers l'arrière, avec et sans aide d'un tapis roulé au départ. **Franchir** un plinth par impulsion des pieds et appui des mains. **Enchainer** 3 à 4 actions. Montrer sa prestation.	**1. Rouler :** roulade avant arrivée accroupie. **Voler :** saut d'un tremplin en avant en contre-haut. **Se balancer :** en appui manuel sur barres parallèles, en avant, en arrière, puis arriver équilibré. **Se renverser :** à l'appui mains au sol. **Tourner autour** d'une barre, en enchaînant vers l'avant et vers l'arrière. Franchir un espace pour arriver en contre-haut en posant ses mains le plus loin possible, arrivée accroupi. **Enchainer** 3 à 4 actions avec déplacements et changements de direction. Montrer sa prestation en recherchant un effet.	**1. Rouler :** roulade arrière arrivée accroupie. **Voler :** saut d'un tremplin en avant en contre-haut, arriver debout. **Se balancer :** en suspension manuelle à une corde, se rétablir équilibré face au départ. **Se renverser :** mains au sol, maintenir l'équilibre 1 à 2 secondes. **Tourner autour** d'une barre vers l'arrière, arriver en appui manuel. Franchir un espace pour arriver en contre-haut debout. **Enchainer** 3 à 4 actions avec déplacements variés (pas, tours, sauts), changements de direction et de rythme. Montrer sa prestation en recherchant un effet à un groupe plus élargi.
Natation	**1. Entrer dans l'eau** par un saut depuis le bord, avec matériel (frites sous les bras), **s'équilibrer :** passer de l'horizontalité (dos, ventre) à la verticalité sans aide, **s'immerger** complètement dans le grand bain (récupérer des objets). **Respirer :** en déplacement, souffler longtemps par la bouche dans l'eau, inspirer brièvement par le nez hors de l'eau, **se déplacer** dans le grand bain tracté par la perche. ▸ **« Natation, de la piste verte à la piste rouge »** Lea.fr	**1. Entrer dans l'eau** par un saut depuis le bord, avec matériel (frites sous les bras)dans le grand bain, **s'équilibrer :** horizontalement après une poussée depuis le bord, déjà dans l'eau (fusée), **s'immerger** complètement dans le grand bain, **respirer :** en déplacement, souffler longtemps par la bouche dans l'eau, inspirer brièvement par le nez hors de l'eau, **se déplacer** dans le grand bain en se tractant, tracté par la perche.	**1. Entrer dans l'eau** par un saut depuis le bord, avec ou sans matériel dans le grand bain, **s'équilibrer :** horizontalement sur le ventre ou le dos après une poussée depuis le bord (fusée), **s'immerger** complètement dans le grand bain, **respirer :** en déplacement, souffler longtemps, inspirer brièvement, **se déplacer** dans le petit bain en s'aidant de paddle (palme à main) pour « repousser » l'eau.
Période 3	**Semaine 1 – Semaine 2**	**Semaine 3 – Semaine 4**	**Semaine 5 – Semaine 6**
Danse créative	**1.** Transformer une gestuelle quotidienne en mouvements dansés grâce à des objets inducteurs. Prendre des repères dans l'espace où on se déplace. Tenir compte du déplacement des autres. ▸ **« Danse créative »** Lea.fr	**1.** Créer une courte chorégraphie individuelle en enchaînant quelques mouvements dansés. La transformer en jouant sur le temps (lent, rapide), l'espace (ample, restreint, espace haut/bas) et l'énergie (fluide, saccadé).	**1.** Composer à deux une courte chorégraphie à partir d'éléments gestuels individuels. Tenir compte de l'autre en introduisant des moments d'unisson, de miroir, de réponse gestuelle.
Natation	**1. Entrer dans l'eau** par un saut dans le grand bain, avec ou sans matériel, **s'équilibrer :** sur le ventre ou le dos après une poussée depuis le bord (fusée), **s'immerger :** longtemps, complètement, **respirer :** en déplacement, souffler longtemps, inspirer brièvement, **se déplacer** dans le petit bain en s'aidant de paddle (palme à main) pour « repousser » l'eau. **Enchaîner** une entrée dans l'eau et un déplacement.	**1. Entrer dans l'eau** par un saut dans le grand bain, sans matériel, **s'équilibrer :** passer d'équilibre ventral à dorsal après une poussée depuis le bord, **s'immerger :** longtemps, complètement. **Respirer :** en déplacement, souffler longtemps, inspirer brièvement, **se déplacer** dans le grand bain en s'aidant de paddle (palme à main) pour « repousser » l'eau. **Enchaîner** une entrée dans l'eau et un déplacement.	**1. Entrer dans l'eau** par un saut dans le grand bain, sans matériel, se laisser remonter, **s'équilibrer :** passer d'équilibre ventral à dorsal lors d'un déplacement, **s'immerger :** longtemps, complètement, **respirer :** en déplacement, souffler longtemps, inspirer brièvement, **se déplacer** dans le grand bain en s'aidant de paddle (palme à main) pour « repousser » l'eau. **Enchaîner** une entrée dans l'eau et un déplacement.

Programmation annuelle d'activités

Éducation physique et sportive niveau 2 (CE1)

Période 4	Semaine 1	Semaine 2	Semaine 3	Semaine 4	Semaine 5	Semaine 6
Danse créative	**1.** Composer à deux une courte chorégraphie à partir d'éléments gestuels individuels. Y introduire des moments d'unisson, de miroir, de réponse. Transformer la gestuelle en jouant sur le temps, l'espace, l'énergie.		**1.** Utiliser des repères extérieurs (temps, espace) et corporels pour mémoriser une courte chorégraphie composée à deux. Rechercher des effets de contraste dans les déplacements. Avoir une gestuelle lisible.		**1.** Organiser sa chorégraphie en duo spatialement et temporellement avec celles des autres en vue d'une présentation collective. Placer son regard par rapport à son partenaire et aux autres danseurs.	
Activités athlétiques : Courir vite	**1.** Courir droit, seul, sur 30 m en réagissant à un signal sonore, sans ralentir avant l'arrivée et courir à deux, sans ralentir avant l'arrivée. ▸ **« Améliorer sa performance en course de vitesse »** Lea.fr		**1.** Sur 30 m, pousser sur sa jambe arrière (sensation de vol), regarder devant soi. **Vers la course de relais :** courir vite sur une grande distance en fractionnant sa course entre plusieurs coureurs (passage d'un objet relais).		**1.** Sur 30 m, pousser sur sa jambe arrière, regarder devant soi, coordonner bras/impulsion de jambes. **Vers le relais :** commencer à organiser la transmission au coureur suivant (coureur 2 anticipe et coure avant de recevoir).	
Jeux de lutte	**1.** Dans des situations par équipes puis duelles, à genoux, selon son rôle : • toucher/saisir un objet possédé par l'adversaire (foulard, ballon, pince à linge…) ; feinter, changer rapidement de direction) ; • résister activement pour garder l'objet : esquiver ou stabiliser ses appuis sans sortir d'une aire définie.		**1.** Dans des situations duelles, à genoux : • saisir un objet (foulard, ballon, pince à linge) possédé par l'adversaire tout en protégeant le sien, sans sortir d'une aire définie ; alterner rapidement la position d'attaque et d'esquive, la mobilité et la stabilité ; • sortir l'adversaire de l'aire définie. Organiser de petits tournois.		**1.** Dans des situations duelles, en commençant assis puis à genoux, contrôler l'adversaire pour le retourner ou le sortir de la zone de combat sans se faire soi-même retourner ou sortir. Rechercher les saisies au corps, l'équilibre du couple dans un déplacement. Tirer, pousser sur ses bras et ses jambes dans différentes directions.	
Période 5	**Semaine 1**	**Semaine 2**	**Semaine 3**	**Semaine 4**	**Semaine 5**	**Semaine 6**
Vélo	**1.** Enchaîner des changements de direction à différentes vitesses, maintenir sa vitesse par pédalage, maitriser le freinage et l'arrêt d'urgence sans poser les pieds au sol. ▸ **« Le vélo à l'école »** Lea.fr		**1.** Pédaler plus ou moins vite, modifier un ou plusieurs appuis sur le vélo pour attraper un objet en l'air ou au sol.		**1.** Emprunter des passages de plus en plus complexes (couloir étroit, planche basculante), réduire sa vitesse en utilisant les freins sans bloquer les roues.	
Activités athlétiques : Courir longtemps	**1.** Prendre des repères spatiaux (plots) et temporels (signaux sonores réguliers) tout au long de sa boucle de course (800 à 1000 m). Courir en petit groupe pendant 5 à 7 minutes sans chercher à dépasser les autres.		**1.** Grâce aux repères, construire une régularité de course sur 900 à 1000 mètres. Accepter de modifier son allure (récupération active) pour allonger son temps total de course (6 à 10'). Choisir un groupe en fonction de son allure.		**1.** Courir à allure régulière en tenant compte de ses sensations (aisance respiratoire) pour modifier sa respiration, son allure. Établir un contrat temps (en fonction d'une distance) avec son groupe et le réaliser (6 à 12 minutes pour 1200 à 1400 mètres).	
Jeux de raquette	**1.** En situations duelles, coopérer pour faire des échanges avec raquette : frapper la balle, produire une trajectoire vers le camarade/ se déplacer pour recevoir après un rebond au sol et frapper à son tour…		**1.** En situations individuelles, face à un mur avec une raquette et une balle ou un ballon paille : frapper fort en direction du mur puis renvoyer la balle en coup droit ou en revers. Anticiper la cible et la trajectoire retour.		**1.** En situations duelles, avec raquette, coopérer et augmenter le nombre des échanges. Frapper fort pour franchir un obstacle. Anticiper la trajectoire aller et retour. Ajuster ses déplacements en fonction de la trajectoire.	

REPÈRES DE PROGRESSIVITÉ POUR LES AUTRES COMPÉTENCES DU SOCLE AU NIVEAU 2 :

2. Comprendre et utiliser des fiches descriptives, identifier pour chaque situation le principe de l'action, choisir un niveau de difficulté en fonction de ses capacités. Codifier ses actions et garder trace de ce qui est fait à chaque séance. Évaluer ses réussites en utilisant des repères pour mesurer la performance. Noter ses progrès sur une fiche de positionnement. Comprendre les effets de ses actions sur le résultat de l'action. Expliquer ce que l'on a fait et comment on l'a fait. Identifier les critères de réussite.

3. Endosser différents rôles selon l'activité support (athlète, gymnaste, danseur, entraîneur, juge, arbitre, chorégraphe, observateur, spectateur…). Accepter la mixité dans différentes situations. Aider à installer et désinstaller les ateliers. Comprendre et respecter des rotations, attendre son tour. Connaître et accepter les consignes de sécurité, les équipements à porter, contribuer à l'élaboration les règles du jeu. Tenir compte d'un codage.

4. Identifier les situations dangereuses. Choisir des exercices d'échauffement et de mise en disponibilité corporelle. S'engager dans l'action en toute lucidité. Distinguer, nommer et comprendre les principes de fonctionnement du matériel utilisé (vélo, raquette, ballon…).

5. Découvrir des réponses motrices ajustées dans de courtes vidéos de spectacles sportifs et enrichir le vocabulaire spécifique. Savoir reconnaître des actions à visée esthétique et les intégrer à sa production. Évaluer une production en intégrant des critères esthétiques.

Éducation physique et sportive niveau 3 (CE2)

Période 1	Semaine 1 – Semaine 2	Semaine 3 – Semaine 4	Semaine 5 – Semaine 6
Activités athlétiques : Sauter, lancer	**1. Sauter :** Réaliser une course d'élan puis une succession d'appuis différents ou un franchissement d'obstacle dans la continuité. **Lancer :** enchaîner course et lancer avec les pieds dans l'axe du lancer, lancer des anneaux (12 à 20 mètres) en éloignant l'anneau du corps en rotation. ▸ **« Lancer »** Lea.fr	**1. Sauter :** Accélérer sa course d'élan puis réaliser une succession d'appuis différents ou un franchissement d'obstacle dans la continuité. **Lancer :** enchaîner course et lancer avec les pieds dans l'axe du lancer, sans sortir de la zone d'élan. **Vers le lancer du disque :** lancer des anneaux en prenant un élan en rotation. (commencer en balançant le bras loin derrière soi et en pivotant sur les pieds).	**1. Sauter :** Accélérer sa course d'élan puis réaliser une succession d'appuis différents et regrouper ses jambes à l'arrivée ou franchir un obstacle dans la continuité en accompagnant l'impulsion avec les bras. **Lancer :** Stabiliser ses gestes (course, lancer, pieds dans l'axe du lancer, dans la zone d'élan, élan en rotation pour les anneaux) avec différents engins (vortex, mini-javelot en mousse ou différents anneaux).
Parcours d'orientation	**1.** Dans un espace proche, utiliser puis construire un plan légendé pour repérer des balises. Évaluer les temps de parcours entre les balises. Adapter son allure au repérage.	**1.** Dans un espace proche, utiliser puis construire un plan avec des éléments de codage du terrain et des balises. Anticiper son parcours et son allure pour trouver les balises.	**1.** Dans un espace proche, à partir d'un plan codé du terrain et des balises, choisir son parcours et adapter son allure pour trouver le plus rapidement possible les balises.
Jeux traditionnels	**1.** Dans un espace orienté, être simultanément attaquant et défenseur. Réceptionner et passer le ballon de différentes façons, selon des règles établies (mains, pied), exercer un marquage sur les adversaires non porteurs de ballon (Ballon capitaine avec variables, mini-hand, mini-foot, mini-basket…).	**1.** Dans un espace orienté, se déplacer avec une intention en étant attaquant ou défenseur. Selon les règles, se déplacer avec le ballon (conduire au pied, dribbler), réceptionner et passer le ballon de façon fluide, exercer un marquage en flottement. (jeux pré-sportifs : mini-hand, mini-foot, mini-basket…).	**1.** Réaliser plusieurs tâches à la suite en situation de jeu : conduite de balle, réception, passe, marquage, démarquage. Commencer à anticiper les déplacements de ses co-équipiers et de ses adversaires. (jeux pré-sportifs : mini-hand, mini-foot, mini-basket…).
Période 2	**Semaine 1 – Semaine 2**	**Semaine 3 – Semaine 4**	**Semaine 5 – Semaine 6**
Activités gymniques	**1. Rouler :** roulade avant, arriver accroupi. **Voler :** saut d'un tremplin en avant en contre-haut, arriver debout. **Se balancer :** en suspension à une corde, se rétablir équilibré face au départ. **Se renverser :** d'un plinth incliné, se renverser en arrière en appui au sol. **Tourner autour** d'une barre vers l'arrière et arriver en appui manuel. **Franchir** un espace, poser ses mains le plus loin possible, arriver debout en contre-haut. **Enchainer** 3 à 4 actions avec des déplacements, des changements de direction et des ruptures de rythme. Montrer sa prestation en recherchant un effet.	**1. Rouler :** roulade avant et arrière, arriver debout. **Voler :** roulade arrière en contrebas, arriver debout. **Se balancer :** en suspension à une corde, franchir un obstacle et arriver équilibré. **Se renverser** pour monter sur une barre en appui. **Tourner autour** d'une barre, vers l'avant et vers l'arrière, sans toucher les pieds au sol. **Franchir** un obstacle en appui bras tendus, élever le bassin au-dessus des épaules et tendre les jambes. **Enchainer** 3 à 4 actions avec des déplacements variés (pas, tours, sauts), des changements de direction et de rythme, en lien avec un support sonore. Montrer sa prestation en recherchant un effet à un groupe plus élargi.	**1. Rouler :** roulade avant et arrière arrivée debout ou écart. **Voler :** roulade avant en contrebas, arriver debout. **Se balancer :** appui manuel sur 2 barres parallèles. **Se renverser :** mains au sol, aligner bras, tronc jambes, écarter les jambes et maintenir l'équilibre 1 à 2 secondes. **Tourner autour** d'une barre, vers l'avant et vers l'arrière, sans toucher les pieds au sol, en commençant par un appui bras tendus. **Franchir** un obstacle sur bras tendus, élever le bassin au-dessus des épaules, aligner jambes, bras, tronc, arriver debout. **Enchainer** 3 à 4 actions avec déplacements variés, changements de direction et de rythme en lien avec un support sonore.
Natation	**1. Entrer dans l'eau** par un saut dans le grand bain, sans matériel, se laisser remonter. **S'équilibrer :** passer d'équilibre ventral à dorsal lors d'un déplacement, se maintenir en position verticale (palmes aux pieds). **S'immerger :** aller chercher des objets en profondeur. **Respirer :** en déplacement, souffler longtemps, inspirer brièvement. **Se déplacer** dans le grand bain avec ou sans palme à main. **Enchaîner** une entrée dans l'eau et un déplacement.	**1. Entrer dans l'eau** par un saut dans le grand bain, sans matériel, se laisser remonter. **S'équilibrer :** passer d'équilibre ventral à dorsal lors d'un déplacement, se maintenir en surplace vertical (palmes aux pieds). **S'immerger :** longtemps, en profondeur. **Respirer :** en déplacement, souffler longtemps, inspirer brièvement en profitant de la poussée des bras. **Se déplacer** dans le grand bain avec ou sans matériel. **Enchaîner** une entrée dans l'eau, une remontée passive, un déplacement.	**1. Entrer dans l'eau** par un saut dans le grand bain, de face, de dos avec de l'aide, se laisser remonter. **S'équilibrer :** passer d'équilibre ventral à dorsal en déplacement, se maintenir en surplace vertical (palmes aux pieds). **S'immerger :** longtemps, en profondeur, **respirer :** souffler longtemps, inspirer brièvement sur poussée des bras. **Se déplacer** dans le grand bain sans matériel. **Enchaîner** une entrée dans l'eau, une remontée passive, un surplace, un déplacement.
Période 3	**Semaine 1 – Semaine 2**	**Semaine 3 – Semaine 4**	**Semaine 5 – Semaine 6**
▸ **Danse créative (fiche p. 85)**	**1.** Transformer une gestuelle quotidienne en mouvements dansés grâce à des inducteurs (musique, adjectifs…). Prendre des repères dans l'espace où on se déplace. Tenir compte du déplacement des autres.	**1.** Créer une chorégraphie individuelle en enchaînant 3 attitudes à 3 déplacements. Transformer sa production en jouant sur le temps (lent, rapide), l'espace (ample, restreint, espace haut/bas) et l'énergie (fluide, saccadé).	**1.** Combiner sa chorégraphie à celle d'un camarade pour obtenir une nouvelle production de 5 à 6 éléments. La mémoriser. Tenir compte de l'autre en introduisant des moments d'unisson, de miroir, de réponse gestuelle.

Programmation annuelle
d'activités

Éducation physique et sportive niveau 3 (CE2)

Natation	**1. Entrer dans l'eau** par différents sauts dans le grand bain (de face, de dos, en « bombe »). **S'équilibrer :** passer d'équilibre ventral à dorsal en déplacement, se maintenir en surplace vertical sans aide. **S'immerger :** longtemps, en profondeur. **Respirer :** souffler longtemps, inspirer brièvement sur poussée des bras. **Se déplacer** dans le grand bain sans matériel. **Enchaîner** une entrée dans l'eau, une remontée passive, un surplace, un déplacement.	**1. Entrer dans l'eau** par différents sauts dans le grand bain (pieds en 1er, de face, de dos, en « bombe »). **S'équilibrer :** passer d'équilibre ventral à dorsal en déplacement, se maintenir en surplace vertical sans aide. **S'immerger :** longtemps, en profondeur. **Respirer :** souffler longtemps, inspirer brièvement sur poussée des bras. **Se déplacer** dans le grand bain sans matériel. **Enchaîner** entrée dans l'eau, un déplacement sous l'eau, un surplace, un déplacement ventral et dorsal en surface.	**1. Entrer dans l'eau** par différents sauts dans le grand bain (pieds ou tête en premier). **S'équilibrer :** passer d'équilibre ventral à dorsal en déplacement, se maintenir en surplace vertical bras hors de l'eau. **S'immerger :** longtemps, en profondeur. **Respirer :** souffler longtemps, coordonner inspire et poussée des bras. **Se déplacer** dans le grand bain sans matériel. **Enchaîner** entrée dans l'eau, déplacement sous l'eau avec récupération d'objet, un surplace, un déplacement ventral et dorsal en surface.
Période 4	**Semaine 1** / **Semaine 2**	**Semaine 3** / **Semaine 4**	**Semaine 5** / **Semaine 6**
Danse créative	**1.** Reprendre la chorégraphie composée à deux lors de la période 3. Transformer et enrichir la gestuelle en jouant sur le temps, l'espace, l'énergie. Rechercher des effets de contraste. Avoir une gestuelle lisible.	**1.** Éprouver sa chorégraphie en duo en créant un élément de lien avec un autre duo (un élément gestuel commun, en relais, une réponse, …). Placer son regard par rapport à son partenaire et aux autres danseurs.	**1.** Organiser son duo chorégraphique spatialement (déplacements, occupation visuelle) et temporellement (repères musicaux…) avec les autres duos en vue d'une présentation collective.
Activités athlétiques : Courir vite	**1.** Sur 30 m, pousser sur sa jambe arrière, regarder devant soi, coordonner bras et impulsion des jambes. **Vers la course de relais :** commencer à organiser sa transmission au suivant (anticiper et courir avant de recevoir).	**1.** Sur 30 m, rechercher position de départ puis se redresser, regarder devant soi, chercher à se grandir, coordonner bras/jambes. **Vers le relais :** trouver le meilleur moment pour passer le témoin (bras en avant/en arrière).	**1.** Sur 30 m, se redresser après le départ, chercher à se grandir, franchir ligne d'arrivée à pleine vitesse. **Vers le relais :** améliorer puis stabiliser coordination de course et geste de transmission au coureur suivant.
Jeux de lutte	**1.** Dans des situations duelles, à genoux, à partir d'une zone de combat définie, assumer les rôles d'attaquant et de défenseur pour saisir/protéger un objet, pour contrôler, retourner ou sortir l'adversaire de la zone.	**1.** À genoux puis debout, contrôler l'adversaire pour le retourner et l'immobiliser ou le sortir de la zone sans se faire soi-même immobiliser ou sortir. Utiliser des techniques de « ramassage » des bras, des jambes pour supprimer les appuis.	**1.** Dans une situation de combat, chercher différentes techniques pour amener au sol à partir d'un départ débout, immobiliser/se dégager à partir d'un départ à genoux ou au sol, assis, à plat-ventre…
Période 5	**Semaine 1** / **Semaine 2**	**Semaine 3** / **Semaine 4**	**Semaine 5** / **Semaine 6**
Vélo	**1.** Enchaîner des virages à droite et à gauche, des franchissements d'obstacles, des lâchers d'appuis, s'arrêter et démarrer avec aisance, sans dévier de sa trajectoire. ‣ **« Le vélo à l'école »** Lea.fr	**1.** Enchaîner à différentes vitesses des virages plus ou moins serrés et des passages rectilignes balisés, suivre avec précision un trajet sinueux et étroit, modifier ses appuis sur le vélo (mains, pieds, fesses).	**1.** Modifier ses appuis pour s'adapter au terrain (pédaler en danseuse, amortir les chocs) et à des actions diversifiées (signaler, ramasser, écarter), adapter sa posture et sa vitesse à un parcours complexe, seul ou en groupe.
Activités athlétiques : Courir longtemps	**1.** Utiliser les repères spatio-temporels pour s'assurer de la régularité de sa course sur 1200 à 1400 mètres. Commencer à intérioriser son rythme de course. Repérer ses limites. Choisir un groupe en fonction de son allure.	**1.** Anticiper des temps de récupération active (marche rapide, décontraction, souffle) en fonction de ses limites repérées. Établir un contrat temps (en fonction d'une distance) avec son groupe et le réaliser (7 à 13 minutes pour 1300 à 1500 mètres).	**1.** Choisir son groupe pour être en aisance respiratoire. Définir un contrat temps en fonction d'une distance (7 à 15 minutes pour 1400 à 1800 mètres). Accélérer ou ralentir en fonction de sa position dans le groupe. Arriver en groupe serré à l'issue du contrat temps.
Jeux de raquette	**1.** En situations duelles, avec raquette et balle, coopérer et augmenter le nombre des échanges sans sortir d'un terrain limité. Anticiper la trajectoire aller et retour. Ajuster ses déplacements en fonction de la trajectoire.	**1.** Seul puis à deux, face à un mur, frapper fort puis renvoyer la balle en coup droit ou en revers. Anticiper la cible et la trajectoire retour. Introduire un obstacle entre les joueurs et le mur : frapper fort pour franchir l'obstacle.	**1.** En situations duelles, s'opposer de part et d'autre d'un obstacle en cherchant à marquer des points. Maitriser la trajectoire pour cibler l'espace proche ou lointain. Anticiper la trajectoire retour. Ajuster ses déplacements. Utiliser le coup droit et le revers.

REPÈRES DE PROGRESSIVITÉ POUR LES AUTRES COMPÉTENCES DU SOCLE AU NIVEAU 3 :

2. Utiliser et construire des fiches descriptives d'actions. Projeter ses actions en fonction des résultats que l'on veut obtenir : agir avec une intention de plus en plus précise. Élaborer un projet d'action seul ou en groupe. Définir son parcours en fonction de ce que l'on veut apprendre. Établir une codification de ses actions en vue d'en garder trace pour aider à les mémoriser et les communiquer aux autres. Mesurer ses performances et celles des autres. Noter ses progrès sur une fiche de positionnement. Comprendre les effets de ses actions sur le résultat de l'action. Identifier les critères de réussite. Expliquer ce que l'on a fait et comment on l'a fait.
3. Endosser différents rôles selon l'activité support (athlète, gymnaste, danseur, entraîneur, juge, arbitre, chorégraphe, observateur, spectateur…). Accepter la mixité dans différentes situations. Contribuer à l'organisation, installer et désinstaller les ateliers. Comprendre et respecter des rotations, attendre son tour. Connaître et accepter les consignes de sécurité, s'équiper seul, contribuer à l'élaboration les règles du jeu. Assurer un rôle d'aide et/ou de parade. Connaître les règles du code de la route qui s'appliquent aux piétons, aux cyclistes. Savoir alerter en cas de problème.
4. Identifier les situations dangereuses. Choisir des exercices d'échauffement et de mise en disponibilité corporelle. S'engager dans l'action en toute lucidité. Comprendre les principes de fonctionnement du matériel utilisé et l'entretenir (vélo, raquette, ballon…).
5. Découvrir des réponses motrices ajustées dans de courtes vidéos de spectacles sportifs et enrichir le vocabulaire spécifique. Savoir reconnaître des actions à visée esthétique et les intégrer à sa production. Évaluer une production en intégrant des critères esthétiques.

Danse créative

Domaine **Éducation physique et sportive Niveau 3**

Objectifs de la séquence

Transformer une gestuelle quotidienne en mouvements dansés grâce à des objets inducteurs. Prendre des repères dans l'espace où on se déplace. Tenir compte du déplacement des autres.

Des rituels de début et de fin peuvent être mis en place à chacune des séances avec des variables proposées au cours de la séquence.

- **Début :** « *Mettre des habits imaginaires de danseur et rejoindre le cercle en un temps donné.* »
- **Fin :** « *Retirer ses habits imaginaires de danseur et aller les déposer dans un lieu choisi.* »

Accompagner la séquence

Tout au long de la séquence, en séances décrochées, les élèves seront amenés à exprimer leurs émotions, planifier leurs actions individuelles et collectives, coder leur composition chorégraphique, formuler les effets produits. Régulièrement, l'enseignant veillera à faire formuler par les élèves les compétences (savoirs, savoir-faire et savoir-être) construites au fil des séances. Chaque élève pourra élaborer une fiche séquence ou « carnet de danse » qui reflètera la construction de ses apprentissages en lien avec les compétences des domaines 1, 2, 3 et 5 du socle commun. Au cours des séances de danse, le temps de mise en disponibilité se réduira pour laisser une place plus importante à l'exploration du geste, qui se réduira ensuite pour faire place à la structuration et à la composition. Il est essentiel de prévoir, lors de chaque séance, un temps de mémorisation et de restitution.

La musique peut être présente (dans ce cas veiller à diversifier les univers sonores, musique du monde, électronique, jazz, film…) ; éviter de reprendre les standards très connus des élèves. Mais les situations peuvent aussi se dérouler dans le silence. Un travail d'écoute musicale sera mené en parallèle afin de permettre aux élèves de construire des repères.

SÉANCE 1

Matériel : 25 élastiques souples de 2 m noués en anneau, type élastique de jeu de cour, un appareil de prise de vues numériques.

Phase 1, 10' : **Se mettre en disponibilité corporelle.** En cercle : adopter une position « tordue » puis retrouver l'alignement tête/buste/bassin. Mobiliser toutes ses articulations puis s'immobiliser au signal. Départ debout, s'allonger en 4 étapes puis remonter en 4 étapes (se dégonfler/se regonfler).

Phase 2, 5' : **Prendre en compte l'espace, les autres.** Se déplacer en marchant à différentes allures, sans entrer dans la « bulle » de l'autre. À chaque croisement, se dire un « bonjour » silencieux, avec une gestuelle particulière.

Phase 3, 10' : **Faire émerger une gestuelle dansée.** Produire différentes figures avec l'élastique : recherche libre. Explorer grâce à des contraintes (C).C1 : l'élastique doit être tendu partout ; C2 : produire une figure qui occupe beaucoup de place ; C3 : ne pas tenir l'élastique avec les mains, C4 : la figure doit avoir au moins un point bas et un point haut…

Phase 4, 10' : **Confronter sa production à celle des autres pour l'enrichir.** Diviser la classe en deux groupes qui alterneront, l'un montre, l'autre observe. Chaque enfant choisit 3 figures correspondant à 3 contraintes de son choix.

Phase 5, 5' : **Expérimenter** à partir de ce que l'on a vu puis choisir « ses 3 figures préférées ».

Phase 6, 5' : **Mémoriser les figures** en choisissant un ordre. Faire des photos des propositions des élèves.

SÉANCE 2

Matériel : les élastiques de la séance 1, un choix d'une quinzaine de photos de positions prises lors de la séance précédente.

Phase 1, 10' : **Se mettre en disponibilité corporelle.** Reprendre les situations de la séance 1.

Phase 2, 5' : **Prendre en compte l'espace, les autres.** Reprendre les situations de la séance 1.

Phase 3, 10' : **Faire émerger une gestuelle dansée.** Les photos sont réparties dans la salle, au sol, sur les murs, déposées sur du mobilier… Se déplacer librement de photo en photo. À chacune, reproduire la figure puis continuer. Explorer différents déplacements grâce à des contraintes : se déplacer comme si le passage était collant, brûlant, boueux…, comme s'il fallait se cacher, se presser, se montrer…

Phase 4, 10' : **Confronter sa production à celle des autres pour l'enrichir.** Diviser la classe en deux groupes qui alterneront présentation et observation à partir de la situation précédente. Chaque enfant choisit deux déplacements correspondant à deux contraintes de son choix.

Phase 5, 10' : **Créer une courte chorégraphie individuelle.** Construire une chorégraphie enchaînant 3 figures avec l'élastique et 2 déplacements.

Phase 6, 5' : **Mémoriser sa chorégraphie** en la répétant plusieurs fois (possibilité de la filmer et/ou de la **coder, en séance décrochée**, pour en garder trace).

SÉANCE 3

Matériel : 3 musiques ou univers sonores différents + enceintes, cartes « Contrainte » avec les propositions de la phase 3 de la séance 2 (« Le sol est collant », « Le sol est brûlant », « Le passage est étroit »…).

Phase 1, 5' : **Se mettre en disponibilité corporelle.** En cercle, écrire son prénom face à soi avec la paume de la main, le coude, le genou, la hanche… En dispersion, écrire son initiale au sol avec les mêmes parties du corps.

Phase 2, 10' : Prendre en compte l'espace, les autres. Se déplacer collectivement sur le même tempo et changer de direction tous les 8, 4, 2 temps sans se toucher. Se déplacer en dispersion, le premier qui s'arrête provoque l'arrêt de tous. Même principe de « contamination » pour repartir, aller au sol, tourner sur soi-même, etc.

Phase 3, 5' : Intérioriser sa production. Se départir peu à peu de l'élastique et retrouver la tonicité et l'ampleur des gestes que l'on avait avec le matériel. Introduire des variables en jouant sur l'espace, le temps, l'énergie (mouvement ample, lent, rapide, fluide, saccadé…).

Phase 4, 10' : Explorer et enrichir sa production grâce aux contraintes utilisées lors de la séance 2. Se déplacer comme si le sol était collant, brûlant…, comme s'il fallait se cacher, se presser, se montrer… (Possibilité d'utiliser des cartes « contrainte » tirées au sort).

Phase 5, 10' : Confronter les transformations de sa production au regard des autres. À plusieurs, présenter sa production transformée par une contrainte. La contrainte doit être retrouvée par les observateurs.

Phase 6, 5' : Mémoriser sa chorégraphie en le reproduisant plusieurs fois accompagnée de trois musiques ou univers sonores différents.

SÉANCE 4

Matériel : cartes « Variables du mouvement » [ESPACE/ample], [ESPACE/restreint], [ESPACE/bas], [ESPACE/haut], [TEMPS/lent], [TEMPS/rapide], [TEMPS/répété], [TEMPS/décalé], [ENERGIE/fluide], [ENERGIE/mou], [ENERGIE/saccadé], [ENERGIE/retenu].

Phase 1, 5' : Se mettre en disponibilité corporelle. Reprendre les situations de la séance 3.

Phase 2, 5' : Prendre en compte l'espace, les autres. Reprendre une des situations de la séance 3.

Phase 3, 15' : Explorer sa chorégraphie en appliquant des variables sur le mouvement. Par groupes de deux, choisir ou tirer au sort des cartes « variables » jouant sur le temps, l'espace, l'énergie et faire varier ainsi sa chorégraphie individuelle de la séance 3.

Phase 4, 10' : Confronter sa production à celle des autres. Diviser la classe en deux groupes qui alterneront présentation et observation. La même variable sera proposée secrètement à l'ensemble du groupe des danseurs. Les observateurs devront la retrouver.

Phase 5, 10' : Composer à deux une courte chorégraphie (3 figures et 2 déplacements) à partir d'éléments gestuels individuels. Chacun apprendra à l'autre sa chorégraphie. Le binôme créera une nouvelle chorégraphie de 5 figures et 4 déplacements puisés dans la création de chacun. Proposer des variables appliquées aux figures et aux déplacements.

Phase 6, 5' : Mémoriser la chorégraphie en la répétant plusieurs fois (possibilité de la filmer et/ou de la coder, en séance décrochée, pour en garder trace).

SÉANCE 5

Matériel : lecteur CD ou clé USB avec 3 musiques ou univers sonores différents + enceintes. Toutes les cartes « Variables du mouvement ». Éventuellement, les codages par binômes des chorégraphies.

Phase 1, 5' : Se mettre en disponibilité corporelle. En cercle puis en dispersion, reprendre une situation des séances précédentes.

Phase 2, 10' : Prendre en compte l'espace, les autres. Par groupes de 2 à 3 binômes, en cercle, produire chacun son tour un mouvement qui sera relayé par le danseur suivant après un contact d'une partie du corps. Le danseur suivant reprend le mouvement et en ajoute un nouveau, etc. Même dispositif avec un moment d'unisson : le danseur précédent reprend une fois son mouvement avec le danseur suivant après le contact.

Phase 3, 10' : Rendre sa chorégraphie plus lisible en accentuant les effets, en marquant une position de début, de fin. Par deux, se rappeler les composantes de la chorégraphie à l'aide de la trace écrite. Choisir des éléments chorégraphiques (gestes) pour lesquels on accentuera une variable de temps, d'espace, d'énergie. Identifier clairement par une immobilité la position de début et de fin de la chorégraphie.

Phase 4, 10' : Confronter sa chorégraphie à un univers musical pour en renforcer l'expressivité. Par deux, choisir un univers musical de référence, parmi les 3 proposés collectivement. Confronter sa chorégraphie à la musique, rechercher éventuellement des adaptations pour « coller » ou « réagir » à la musique. Si possible, délimiter trois espaces correspondant à trois univers musicaux.

Phase 5, 10' : Confronter sa production à celle des autres. Les binômes ayant choisi le même univers sonore présenteront en même temps leur production.

SÉANCE 6

Matériel : 3 musiques ou univers sonores différents. Les codages par binômes des chorégraphies.

Phase 1, 5' : Se mettre en disponibilité corporelle. En dispersion, écrire un mot convenu pour tous avec la paume de la main, le coude, le genou, la hanche... Respecter 3 secondes d'immobilité totale entre chaque partie du corps mobilisée.

Phase 2, 5' : Prendre en compte l'espace, les autres. En dispersion, reprendre la situation 1 avec une successivité des groupes de danseurs mobiles et immobiles. Imposer seulement quatre danseurs mobiles à la fois relayés par quatre autres avec une autre partie du corps mobilisée. Varier le nombre de danseurs mobiles.

Phase 3, 15' : Composer collectivement une chorégraphie articulée, effectuer des choix. Par groupes de binômes ayant le même support sonore, choisir une disposition spatiale de départ des binômes puis une gestuelle de transition entre les chorégraphies de chaque binôme.

Phase 4, 10' : Confronter sa production à celle des autres. Chaque groupe de binôme présente un premier choix de sa chorégraphie d'ensemble articulée.

Phase 5, 10' : Mémoriser la chorégraphie du groupe en codant les positions de départ, les enchaînements…

5 Enseignement moral et civique

Comprendre le programme

Ce que dit le programme

Le programme d'Enseignement moral et civique (EMC) a pour objectifs – en articulant valeurs, connaissances et pratiques – l'acquisition d'une **conscience morale et civique** et la formation de **futurs citoyens responsables**.

La morale dont il est question est civique et laïque. Elle est portée par les notions de **justice**, **responsabilité**, **liberté**, **égalité**, **solidarité**, **tolérance**, **refus des discriminations**, **laïcité**, **respect**, **dignité** et **fraternité**. Afin que l'élève s'approprie ces différentes valeurs, il conviendra de les interroger au sein de l'horaire hebdomadaire dédié mais également de les vivre, au quotidien, dans la classe, en évitant toute forme de moralisme.

L'EMC a pour ambition de donner du **sens** à certaines de nos expériences, d'en comprendre les **enjeux**, la **portée** et de les **comparer** à l'expérience d'autrui. Cette véritable culture morale et civique se construit au sein de trois éléments indissociables :

• **Des gestes professionnels :** les valeurs de l'EMC s'expriment dans le rapport aux savoirs et aux apprentissages – la bienveillance, l'enseignement explicite, la mise en activité des élèves, l'autonomie, le statut de l'erreur, l'évaluation positive – ; dans les démarches pédagogiques – la différenciation, la coopération, le tutorat, la pédagogie de projet, les situations de communication, l'interdisciplinarité – ; dans le rapport à la loi et aux autres – le vivre ensemble, le climat scolaire serein, le travail avec les partenaires de l'école, la sanction éducative et graduée.

• **Des méthodes pédagogiques spécifiques :** le débat réglé, la discussion à visée philosophique, le dilemme moral, la mise en scène, l'élaboration de définition, le conseil d'élèves, la technique des messages clairs.

• **Des savoirs et des connaissances** enseignés, détaillés dans les programmes.

Comment le mettre en œuvre

Fort de ces différents éléments, l'enseignement de l'EMC dépassera donc nécessairement le cadre strict d'une programmation. **L'Enseignement moral et civique est inhérent à la conception même de l'enseignement**, il est présent dans tous les moments de classe ainsi que dans la vie de l'école. Les compétences visées concernent à la fois des **savoir-être** et des **savoir-faire** qui s'acquièrent progressivement dans une pluralité de démarches.

Dans les programmes, une heure par semaine est dédiée à l'EMC. Le contenu d'enseignement doit s'y trouver en cohérence avec les différents éléments précédemment décrits. C'est bien le sens des programmations proposées dans l'ouvrage, qui associent les gestes professionnels et méthodes pédagogiques spécifiques aux connaissances, capacités et attitudes visées.

Les programmations intègrent les **quatre dimensions** de la culture morale qui répondent au domaine de « la formation de la personne et du citoyen » du nouveau socle commun :

• **Sensible :** *La sensibilité – soi et les autres* amène l'élève à mieux identifier ses sentiments et ses émotions, à les mettre en mots pour les dépasser ou en reconnaître la valeur et la légitimité, et à mieux comprendre ceux d'autrui.

• **Normative :** *Le droit et la règle – des principes pour vivre avec les autres* concerne le sens des règles du vivre-ensemble.

• **Cognitive :** *Le jugement – penser par soi-même et avec les autres* vise à former au raisonnement moral et au respect du pluralisme des opinions.

• **Pratique :** *L'engagement – agir individuellement et collectivement* dessine les contours du principe de la communauté de citoyens.

Ces quatre dimensions sont intriquées : quand l'élève participe à un débat moral par exemple, il doit respecter un certain nombre de règles, maîtriser ses émotions et s'adapter à celles des autres, argumenter, s'appuyer sur des connaissances et éventuellement s'engager dans une action concrète à l'issue du débat. Elles s'acquièrent de façon continue et progressive tout au long du cycle. Au sein de la programmation elles sont donc envisagées simultanément et non selon un principe hiérarchisé ou chronologique.

En conséquence directe, c'est une **logique spiralaire** qui sous-tend la conception des programmations. Plutôt que de répartir arbitrairement au sein des différents niveaux les connaissances, capacités et attitudes décrites dans les programmes, celles-ci sont pour la plupart enseignées dès le niveau 1 puis reprises et complexifiées tout au long du cycle. Ainsi, en ce qui concerne les émotions par exemple, l'élève va d'abord apprendre à identifier et nommer quelques émotions de base (peur, colère, joie, tristesse) au niveau 1, puis structurera et enrichira le vocabulaire des sentiments et des émotions au niveau 2 avant d'en expérimenter la diversité des expressions au niveau 3.

Les choix de la programmation et la progressivité dans le cycle

À l'échelle de l'année, chaque programmation est conçue selon une même progressivité qui prend pour point de départ la personne même de l'élève et son environnement immédiat pour élargir progressivement sa vision et son rapport au monde dans une perspective citoyenne.

- **Période 1 :** L'élève dans sa classe
- **Période 2 :** L'élève dans son école
- **Période 3 :** Prendre soin de soi et des autres
- **Période 4 :** L'élève dans la société ; les différences/ l'égalité
- **Période 5 :** L'élève dans la société ; la citoyenneté

Chaque période comporte deux ou trois séquences au sein desquelles sont travaillées les différentes notions du programme.
Les séquences sont conçues selon une même structure :

- **Découverte** de la notion à partir de textes littéraires ou documentaires, d'une œuvre ou d'une pratique artistique, d'un évènement…
- **Interrogation** de la notion au sein d'un débat réglé, d'une discussion à visée philosophique, d'une mise en scène…
- **Synthèse** commune, définition ou explicitation de la notion travaillée.
- **Mise en perspective** en confrontant la notion à d'autres textes, situations ou écrits de références.
- **Engagement** éventuel des élèves dans une action concrète.

En fonction des niveaux de classe et de la nature du travail mené, on pourra envisager les séances sur un temps continu d'une heure par semaine ou bien au sein de deux temps distincts de trente minutes chacun.
La description des séances implique également l'utilisation d'un **cahier dédié à l'EMC**. L'élève y gardera la trace des documents de travail, des synthèses collectives mais aussi de ses recherches et réflexions personnelles. Dans la perspective spiralaire, il pourra être complété tout au long du cycle et découpé en cinq parties reprenant l'intitulé de chacune des périodes. Il constituera un outil de liaison avec le cycle suivant.

Enfin, même si elle ne peut apparaître dans une programmation, **la mise en œuvre d'un projet pédagogique interdisciplinaire**, tel que décrit en fin d'ouvrage (page 147 et suivantes), contribuera également pleinement à cet enseignement.

Enseignement moral et civique niveau 1 (CP)

	Période 1 : L'élève dans sa classe	Méthodes
	Les émotions	
S1	**Connaître les émotions de base** • **Lecture** de l'album *Aujourd'hui je suis* de Mies Van Hout, Traduction Julie Duteil, Minedition ou tout autre album nommant différentes émotions. • Échanger : à quoi servent ces mots ? Comment une émotion se manifeste-t-elle ?	*• Jeu théâtral • Projet commun*
S2	**Associer une émotion à une situation** • **Jeu théâtral :** Préparer une série de cartes représentant chacune une émotion (texte et/ou illustration). L'élève pioche une carte « émotion » et doit improviser une courte saynète dans laquelle l'émotion est associée à une situation (ex : Content → « Je suis content parce que… je vais jouer chez mon ami. »).	
S3	**Un projet commun : le tableau des émotions** • **Production d'écrits :** l'élève choisit une émotion, écrit une phrase en s'inspirant de la séance précédente (dictée à l'adulte, étiquettes…) et l'illustre. L'ensemble est affiché en classe et forme le tableau des émotions. On s'y réfère si besoin pour aider à nommer l'émotion d'un personnage dans un texte ou les émotions des élèves.	
	S'impliquer dans la vie de la classe - Les règles de vie de la classe	
S4 **S5**	**Mettre en œuvre un conseil d'élèves*, élaborer les règles de vie** • Présentation du **rôle et du fonctionnement du conseil d'élèves.** Mise en œuvre des premiers conseils afin de définir les règles de vie de la classe, sous forme de droits et de devoirs. * Le conseil d'élèves se poursuivra tout au long de l'année.	*• Conseil d'élèves • Responsabilité • Dilemme moral*
S6	**Les responsabilités** • **Dilemme moral :** la notion de responsabilité dans la classe. « X est chargé d'arroser les plantes dans la classe. Il a terminé son travail et il reste un peu de temps avant la récréation. Son ami Y a également terminé son travail. Il est devant l'ordinateur en fond de classe et lui propose de venir jouer avec lui. Que feriez-vous à la place de X ? » • Définir ensemble, au sein du conseil d'élèves, des responsabilités utiles au bon déroulement de la classe. Les élèves volontaires choisissent une **responsabilité.**	
	Période 2 : L'élève dans son école	**Méthodes**
	S'impliquer dans la vie de la classe - Les règles de vie de la classe	
S1	**Définir le rôle d'un délégué de classe** • Présenter le rôle des délégués. Expliciter le lien entre le conseil d'élèves et le conseil des délégués. • **Débat réglé :** « Le délégué est-il le chef de la classe ? » • Demander à d'éventuels candidats de penser à un projet pour l'école à proposer lors de la prochaine séance.	*• Débat réglé • Élection • Discussion à visée philosophique • Conseil des délégués • Projet pour l'école*
S2	**Élection des délégués** • Chaque candidat ou binôme présente son projet. Entre temps, on aura pu aider les élèves à le formaliser et à réaliser une affiche de présentation. • Élection démocratique des délégués.	
S3	**La règle** • Lecture de *Gloups* de Christine Naumann-Villemin - Marianne Barcilon (L'Ecole des Loisirs) ou tout autre album sur le thème de la règle. • **Discussion à visée philosophique :** Pourquoi je ne fais pas tout ce que je veux ?	
S4	**Le règlement de l'école** • Suite au premier conseil des délégués, ces derniers présentent le règlement de l'école à la classe. • S'assurer de la bonne compréhension des différentes règles. • Lors du conseil, les élèves proposent des pistes d'amélioration des règles de l'école qui seront transmises par les délégués.	
	La politesse	
S5	**Identifier les formules de politesse** • Lire l'album *Bonjour Merci Au revoir* de Émilie Allenda (L'initiale Ass.). Identifier les formules de politesse dans les différentes langues, s'amuser à les dire. Compléter avec les propositions des élèves. Les illustrer.	*• Débat réglé • Mise en scène*
S6	**Pourquoi être poli ?** • **Débat réglé :** Est-ce important de dire merci ? Quand on a des invités à la maison, suis-je obligé de dire bonjour à tout le monde ? Pourquoi doit-on être poli ?	
	Période 3 : Prendre soin de soi et des autres	**Méthodes**
	Prendre soin de son corps	
S1	**Connaître et appliquer les principes élémentaires d'hygiène corporelle** • Comment prendre soin de mon corps ? Pourquoi faut-il se laver ?	*• Débat réglé*
S2	**Connaître et appliquer les principes élémentaires d'hygiène bucco-dentaire** • Inviter un dentiste dans la classe qui viendra expliquer son métier et les principes de l'hygiène bucco-dentaire.	

Programmation annuelle d'activités

Enseignement moral et civique niveau 1 (CP)

Période 3 : Prendre soin de soi et des autres		Méthodes
APER – Se déplacer en tant que piéton en respectant les règles élémentaires de prudence		
S3	Identifier les dangers • Identifier, lors d'une sortie dans le quartier, les dangers potentiels lors d'un déplacement piéton.	• *Coopérer*
S4	Les règles de prudence • De retour en classe, élaborer une affiche reprenant les règles élémentaires de prudence.	
APS – porter secours dans l'environnement familier		
S5	Identifier les risques de l'environnement familier • Sur un poster, identifier les différents dangers du quotidien.	• *Mise en scène*
S6	Retenir quelques règles à appliquer en situation de danger • **Jeu théâtral :** mettre en scène des saynètes dans lesquelles un enfant est amené à appeler un adulte, se protéger, protéger autrui.	
Période 4 : L'élève dans la société : les différences / l'égalité		**Méthodes**
Les différences		
S1	Faire émerger les représentations • **Débat réglé :** Qu'est-ce qu'être différent ? Que se passe-t-il quand on rencontre quelqu'un qui est différent de soi ?	• *Débat réglé* • *Coopérer* • *Définition*
S2 S3	Les différences • À partir d'un corpus d'albums, recenser les différents types de différences : physiques, de générations, sociales, culturelles, liées au handicap…	
S4	Nos différences – l'égalité • **Débat réglé :** Dans la classe sommes-nous tous pareils ? Est-ce à dire que nous ne sommes pas égaux ? • Définir l'égalité de droits.	
L'égalité		
S5	Les stéréotypes filles/garçons • Demander aux filles de la classe d'écrire une liste de jeux et d'activités pour les garçons et inversement. • À partir de la mise en commun, mener un débat réglé : y a-t-il des jeux ou des activités réservés uniquement aux filles ou aux garçons ?	• *Débat réglé*
S6	L'égalité filles-garçons • Lecture d'un album sur le thème de l'égalité fille-garçon, par exemple *Rose Bonbon* d'Adela Turin (Actes Sud). • **Débat réglé :** « Dans l'album, les garçons et les filles sont-ils pareils ? Différents ? Égaux ? Et dans la classe ? »	
Période 5 : L'élève dans la société : la citoyenneté		**Méthodes**
Les symboles de la République		
S1	Le drapeau – la fête nationale • Étude du tableau de Claude Monet : *La rue Montorgueil.* • Identifier le drapeau français, le représenter. Comprendre que la scène se déroule lors d'une fête nationale. • Repérer le jour actuel de la fête nationale sur un calendrier.	• *Coopérer*
S2 S3	Les symboles de la République dans mon école • **Enquêter :** prendre en photo les différents symboles de la République au sein de l'école (drapeau, devise, buste de Marianne, photo présidentielle, déclaration des droits de l'homme, charte de la laïcité…). • Trouver dans des images d'autres représentations de ces symboles (timbres, monnaie, bâtiments publics…). • Réaliser un imagier des symboles de la République, introduire le vocabulaire en lien.	
Les valeurs		
S4 S5	Les valeurs • Mener des dilemmes moraux et des discussions à visée philosophique sur les sujets de la fraternité, la solidarité, l'esprit de justice, la confiance, la promesse, la loyauté, l'entraide, la coopération... ▸ Vive la non violence. Lea.fr	• *Dilemme moral* • *Discussion à visée philosophique*
Les valeurs de la République		
S6	La fraternité en acte • Revenir sur un projet mené en classe au sein duquel les enfants ont coopéré. • **Débat réglé :** comment avons-nous fait pour mener à bien ce projet ? Cela aurait-il été possible de le mener à bien tout seul ? En cette fin d'année, pensez-vous que vous auriez pu apprendre tout seul ?	• *Débat réglé* • *Projet*

Enseignement moral et civique niveau 2 (CE1)

	Période 1 : L'élève dans sa classe	**Méthodes**
	Les émotions - les sentiments	
S1	**Enrichir le lexique des émotions et des sentiments** • **Travail en groupe :** trier des images de visages (œuvres d'art, magazines…) en quatre catégories : la joie, la colère, la peur, la tristesse. Au sein de chaque groupement, trouver ensuite d'autres mots ou expressions pour nuancer le sentiment. Commencer à écrire un lexique des sentiments.	*• Coopérer* *• Projet d'expression artistique*
S2	**Identifier des sentiments et des émotions dans un texte littéraire** • Lecture de l'*Autruche* de Jacques Prévert, *Contes pour enfants pas sages*. Identifier les différents sentiments qui traversent les deux personnages tout au long du texte. • Par la suite, lors de lectures en classe, identifier les émotions et les sentiments des personnages, enrichir le lexique.	
S3	**Exprimer ses émotions dans une activité artistique** • EPS – S'exprimer par une prestation artistique. Imaginer la danse de l'Autruche du conte de Prévert. Initier un cycle danse autour des émotions.	
	S'impliquer dans la vie de la classe - Les règles de vie de la classe	
S4 **S5**	**Mettre en œuvre un conseil d'élèves*, élaborer les règles de vie** • Présentation du rôle et du fonctionnement du **conseil d'élèves**. Mise en œuvre des premiers conseils afin de définir les règles de vie de la classe, sous forme de droits et de devoirs. Amorcer une réflexion sur la sanction éducative. * Le conseil d'élèves se poursuivra tout au long de l'année	*• Conseil d'élèves* *• Responsabilité* *• Dilemme moral*
S6	**Les responsabilités** • Définir ensemble, au sein du conseil d'élèves, des responsabilités utiles au bon déroulement de la classe. Les élèves volontaires choisissent une responsabilité. • **Dilemme moral :** « X a terminé de découper ses étiquettes. Sur sa table et au sol s'accumulent les chutes de papier. C'est l'heure de la récréation. X sait que Y et Z sont responsables de la propreté dans la classe. Que feriez-vous à la place de X ? ».	
	Période 2 : L'élève dans son école	**Méthodes**
	S'impliquer dans la vie de la classe - Les règles de vie de la classe	
S1	**Définir le rôle d'un délégué de classe** • Présenter le rôle des délégués. Expliciter le lien entre le conseil d'élèves et le conseil des délégués. • **Dilemme moral :** « X est délégué de la classe. Lors du dernier conseil d'élèves, plusieurs propositions ont été formulées pour améliorer la vie à l'école. La classe a voté pour l'installation de cages de foot dans la cour. X ne joue jamais au football, il aurait préféré installer des bacs pour planter un jardin. Que feriez-vous à la place de X ? » • Demander à d'éventuels candidats de penser à un projet pour l'école à proposer lors de la prochaine séance.	*• Dilemme moral* *• Élection* *• Discussion à visée philosophique* *• Conseil des délégués* *• Projet pour l'école*
S2	**Élection des délégués** • Chaque candidat ou binôme présente son projet. Entre temps, on aura pu aider les élèves à le formaliser et à réaliser une affiche de présentation. Élection démocratique des délégués.	
S3	**La règle** • Interroger les élèves : dans la cours, qu'est ce qui est interdit ? Et lors d'un match de foot ? Et dans la rue ?… • **Discussion à visée philosophique :** pourquoi y a-t-il des interdits ?	
S4	**Le règlement de l'école** • Suite au premier conseil des délégués, ces derniers présentent le règlement de l'école à la classe. • S'assurer de la bonne compréhension des différentes règles. Lors du conseil, les élèves proposent des pistes d'amélioration des règles de l'école qui seront transmises par les délégués.	
	La politesse	
S5	**La politesse : des mots et des attitudes** • À partir d'une série de vignettes illustrées, identifier les attitudes polies et respectueuses de l'autre. • Compléter avec d'autres attitudes connues des élèves. Les illustrer.	*• Mise en scène*
S6	**Adopter son langage et son attitude aux différents interlocuteurs** • Jeu théâtral : Identifier les différents interlocuteurs présents dans l'école. Jouer une même situation (demander un renseignement, raconter un évènement…) en changeant à chaque fois les interlocuteurs impliqués.	
	Période 3 : Prendre soin de soi et des autres	**Méthodes**
	Prendre soin de son corps	
S1	**L'alimentation** • En lien avec les sciences, prendre conscience de l'importance d'une alimentation équilibrée.	*• Dilemme moral*
S2	**Le sommeil** • En lien avec les sciences, comprendre le rôle du sommeil. • **Dilemme moral :** X a caché sa console de jeu sous son oreiller. Ses parents n'ont rien vu. Le lendemain est un jour d'école. Que ferais-tu à sa place ?	

Programmation annuelle d'activités

Enseignement moral et civique niveau 2 (CE1)

Période 3 : Prendre soin de soi et des autres		Méthodes
APER – Se déplacer en tant que piéton ou avec un engin roulant en respectant les règles élémentaires de prudence		
S3	**Identifier les dangers** • Identifier et connaître la signification de la signalisation courante (feux, panneaux, marquage au sol).	• *Mise en scène*
S4	**Maîtriser un engin roulant en tenant compte des autres** • Se déplacer sur un parcours en tenant compte des autres (piétons et roulants). Utiliser les équipements de protection qui conviennent.	
APS – porter secours dans l'environnement particulier		
S5	**Identifier les risques en lien avec certaines activités** • Identifier les risques propres à certaines activités : le vélo, la natation… Connaître, en regard de ces risques les moyens de protection spécifique.	• *Mise en scène*
S6	**Savoir alerter le SAMU** • Jeu théâtral : jouer des saynètes dans lesquelles un enfant alerte le SAMU de manière structurée.	
Période 4 : L'élève dans la société : les différences / l'égalité		**Méthodes**
▸ Les différences – le handicap – l'égalité (fiche p. 95)		
S1	**Faire émerger les représentations** • Lecture d'un album sur le thème du handicap, par exemple *La petite casserole* d'Anatole, de Isabelle Carrier, (Bilboquet), adapté en court métrage par Éric Montchaud. • **Débat réglé :** « Cette histoire vous rappelle-t-elle des situations que vous connaissez ? Y a-t-il davantage de ressemblances ou de différences entre vous et Anatole ? »	• *Débat réglé* • *Coopérer* • *Définition*
S2	**Le handicap** • Se documenter sur la notion de handicap (vidéos de Vinz et Lou, Éditions tralalère, livres documentaires…). Définir le handicap et ses différentes formes.	
S3	**L'exclusion** • Lecture de l'album *Jean de la Lune* de Tomi Ungerer (L'École des loisirs). • **Débat réglé :** « Connais-tu des personnes handicapées ? Que ressens-tu quand tu rencontres une personne handicapée ? »	
S4	**La Convention Internationale des Droits de l'Enfant (CIDE)** • Lecture des articles 2 et 23 de la CIDE. Comprendre le rôle de ce texte. Mettre en relation les articles avec les lectures et débats menés dans les séances précédentes.	
L'égalité filles/garçons		
S5	**Repérer les stéréotypes dans la littérature de jeunesse** • Trier les livres de la bibliothèque de la classe selon que le personnage principal est masculin/féminin/on ne sait pas. • Dégager les stéréotypes liés aux représentations des filles et des garçons.	• *Débat réglé*
S6	**Les stéréotypes filles/garçons** • À partir d'une série d'images représentant un personnage neutre dans différentes activités (par exemple le document de la Ligue de l'enseignement) se demander : est-ce un homme ? Est-ce une femme ? • **Débat réglé :** Y a-t-il des activités réservées uniquement aux femmes ou aux hommes ?	
Période 5 : L'élève dans la société : la citoyenneté		**Méthodes**
Les symboles de la République		
S1	**La Marseillaise** • Musique : apprentissage du premier couplet de la Marseillaise. • À partir de photographies identifier les occasions pendant lesquelles est chantée la Marseillaise.	• *Coopérer*
Les valeurs personnelles et collectives – les valeurs de la République		
S2 S3	**L'amitié** • Lecture d'un roman sur le thème de l'amitié, par exemple *Le hollandais sans peine* de Marie-Aude Murail (auteur), Michel Gay (Illustrations), L'École des loisirs. • **Discussion à visée philosophique :** qu'est-ce qu'un ami ? Peut-on être ami avec quelqu'un de différent ?	• *Discussion à visée philosophique*
S4 S5 S6	**L'entraide – la solidarité** • Lecture d'un roman sur le thème de la solidarité, par exemple *Le voyage d'Oregon de Rascal*, L'École des loisirs. Définir la solidarité. • **Débat réglé :** A-t-on besoin d'être ami pour être solidaire ? • À partir de différents articles de journaux, identifier des situations au sein desquelles s'exerce la solidarité.	• *Définition* • *Débat réglé*

Enseignement moral et civique niveau 3 (CE2)

	Période 1 : L'élève dans sa classe	**Méthodes**
	Les émotions - les sentiments	
S1	**Enrichir le lexique des émotions et des sentiments** • Lecture du roman d'Anais Vaugelade *Rouge de honte et Vert de rage* (L'École des loisirs). • Enrichir le lexique commencé en CP et CE1 d'expressions imagées autour des émotions et des sentiments. • Projet plastique : illustrer ces expressions.	• *Coopérer* • *Projet d'expression artistique* • *Message clair* • *Mise en scène*
S2 **S3**	**S'initier à la pratique des messages clairs** • Connaître les différentes étapes de la formulation d'un message clair. • Apprendre à formuler un message clair dans le cadre de jeux de rôles.	
	S'impliquer dans la vie de la classe - Les règles de vie de la classe	
S4	**Mettre en œuvre un conseil d'élèves*, élaborer les règles de vie** • Mise en œuvre des premiers conseils afin de définir les règles de vie de la classe, sous forme de droits et de devoirs. Amorcer une réflexion sur la sanction éducative. * Le conseil d'élèves se poursuivra tout au long de l'année.	• *Conseil d'élèves* • *Définition* • *Responsabilité* • *Discussion à visée philosophique* • *Dilemme moral*
S5	**Le vocabulaire de la règle et du droit** • S'interroger : Où rencontre-t-on la loi ? Des règles ? Un règlement ? • Définir, dans le contexte de la classe les notions de loi, règle et règlement. • **Discussion à visée philosophique :** sans règles dans la classe, serions-nous plus libres ?	
S6	**Les responsabilités** • Définir ensemble, au sein du conseil d'élèves, des responsabilités utiles au bon déroulement de la classe. Les élèves volontaires choisissent une responsabilité dans la classe. • **Débat réglé :** « Ai-je le droit de ne plus exercer ma responsabilité alors que je m'y suis engagé volontairement ? »	
	Période 2 : L'élève dans son école	**Méthodes**
	S'impliquer dans la vie de l'école - Les règles de vie de l'école	
S1	**La règle – la loi** • **Dilemme moral :** « X adore les cartes à jouer. Il aimerait par-dessus tout posséder celle représentant son héros favoris. À la fin de la récréation, il remarque que quelqu'un a oublié une carte sur un banc. Il s'approche et s'aperçoit que c'est la carte tant recherchée ! Que feriez-vous à sa place ? »	• *Dilemme moral* • *Election* • *Discussion à visée philosophique* • *Conseil des délégués* • *Projet pour l'école*
S2	**Élection des délégués de classe** • Chaque candidat ou binôme présente son projet. On aura pu auparavant aider les élèves à le formaliser et à réaliser une affiche de présentation.	
S3	**Le règlement de l'école – les droits, les devoirs** • Suite au premier conseil des délégués, ces derniers présentent le règlement de l'école à la classe. • Identifier dans le règlement ce qui relève des droits et ce qui relève des devoirs de l'élève. • **Discussion à visée philosophique :** est-il possible de n'avoir que des droits, sans exercer de devoirs ?	
	S'impliquer dans la vie de l'école - Le développement durable	
S4	**Le développement durable** • Travail en groupes : à l'aide d'une sélection d'articles de journaux pour enfants, identifier différentes thématiques liées au développement durable (les déchets, l'eau, l'air, l'énergie…).	• *Coopérer* • *S'engager*
S5	**S'engager dans un projet** • Identifier et définir des projets en lien avec une problématique du développement durable, réalisables au sein de l'école. • Au sein du conseil d'élèves, choisir démocratiquement un projet pour la classe. Le projet sera développé et mené de façon collaborative tout au long de l'année.	
	La politesse	
S6	**La politesse – le respect** • Lecture de l'album *Lili est malpolie* de de Dominique de Saint Mars et Serge Bloch, série Max et Lili (Calligram). • **Discussion à visée philosophique :** pourquoi doit-on être poli ?	• *Discussion à visée philosophique*
	Période 3 : Prendre soin de soi et des autres	**Méthodes**
	Prendre soin de son corps	
S1	**Prendre conscience des effets positifs d'une pratique sportive régulière** • Suite à une séance d'EPS menée en début de cycle (endurance par exemple) noter les effets physiques ressentis. Renouveler l'expérience en fin de cycle. À l'aide d'apports scientifiques, mettre en évidence l'importance d'une pratique sportive régulière.	• *Dilemme moral*
S2	**Les jeux dangereux** • Lecture d'une brochure ou visionnage d'un film concernant la prévention contre les jeux dangereux à l'école. • **Dilemme moral :** « Ton meilleur ami te propose de venir jouer au jeu du foulard*. Il menace de rompre votre amitié en cas de refus. Comment réagis-tu ? »	

* Jeu du foulard : serrer un foulard autour de son cou le plus possible pour montrer jusqu'où on est capable d'aller. Risque de décès par strangulation.

Programmation annuelle d'activités

Enseignement moral et civique niveau 3 (CE2)

	Période 3 : Prendre soin de soi et des autres	Méthodes
APER – Se déplacer en tant que piéton, cycliste ou passager en respectant les règles élémentaires de prudence		
S3	**Les règles du code de la route** • À partir de photographies, identifier et comprendre la signification des principaux panneaux routiers et les règles du code de la route qui s'appliquent aux piétons, aux cyclistes et aux passagers.	• *Mise en scène*
S4	**Les règles de prudence en zone d'attente** • **Jeu théâtral :** attendre un véhicule, y monter, sortir d'un véhicule en toute sécurité.	
APS – Prévenir – protéger – alerter		
S5	**Identifier des dangers inhabituels** • À partir d'une série de photographies, différencier les dangers à caractère inhabituel et les risques d'un environnement non quotidien.	• *Mise en scène*
S6	**Alerter et protéger** • **Jeu théâtral :** alerter le Samu de manière structurée, protéger la victime (ne pas la déplacer), éviter le suraccident.	

	Période 4 : L'élève dans la société : les différences / l'égalité	Méthodes
Les différences – le racisme		
S1	**Faire émerger les représentations** • Lecture du roman *Le chat de Tigali* de Didier Daeninckx (Syros). Analyser les réactions des personnages, en particulier celles des enfants.	• *Débat réglé* • *Discussion à visée philosophique* • *Définition*
S2 **S3**	**Le racisme** • Étude du tableau de Keith Harring, *Sans titre*, 1981. Comprendre ce qu'a voulu exprimer l'artiste. • Définir la notion de racisme, identifier différentes formes de racisme. • **Discussion à visée philosophique :** qu'est-ce qu'être raciste ?	
S4	**Agir** • Lecture de l'album *L'Agneau qui ne voulait pas être un mouton*, de Didier Jean (Auteur), Zad (illustrations) (Syros). • **Débat réglé :** « Que pensez-vous de la réaction du jeune agneau ? » ▸ **Accepter la différence, c'est être tolérant.** Lea.fr	
L'égalité de droits		
S5	**La Déclaration des Droits de l'Homme et du Citoyen** • Identifier le principe d'égalité de droits dans la Déclaration des Droits de l'Homme et du Citoyen de 1789.	• *Discussion à visée philosophique*
S6	**L'égalité hommes-femmes : la Charte de la laïcité** • Identifier le principe d'égalité et de refus des discriminations dans la charte de la laïcité (article 9). • **Discussion à visée philosophique :** qu'est-ce que la tolérance ?	

	Période 5 : L'élève dans la société : la citoyenneté	Méthodes
Les symboles de la République		
S1	**Les monuments** • À partir de photographies ou lors d'une sortie, identifier des monuments locaux symboles de la République.	
La laïcité		
S2	**La conscience de la diversité des croyances et des convictions** • À partir de photographies de fêtes religieuses et de lieux religieux, prendre conscience de la diversité des croyances.	• *Discussion à visée philosophique*
S3	**La charte de la laïcité** • Étude de quelques articles de la charte de la laïcité. Les illustrer.	
S4	**Différence entre penser, croire, et savoir** • **Discussion à visée philosophique :** est-on libre de croire ce que l'on veut ?	
Les valeurs personnelles – les valeurs de la République		
S5 **S6**	**La fraternité – la solidarité – la philanthropie** • Lecture du conte : *La légende du Colibri*, Dennis Kormann (Actes Sud Junior). • **Débat réglé :** « Que pensez-vous de la réaction du Colibri ? Son action est-elle réellement utile ? ». Définir la philanthropie. Identifier des situations dans laquelle elle s'exerce. • **Discussion à visée philosophique :** quand on aide les autres, reçoit-on forcément quelque chose en échange ?	• *Discussion à visée philosophique* • *Débat réglé*

Les différences – le handicap – l'égalité

Domaine EMC Niveau 2

Objectifs de la séquence

- Respecter les différences
- Définir la notion de handicap et ses différentes formes
- Sensibiliser à la notion de discrimination
- Savoir qu'il existe des textes qui protègent les droits des enfants et qui portent le principe d'égalité (la CIDE)

Résumé de la séquence

À partir de la lecture d'albums de la littérature de jeunesse et d'une recherche documentaire, engager une réflexion au sein de débats réglés afin de définir la notion de handicap et de questionner son rapport aux différences et à l'exclusion. Inscrire ensuite sa réflexion dans le cadre plus large de la CIDE et comprendre que ce texte est porteur du principe d'égalité.

Connaissances, capacités et attitudes visées propres à l'EMC

La sensibilité : soi et les autres : identifier et partager des émotions, des sentiments dans des situations et à propos d'objets diversifiés : textes littéraires, œuvres d'art, nature, débats. Se situer et s'exprimer en respectant les codes de l'échange et le statut de l'interlocuteur.
Accepter les différences : le droit à la règle, des principes pour vivre avec les autres. Connaître ses droits et les moyens de les faire valoir.
Respecter les autres et les règles de la vie collective : connaître quelques principes et valeurs fondateurs d'une société démocratique (l'égalité).
Le jugement : penser par soi-même et avec les autres : exposer une courte argumentation pour exprimer et justifier un point de vue et un choix personnel. S'affirmer dans un débat sans imposer son point de vue aux autres et accepter le point de vue des autres.
L'engagement : agir individuellement et collectivement : coopérer en vue d'un objectif commun. Expliquer en mots simples la fraternité et la solidarité.

Liens avec les autres disciplines

Français : Comprendre et s'exprimer à l'oral. Écouter pour comprendre des messages oraux ou des textes lus par un adulte. Dire pour être entendu et compris. Participer à des échanges dans des situations diversifiées.
Lire : Comprendre un texte. Pratiquer différentes formes de lecture.
Écrire : Copier de manière experte. Produire des écrits.

Liens avec le socle commun

Domaine 1 / Les langages pour penser et communiquer : Comprendre, s'exprimer en utilisant la langue française à l'oral et à l'écrit. Comprendre, s'exprimer en utilisant les langages des arts et du corps.
Domaine 2 / Les méthodes et outils pour apprendre : Coopération et réalisation de projets.
Domaine 3 / La formation de la personne et du citoyen : Expression de la sensibilité et des opinions, respect des autres. La règle et le droit.

Durée : 6 à 7 séances

Modalités	Déroulement	Matériel
Séance 1 : Les différences ; faire émerger les représentations (lecture) – 30 min		
Collectif oral, au coin bibliothèque. Individuel, écrit.	**Phase 1 :** Présenter la couverture de l'album. Analyser l'illustration, formuler des hypothèses de lecture. Donner la consigne d'écoute « Je vais vous lire cette histoire en entier, essayez d'identifier les émotions d'Anatole aux différents moments de l'histoire. » **Phase 2 :** Lire l'album et s'assurer de la bonne compréhension du texte. **Phase 3 :** Questionner les élèves : - Que ressent Anatole au début de l'histoire ? Quand il se cache ? À la fin de l'histoire ? - Pourquoi Anatole est-il gêné par sa casserole ? Comment est-elle apparue ? Pourquoi décide-t-il de se cacher ? - Comment la dame s'y prend-elle pour aider Anatole ? - À votre avis, que représente la casserole d'Anatole ? **Phase 4 :** Trace écrite sur le cahier d'EMC. « Pour moi la casserole d'Anatole c'est… »	• Album *La petite Casserole* d'Anatole, Isabelle Carrier, éditions Bilboquet. • Cahier d'EMC.

Séance 2 : Les différences ; faire émerger les représentations (débat réglé) - 30 min		
Débat réglé, collectif ou en demi groupe, oral. Collectif, écrit.	**Phase 1 :** Rappel du cadre de l'activité et des règles de la prise de parole. Rappel de la séance précédente. **Phase 2 :** Présenter la question du débat. « Y a-t-il davantage de ressemblances ou de différences entre vous et Anatole ? » **Phase 3 :** Laisser un temps de réflexion individuel aux élèves puis mener le débat. Relancer : « Avez-vous, vous aussi, des petites casseroles qui vous gênent ? » « Cette histoire vous rappelle-t-elle des situations que vous connaissez ? » **Phase 4 :** Trace écrite. Demander aux élèves de noter ce qu'ils retiennent du débat. Rédiger ensuite une courte synthèse collective autour de la notion de différences.	• Cahier d'EMC • Cahier de brouillon
Séance 3 : Définir la notion de handicap et ses différentes formes – 60 min (ou 2 × 30 min en séparant la recherche de la mise en commun)		
Recherche en groupes. Collectif, oral. Collectif, écrit.	**Phase 1 :** Rappel de la séance précédente et annonce de l'objectif de la séance : comprendre ce qu'est le handicap. **Phase 2 :** Recherche. Organiser la classe en groupes de 4/5 élèves. Donner à chaque groupe une sélection de livres documentaires et une affiche. Consigne : « Anatole est un petit garçon qui ressemble aux autres enfants mais il doit vivre avec sa casserole qui le gêne et que tout le monde remarque. On peut dire qu'Anatole est handicapé par sa casserole. Vous allez repérer dans les livres les différentes formes de handicap et vous mettre d'accord pour écrire une définition du mot handicap. » **Phase 3 :** Mise en commun des propositions des élèves. **Phase 4 :** Trace écrite. Rédiger une définition collective de la notion de handicap en lister les différentes formes.	• Sélection de livres documentaires sur le thème du Handicap. • Papier affiche • Cahier d'EMC
Séance 4 : Handicap et discrimination (lecture) – 30 min		
Collectif oral, au coin bibliothèque. Individuel, écrit.	**Phase 1 :** Présenter la couverture de l'album. Analyser l'illustration, formuler des hypothèses de lecture. Donner la consigne d'écoute : « Je vais vous lire cette histoire en entier. Essayez de trouver des ressemblances entre Jean de la Lune et Anatole. » **Phase 2 :** Lire l'album et s'assurer de la bonne compréhension du texte. **Phase 3 :** Questionner les élèves : - Quels sont les points communs entre Jean de la Lune et Anatole ? - Pourquoi Jean de la Lune veut-il venir sur la Terre ? Pourquoi repart-il ? - Pourquoi Jean de la Lune est-il rejeté ? **Phase 4 :** Introduire la notion de discrimination. Trace écrite sur le cahier d'EMC. « Tout comme Anatole, Jean de la Lune est rejeté parce qu'il est différent. C'est ce qu'on appelle de la discrimination. »	• Album *Jean de la Lune*, Tomi Ungerer, L'école des loisirs • Cahier d'EMC

Séance 5 : Handicap et discrimination (débat réglé) – 30 min		
Débat réglé, collectif ou en demi groupe, oral. Collectif, écrit.	**Phase 1 :** Rappel du cadre de l'activité et des règles de la prise de parole. Rappel de la séance précédente : relire les définitions du handicap et de la discrimination. **Phase 2 :** Présenter la question du débat « Que ressent-on quand on rencontre une personne handicapée ? » **Phase 3 :** Laisser un temps de réflexion individuel aux élèves puis mener le débat. Relancer : « Pourquoi certaines personnes ont peur des gens différents ? », « Comment faire pour qu'une personne handicapée ne se sente pas rejetée ou discriminée ? » **Phase 4 :** Trace écrite. Demander aux élèves de noter ce qu'ils retiennent du débat. Rédiger ensuite une courte synthèse collective.	• Cahier d'EMC • Cahier de brouillon
Séance 6 : La Convention Internationale des Droits de l'Enfant (CIDE) - 60 min		
Individuel puis collectif oral. Individuel écrit	**Phase 1 :** Distribuer aux élèves les articles 2 et 23 de la CIDE (ci-dessous). Laisser un temps de lecture individuel. **Phase 2 :** Premier questionnement. « Quel est la nature de ce document ? ». Expliquer ce qu'est la CIDE : un traité ratifié par 193 pays qui reconnaît des droits spécifiques aux enfants. S'assurer de la bonne compréhension de la notion de droits. **Phase 3 :** Relire et expliquer les articles 2 et 23. **Phase 4 :** Coller les articles dans le cahier d'EMC et les illustrer. Écrire une synthèse collective présentant la CIDE.	CIDE, articles 2 et 23 (*cf.* ci-dessous)

Annexe : Extraits de la Convention Internationale des Droits de l'Enfant (version adaptée aux enfants)

Article 2 – Le droit à la non-discrimination

Cette convention doit être appliquée à tous les enfants sans aucune discrimination :

– Tu as le droit au respect de tes différences, que tu sois une fille ou un garçon, et quel que soit ton état de santé, ton origine ethnique ou sociale, ta langue, ta religion, tes opinions et ta nationalité.

– Tu as le droit à l'égalité, c'est-à-dire que les pays doivent respecter et protéger tes droits au même titre que tous les autres enfants.

Article 23 – Les droits de l'enfant handicapé

1. Si tu es handicapé, tu as le droit de mener la meilleure vie possible. Tu as le droit au respect de ta personne et de ta dignité. Tu as le droit à être traité de la même manière que les autres enfants, pour devenir le plus autonome possible et participer à la vie de ta communauté.
2. Les pays doivent reconnaître le droit des enfants handicapés de bénéficier de soins spéciaux et essentiels à leur bien-être.
3. Les pays doivent donc apporter une aide supplémentaire à tes parents. Cette aide sera, si nécessaire, gratuite afin de t'assurer le droit à l'éducation, à la formation, à la santé, à la rééducation, à l'emploi, aux loisirs, à l'intégration sociale, ainsi qu'à l'épanouissement personnel.
4. Les pays travailleront ensemble et échangeront toutes les informations utiles pour aider les enfants handicapés. Les pays en développement seront plus particulièrement aidés.

Source : http://www.humanium.org/fr/convention/

6 Questionner le monde

Comprendre le programme

Ce domaine regroupe le monde du vivant, de la matière et des objets, l'espace, le temps et les organisations du monde. Il fait suite à celui de l'école maternelle intitulé « Explorer le monde » dans lequel les élèves ont découvert le monde qui les entoure.

En continuité avec les apprentissages engagés à l'école maternelle

• **Au niveau du temps**, les élèves ont situé des événements vécus les uns par rapport aux autres, les ont repérés dans la journée, la semaine, le mois ou une saison. Ils ont ordonné selon un ordre chronologique, en marquant leur simultanéité, des événements vécus ou fictifs, et utilisé des marqueurs temporels adaptés.
• **Au niveau de l'espace**, ils se sont situés par rapport à d'autres et ont situé des objets par rapport à eux, entre eux ou par rapport à des objets repères. Dans l'environnement proche, ils ont réalisé des parcours à partir de leurs représentations (dessin ou codage). Ils ont commencé à représenter un espace en utilisant des marqueurs spatiaux adaptés.
• **Au niveau du monde vivant**, ils ont identifié les principales étapes du développement d'un animal ou d'un végétal. Ils ont appris à connaître les besoins essentiels de quelques animaux et végétaux. Ils ont situé et nommé les différentes parties du corps humain, et mis en œuvre quelques règles d'hygiène corporelle et d'une vie saine.
• **Au niveau des objets et de la matière**, ils ont choisi, utilisé et désigné des outils et des matériaux adaptés à une situation, à des actions techniques spécifiques. Ils ont construit des maquettes simples en fonction de plans ou d'instructions de montage. Ils ont utilisé des objets numériques (appareil photo, tablette, ordinateur). Ils ont pris en compte les risques de l'environnement familier proche : objets et comportements dangereux, produits toxiques.

Les points forts de l'apprentissage de « Questionner le monde » au cycle 2

Les élèves interrogent plus précisément le monde qui les entoure avec une démarche plus scientifique. Il s'agit à la fois de construire des connaissances, de développer une capacité à raisonner et de contribuer à la formation de citoyens. Ce sont ces mêmes objectifs qui seront repris et approfondis au cours des cycles suivants. Les programmes insistent ainsi sur la dimension curriculaire de l'apprentissage.

Des contributions essentielles à l'acquisition du socle commun de compétences

• Domaine 1 : Les langages pour penser et communiquer

« Questionner le monde », en fournissant l'occasion de lire et comprendre des textes documentaires illustrés, d'extraire d'un texte ou d'une ressource documentaire une information qui répond à un besoin, de restituer les résultats des observations sous forme orale ou d'écrits variés en cultivant précision, syntaxe et richesse du vocabulaire, concourt à la maitrise de la langue et à l'élaboration du langage scientifique sous différentes formes.

• Domaine 2 : Les méthodes et outils pour apprendre

La recherche du matériel adapté pour mener une observation, effectuer une mesure, réaliser une expérience, la manipulation, la découverte des outils numériques pour dessiner, communiquer, rechercher et restituer des informations permettent de développer les compétences méthodologiques améliorant l'efficacité des apprentissages et favorisant la réussite de tous les élèves.

• Domaine 3 : La formation de la personne et du citoyen

En questionnant le monde avec une attitude raisonnée, fondée sur la connaissance, en développant un comportement responsable vis-à-vis de l'environnement et de la santé, les élèves commencent à acquérir une conscience citoyenne.

• Domaine 4 : Les systèmes naturels et techniques

L'investigation du réel dans trois domaines, le vivant, la matière et les objets constitue un moment privilégié pour formuler des questions, émettre des hypothèses, imaginer des dispositifs d'exploration, raisonner et proposer des réponses.

• Domaine 5 : Les représentations du monde et l'activité humaine

Les compétences travaillées dans le champ « Questionner le monde » participent à l'installation des repères spatiaux, visent à une première approche de la chronologie et permettent de construire progressivement une culture commune, dans une société organisée, évoluant dans un temps et un espace donnés.

L'horaire imparti au domaine « Questionner le monde » qui comprend l'enseignement moral et civique est de 2 h 30. Une heure hebdomadaire est consacrée à l'enseignement moral et civique. Il reste donc 1 h 30 par semaine répartie ainsi :
- **Le monde du vivant, de la matière et des objets :** 45 minutes par semaine.
- **L'espace, le temps et les représentations du monde :** 45 minutes par semaine.

Cette répartition est indicative.

Les choix de la programmation et la progressivité dans le cycle

La progression proposée pour le cycle 2 ne constitue qu'un exemple de démarche possible.
Elle insiste sur les dimensions singulières des programmes de 2016. Il existe des incontournables, comme par exemple la démarche d'investigation ou la graduation spiralaire dans le temps, qui pourront être repris quelle que soit l'étude de la matière, de l'objet ou de l'être vivant.
Le temps proposé de 45 minutes n'est qu'indicatif. Il pourra être rééquilibré en fonction des questions posées par les élèves, de l'observation, des expérimentations et de l'avancée des découvertes. Cet équilibre devra être harmonisé avec les apprentissages liés à l'espace, au temps et à la représentation du monde sur les trois années du cycle.

Une démarche de cycle ancrée dans le réel, la clarté et la cohérence

Le parti pris des séquences proposées est de s'appuyer sur l'environnement réel et concret de l'enfant. Les liens sont à créer avec le travail sur l'espace dans l'environnement proche et lointain.
La programmation s'appuie sur les trois niveaux, CP, CE1 et CE2. De fait, pour être transférée dans une pratique de classe, elle nécessitera un conseil des maîtres de cycle dont l'objectif sera de construire un parcours de recherche cohérent pour l'élève d'un niveau à un autre. L'élève pourra alors conserver son carnet de sciences durant le cycle.
Des repères sur l'environnement proche de l'école, le matériel disponible et à commander, la nature des communications avec les familles pour les sorties ou la connaissance des métiers seront des préalables indispensables à harmoniser. S'assurer également des connaissances didactiques à mettre en œuvre : parle-t-on de vapeur d'eau, d'eau liquide ou de fumée ? Bien des confusions existent encore parfois chez certains enseignants. La progression revient sur ces différences. « *Ce que l'on conçoit bien s'énonce clairement* », disait Boileau. En cas de doute sur certaines notions, ne pas hésiter à demander une formation , à faire appel à des collègues ou à des conseillers pédagogiques. Ce n'est que dans un contexte clairement posé que l'approche du réel éveillera la curiosité des élèves. Créer l'énigme s'apprend.
Enfin, si la liberté pédagogique existe, elle ne s'exerce que dans le cadre des programmes. Ils insistent sur la nécessité d'aborder le domaine « Questionner le monde » avec une démarche favorisant le questionnement des élèves comme moteur des apprentissages. La démarche d'investigation et la pratique du langage oral y ont donc une place de choix.

Une démarche d'investigation

La démarche d'investigation, après détermination par l'enseignant(e) des objectifs d'apprentissages et de la situation de départ, s'appuie sur des étapes communément admises :
- la formulation orale par les élèves d'un questionnement partagé clair et compréhensible par tous (transformation du réel en discours, émergence des représentations initiales) ;
- l'énonciation et la structuration par les élèves d'hypothèses ;
- l'élaboration par les élèves d'un protocole (expériences, observations…) qui validera les hypothèses ;
- leur projection sur les résultats du protocole ;
- l'investigation menée par les élèves sous forme d'échanges, d'observations, de schématisations, de mesures, puis de traces écrites qui coordonnent l'avancée de la réflexion (écrits intermédiaires) ;
- l'acquisition et le partage de nouvelles connaissances issues de l'investigation : structuration écrite guidée par le professeur, communication partagée de la découverte (exposition, vidéo, maquette…).

Programmation annuelle d'activités

Questionner le monde du vivant, de la matière et des objets Niveau 1 (CP)

	« Questionner le monde »	Problématique	Compétences et connaissances associées
	Comment reconnaître le monde vivant ?	Quels sont les êtres vivants dans et autour de l'école ?	Identifier ce qui est animal, végétal, minéral ou élaboré par des êtres vivants. Observer pour identifier et nommer. Connaître le milieu dans lequel on vit.
	Période 1		
S1	**Situation problème 1 :** ***Qu'est-ce qu'observer ? Observer quoi ?*** Savoir définir les mots liés à la recherche : observer, regarder, se questionner, contempler, réfléchir… Relever les représentations des élèves sur ce qu'est un être vivant. Émettre des hypothèses sur ce qu'est un être vivant. Lister les êtres vivants imaginés par les élèves en dictée à l'adulte. Premier essai de classification : être vivants/non vivants, animaux/végétaux.		
S2	**Situation problème 2 :** ***Comment observer les êtres vivants dans et autour de l'école et en garder la trace ?*** Choisir des instruments et des outils d'observation pertinents pour observer : loupes, appareil photographiques, smartphones (sans abonnement), jumelles, lampes de poches, les cinq sens… Et pertinents pour fouiller : grattoirs, bâtons… Comprendre l'utilisation d'une loupe (mouvements dans toutes les dimensions), d'un appareil photographique numérique simple (zoom de l'appareil), d'un carnet de dessin d'observation (qualité du matériel). Comment garder une trace sur un cahier ? Sur le blog de la classe ? Sur un portfolio ? Sur l'ordinateur de la classe ? Comment collecter des insectes ? Prévoir un vivarium ? Des boîtes ?		
S3	**Sortie dans l'environnement proche de l'école avec quelques parents.** Prise d'informations sur les êtres vivants dans leur environnement à l'aide d'outils d'observation : photographies, dessins, loupes. Collecte éventuelle de feuilles, des rameaux avec bourgeons, d'insectes, d'escargots ou de traces des animaux. Explicitation orale en classe des observations réalisées. **Les habitants du bois et leur milieu** Lea.fr		
S4	**Appropriation des observations. Vidéo projections des photos prises et des dessins numérisés.** Analyser collectivement des observations : qualité des détails, pertinence des dessins réalisés et des photographies prises par les élèves, observations des traces collectées. Identifier à l'aide de documentaires les êtres vivants et les nommer.		
S5	**Classification des êtres vivants.** Déterminer des critères simples de classification des êtres vivants (végétaux, animaux, nombre de pattes, mode de déplacements…). Comparer avec les premières représentations. Dresser une nouvelle affiche de l'environnement proche de l'école. Fin des travaux de S4.		
S6	**Compte-rendu d'observation et conclusion sur le cahier ou le porte-folio numérique.** Élaboration d'un compte-rendu à l'aide de dessins et de photographies de qualité. Écriture de questionnements liés à ces premières observations et qui feront l'objet d'observations plus minutieuses d'élevage dans l'année : comment vivent les fourmis ? Comment se déplace un escargot ? Comment poussent les plantes ? Que contiennent les bourgeons ?		
	Les objets techniques	Comment fonctionne une lampe de poche ?	Comprendre la fonction et le fonctionnement d'objets fabriqués
	Période 2		
S1	**Situation problème 1 :** ***Qu'appelle-t-on une lampe de poche ?*** **Recherches libres.** S'appuyer sur les séances d'observation des coins obscurs (*Cf.* P1). Recueillir les représentations des élèves sur les lampes de poches : à manivelle, électriques, à leds, solaires, etc. (S'aider d'Internet pour montrer la diversité.) Relever les hypothèses et les noter sur une affiche. **Comment réparer une lampe de poche en panne.** Lea.fr		
S2	**Situation problème 2 :** ***Quel matériel est utile pour faire fonctionner la lampe de poche ?*** **Observation et découvertes des techniques.** Apporter différents types de lampes de poche. Affecter plusieurs groupes à chaque type de lampe. Les élèves dessinent le matériel composant chaque lampe de poche et les étapes du fonctionnement.		
S3	**Être capable d'expliciter un fonctionnement.** Chaque groupe explique à la classe le fonctionnement de la lampe de poche qui lui a été confiée. Approfondissement technique : par le questionnement, les dessins sont affinés ou modifiés (contacts de l'interrupteur ou non).		
S4	**Analyse comparative :** *Quelles sont les éléments communs aux lampes qui pourraient nous aider à comprendre le fonctionnement ?* En groupe, les élèves comparent deux types de lampes à l'aide des dessins réalisés et de deux exemplaires afin d'en déterminer les points communs : générateur électrique (pile, dynamo), lampe, interrupteur, fils, bornes… Mise en commun des constats : nouvelle affiche illustrée par un schéma légendé.		
S5	**Finalisation.** Comparaison entre la première affiche de représentations et la dernière affiche réalisée. Validation et infirmation des hypothèses.		
S6	**Évaluation.** Les affichages sont disponibles. En binôme, les élèves doivent reconstituer une des lampes de poche démontée simplement afin de la faire fonctionner à nouveau.		
	Qu'est-ce que la matière ?	Sous quelle forme trouve-t-on l'eau dans la nature ?	Observer la fusion et la solidification de l'eau. Savoir que l'eau, sous forme liquide et sous forme de glace, est une même substance.
	Période 3		
S1	**Situation problème 1 :** ***Comment l'eau est-elle présente dans la nature ?*** Lister les premières représentations des élèves en liant l'état de l'eau avec le lieu : eau des rivières, de l'océan, eau de pluie, flaques, lacs… Poser d'autres problématiques liées à la température : la grêle est-elle de l'eau ? Le verglas? Le gel ? La glace? La neige ? Réaliser une affiche des représentations des élèves.		

	« Questionner le monde »	Problématique	Compétences et connaissances associées
S2	**Situation problème 2 :** ***Comment prouver que l'eau peut se transformer en glace en moins d'une journée ?*** *Peut-on fabriquer de la glace ?* Les élèves imaginent un dispositif permettant de créer de la glace et le dessinent.		
S3	**Expérimentation et dessins d'observation :** Les élèves expérimentent leur hypothèse en début de journée. Validation des expériences réussies en fin de journée. Nouveau questionnement : *Comment faire fondre la glace formée et vérifier que c'est bien de l'eau ?* Nouvelles hypothèses dessinées. Mise en place des expérimentations.		
S4	**Dessins d'observation. Compte-rendu et mise en évidence de l'interdépendance état de l'eau/température.** Compte-rendu filmé des deux séances d'expérience sur la solidification et la fusion de l'eau.		
S5	**Situation problème 3 : Comment créer des glaces à l'eau type *Mr Freeze* ?** Hypothèses sur la recette. Dessins des expériences et du matériel nécessaire.		
S6	**Réalisation des glaces à l'eau avec du sirop de fruit, des bacs à glaçons ou moules pour glaces à eau. Dégustations.** Les élèves ressentent la fusion de l'eau. Approche de l'hygiène alimentaire.		
	Comment reconnaître le monde vivant ?	Comment poussent les arbres ?	Découvrir ce qui caractérise le vivant pour quelques végétaux. Prendre conscience des besoins vitaux de quelques végétaux. Observer le développement de quelques végétaux…
	Période 4		
S1	**Situation problème. *Comment savoir comment pousse un arbre ?*** Formulation des hypothèses d'observations par les élèves à partir des représentations et connaissances acquises en GS. Écriture des questions en dictée à l'adulte.		
S2	**Observation n° 1 d'un arbre dans le milieu proche (marronnier, prunus, platane…) au printemps avant éclosion.** Dessins d'observations et photographies en corrélation avec les hypothèses d'un arbre choisi (qui servira d'arbre de référence pour le CE1 et le CE2).		
S3	**Analyse des dessins.** Essais de réponses aux questions : existence de racines ? Traces de racines autour ? Existence de bourgeons, de feuilles ? Constat des limites de l'observation en extérieur et au sol.		
S4	**Prélèvement de plusieurs rameaux et essai de culture en classe.** Hypothèses sur la culture du rameau : pleine terre, dans de l'eau… Dessins des expériences proposées.		
S5	**Observations régulières de l'arbre à l'extérieur et des rameaux cultivés en classe.** Analyse comparative du développement jusqu'à l'apparition des feuilles et la floraison en mai juin. L'apparition des marrons sera observée ultérieurement sur l'arbre de référence au CE1.		
S6	**Compte-rendu des expériences réalisées à l'aide d'un film publié sur le blog et/ou de traces écrites sur le support dédié.**		
	Qu'est-ce que la matière ? / Les objets techniques	Comment voir l'existence de l'air ?	Mettre en œuvre des dispositifs simples visant à éprouver le déplacement de l'air. Comprendre le fonctionnement d'objet fabriqué.
	Période 5		
S1	**Situation problème :** *Peut-on voir l'air se déplacer dans la nature ?* Les élèves donnent leur première représentation. Évoquer l'action du vent sur les nuages, les feuilles dans le vent. S'appuyer sur l'observation du vent dans l'arbre de référence. Existe-t-il des instruments, des objets inventés par l'homme pour visualiser ou utiliser le déplacement de l'air ? Manchons à air, éoliennes, moulins… Cibler une observation sur une éolienne si possible.		
S2	**Apport d'illustrations et de documentaires sur l'éolienne. Lecture orale.** Est-il possible de s'inspirer de l'éolienne pour construire un objet comme l'éolienne qui permette de voir que l'air se déplace ? Distribution d'une fiche technique sur le moulinet.		
S3	**Annonce de l'objectif : fabriquer une mini-éolienne (moulinet). Les élèves doivent comprendre la notice. Formulation d'hypothèse sur les étapes de montage et les points de vigilance. Quels freins à la constructions ? Quelles difficultés ?**		
S4	**Construction des moulinets en binôme. Coloration des moulinets.**		
S5	**Essai en classe. Effet du vent ou du souffle sur les ailettes. Essai en extérieur. Dessins d'observation. Approche de l'effet des couleurs sur la vision de l'œil.**		
S6	**Compte-rendu de l'expérimentation. Réussites, difficultés rencontrées, conclusion.** **Prolongements :** Approche du développement durable et des énergies renouvelables.		

Programmation annuelle d'activités

Questionner le monde du vivant, de la matière et des objets Niveau 2 (CE1)

	« Questionner le monde »	Problématique	Compétences et connaissances associées
	Comment reconnaître le monde vivant ?	Comment vivent les êtres vivants dans et autour de l'école ?	Identifier les interactions des êtres vivants entre eux et avec leur milieu.
	Période 1		
S1	**Situation problème 1.** ***Comment les animaux et les végétaux proches de l'école vivent-ils ?*** Définir les mots liés à la recherche : observer, regarder, se questionner, contempler, réfléchir… S'appuyer sur les affiches réalisées au CP pour rappeler l'écosystème existant autour de l'école. Annoncer l'objectif : observer avec davantage de finesse l'environnement pour comprendre les relations entre les êtres vivants. Émettre des hypothèses sur les observables afin d'établir des fiches d'observation (description, fonctions, milieu de vie, utilisation ou non par l'homme, cultivée ou non…). Création et rédaction des premières fiches d'observation.		
S2	**Choix des outils d'observation et de la collecte éventuelle :** ***Comment observer les êtres vivants dans et autour de l'école et en garder la trace ?*** Choix des instruments, outils d'observations (appareils photos avec zoom, smartphones, loupes, dessins d'observations). Retour sur le travail réalisé au CP. Analyse critique des difficultés rencontrées.Organisation de la sortie par secteur d'observation. Constitution des équipes.		
S3	**Sortie(s) dans l'environnement proche de l'école avec quelques parents. Repérage des êtres vivants.** Prise d'informations sur les êtres vivants dans leur environnement à l'aide des outils d'observation. Collecte éventuelle. Explicitation orale en classe des observations réalisées.		
S4	**Mise en relation des fiches d'observations de S1 avec les observations réalisées. Manque-t-il des observables ?** Modification des fiches en fonction de nouveaux critères. Hypothèses sur les interactions entre les êtres vivants repérés. Réalisation des premiers schémas (interactions alimentaires, chaines de prédation…).		
S5	**Aide documentaire.** Analyse comparative des schémas avec d'autres interactions dans d'autres milieux.		
S6	**Compte-rendu d'observation et conclusion sur le cahier ou le porte-folio numérique.** Élaboration d'un affichage complet d'interactions alimentaires du milieu proche. Prolongement : fin de l'observation du cycle de vie de l'arbre de référence observé en CP. Production de marrons (plantation).		
	Les objets techniques	Comment fonctionne une ampoule ?	Réaliser quelques objets et circuits électriques simples
	Période 2		
S1	**Situation problème 1 :** ***Comment une ampoule s'allume-t-elle ?*** Rappeler la séance réalisée au CP sur la lampe de poche à l'aide des affiches réalisés. Hypothèses sur le matériel nécessaire : ampoule, pile, etc. Est-il possible d'allumer une ampoule avec une pile ? - Distribution de matériel : pile plate, ampoule. Essais. Validation des hypothèses. Réalisation d'un schéma avec lexique spécifique.		
S2	**Situation problème 2 : Étendre la réflexion à l'ampoule électrique de la classe :** ***comment allumer une ampoule électrique éloignée ? Quel matériel est utile pour faire fonctionner une ampoule à distance ?*** Introduction des fils et de l'interrupteur. Essais de réalisation d'un circuit simple. Comparaison avec le schéma de la lampe de poche au CP. Schématisation du circuit simple en binôme. Explicitation des symboles utiles à une schématisation. Définition des rôles de chaque élément.		
S3	**Découverte des règles élémentaires de sécurité :** ***Pourquoi dit-on que l'électricité peut être dangereuse pour l'homme ? Qu'est-ce qu'un conducteur ? Un isolant ?*** Introduction dans le circuit d'élément conducteur ou isolants : feuilles d'aluminium, allumettes, vis en laiton, fils de cuivre, trombones, crayons, papier… Synthèse sur les conducteurs et les isolants.		
S4	**Précautions à prendre sur l'usage de l'électricité à la maison.** Différence entre les piles et le courant du secteur : quels objets domestiques sont à risque ? Élaboration d'une liste d'objets domestique branchés sur secteur et d'autres à piles : jeux électriques et autres/ Réalisation d'un jeu électrique à pile : présentation du schéma de montage. Allumer une ampoule électrique qui représente le nez d'un clown, un soleil dans le système solaire, le plafonnier de la chambre de l'enfant… selon les projets en cours dans la classe (boîte de chaussure contenant le circuit simple avec un couvercle illustré dans lequel est inclus l'ampoule).		
S5	Décoration du couvercle de la boîte. Association des éléments hors la boîte en fonction du schéma du circuit.		
S6	Finalisation de la boîte. Intégration du circuit. Tests. Explicitation filmée et mise en ligne sur le blog. Compte-rendu écrit.		
	Qu'est-ce que la matière ?	Sous quelle forme trouve-t-on l'eau dans la nature ?	- L'état liquide de l'eau - Observer les conséquences de variations de température sur l'état de la matière
	Période 3		
S1	**Situation problème 1 :** ***Quels sont les différents états de l'eau connus dans la nature ?*** Reprendre les découvertes réalisées au CP : solidification et fusion de l'eau, réalisation de glaces à l'eau. Rappel des définitions et des représentations finales. Poser une autre problématique : existe-t-il d'autres états possibles de l'eau ?		
S2	**Situation problème 2 :** ***Que se passe-t-il lorsque l'on fait bouillir de l'eau ?*** Expérience et observation. Schématisation. Écriture d'hypothèses sur le changement d'état de l'eau.		

	« Questionner le monde »	Problématique	Compétences et connaissances associées
S3	**Situation problème 3 :** ***Que se passe-t-il lorsque l'on met de l'eau dans un verre posé sur un radiateur ? Que se passe-t-il lorsqu'on étend un chiffon imbibé d'eau ?*** Expériences et observations. Schématisation. Écriture d'hypothèses sur le changement d'état de l'eau.		
S4	**Comparaison des trois schémas d'observation des différentes expériences. Analyse des différents états de l'eau et des phénomènes observés.** L'eau est devenue invisible. Définition de l'évaporation. Il existe un état intermédiaire inconnu : fumée ? Vapeur ?...		
S5	**Expérimentation de la condensation pour définir ce qu'est « la fumée » au dessus de la casserole.** Pose d'une assiette ou d'un couvercle. Observations du phénomène et représentation. Définition d'un nouvel état liquide de l'eau : gouttelettes en suspension dans l'air (comme le brouillard, la brume ou les nuages). L'état liquide ne peut se qualifier exclusivement comme une matière horizontale plane.		
S6	**Compte rendu des expériences sur affiches.** Explicitation écrite et orale des expériences. Évocation de l'eau disparue dans l'air sous forme de gaz invisible (non verbalisation du terme « vapeur d'eau » afin de ne pas créer de confusion).		
	Comment reconnaître le monde vivant ?	Comment se reproduisent les papillons ou tout insecte dans l'environnement proche (fourmi, cétoine…)	- Découvrir ce qui caractérise le vivant - Observer des animaux proches - Utiliser des instruments de mesure et d'observation - Réaliser de petits écosystèmes en classe
	Période 4		
S1	**Situation problème.** ***Comment se reproduisent les papillons ?*** Observation d'un insecte prélevé ou photographié dans l'environnement proche de l'école. Formulation des hypothèses sur le cycle de vie de l'insecte. Projet d'élevage pour validation. Construction d'une fourmilière, commande de larves de paillons ou cétoines à l'OPIE…		
S2	**Observation des larves.** Formulation d'hypothèses : larves ou vers de terre ? Observations du mode de vie selon l'espèce choisie (alimentation, mode de déplacement, composition de la larve, milieu de vie…), dessins d'observation, rédaction de fiche descriptive, prise de mesure. Réalisation d'un graphique de croissance. Formulation d'hypothèses sur l'alimentation des larves.		
S3	**Expériences sur l'alimentation des larves dans la nature.** Dessins d'observations et résultat. Validation du régime alimentaire. Mesure de croissance.		
S4	**Observation des nymphes (cocon, coque de fibre de bois pour la cétoine…).** Dessins d'observation. Légendes. Hypothèses sur l'étape n+1 du développement de l'animal. Fiche descriptive.		
S5	**Observations régulières de l'insecte sorti de la nymphe.** Prise de mesure régulières. À taille adulte, réalisation d'une fiche descriptive de l'insecte. Observations jusqu'à la reproduction et la ponte d'œufs.		
S6	Observation des larves sorties des œufs. Validation du cycle de développement de l'animal. Appui documentaire et élargissement à d'autres insectes. Compte rendu final et schématisation du cycle de vie de l'insecte observé.		
	Les objets techniques	Qu'est-ce qu'un ordinateur ?	- Commencer à s'approprier un environnement numérique - Décrire l'architecture simple d'un dispositif informatique
	Période 5		
S1	**Situation problème.** ***Qu'est-ce qu'un ordinateur ?*** Les élèves donnent leur première représentation en fonction des usages et des besoins auxquels l'ordinateur répond d'après eux. Recherche dans le dictionnaire d'une définition pour validation. Situation problème 2 : Comment fonctionne l'ordinateur ? Qu'y a-t-il dans l'ordinateur ? ▸ **Comment utiliser un ordinateur ?** Lea.fr		
S2	**Apport de 5 machines obsolètes à démonter (cf. déchetterie municipale).** Démontage de la coque de l'unité centrale par les élèves et observation des composants, des entrées, sorties. Dessins d'observations des composants et de la connectique. Répartition du type d'observations par objectif , par groupe et/ou par élève.		
S3	**Suite des dessins d'observation.** Démontage de parties complémentaires si besoin. Recherche documentaire des élèves pour identifier les différentes parties.		
S4	**Mise en commun.** Analyse comparative des dessins. Validation des légendes : écran, carte mère, processeur, mémoire vive, alimentation électrique, lecteur de disque optique, disque dur, clavier, souris. Réalisation d'un schéma type.		
S5	**Apport d'ordinateurs portables.** Ouverture d'un ordinateur. Comparaison avec le schéma type réalisé. Identification des parties communes. Prise de photographie à coller à côté du schéma type. Légendes.		
S6	**Compte rendu de la démarche.** Prolongements : Approche du développement durable. Quelle matière est nécessaire ? Que faire d'un ordinateur usagé ?		

Programmation annuelle d'activités

Questionner le monde du vivant, de la matière et des objets Niveau 3 (CE2)

« Questionner le monde »	Problématique	Compétences et connaissances associées
Les objets techniques	Comment présenter un texte comme dans un livre ?	Commencer à s'approprier un environnement numérique. Avoir acquis une familiarisation suffisante avec le traitement de texte et en faire un usage rationnel en lien avec le français.Utiliser les outils d'un logiciel de traitement de texte.

Période 1

S1	**Situation problème : Montrer le fac-similé du *Dormeur du Val* d'Arthur Rimbaud et le même poème édité dans un livre.** Comparer en vidéo projection. Comment est-on passé d'une forme à l'autre ? Quels outils ont pu être utilisés ? Montrer ensuite un manuscrit de Victor Hugo avec des paragraphes (sur le site Gallica de la BNF) et un texte édité. Recueillir les observations. Donner les mots clefs : paragraphes, strophes, titres, extrait, sonnet, quatrains, tercets si besoin. Écrire les hypothèses des élèves sur une affiche. Noter le lexique spécifique dans le support dédié au numérique.
S2	**Salle informatique (ou tablettes en classe). Défi : trouver un programme qui permette d'écrire comme dans un livre.** Veiller à déconnecter Internet. Proposer des raccourcis sur le bureau afin de guider les recherches. Laisser les élèves explorer les programmes installés. Recueillir les observations par étape. Exploration des indices en vidéo projection. Tests des programmes trouvés et validation du programme de traitement de texte.
S3	**Présentation en classe de l'objectif de travail : recopier *Le Dormeur du Val* tel qu'il est présenté dans le livre.** Donner quelques indices sur la création d'un document et la sauvegarde. Les élèves recopient en salle informatique. Établir un relevé des difficultés rencontrées : orthographe, supprimer, revenir en arrière, revenir à la ligne... Écriture des questions : Comment revenir à la ligne ? Comment… ?
S4	**Rappel des questions.** Réponses apportées par le professeur ou les élèves qui ont trouvé. Don d'une fiche technique rappelant les fonctions nécessaires. Fin de l'écriture du texte par les élèves. Ouverture d'un texte d'Hugo rempli d'erreurs d'orthographe. Comment visualise-t-on les erreurs ? Comment les corriger ? Utilisation du correcteur. Sauvegarde des deux textes.
S5	**En lien avec un autre domaine :** rédaction sur ordinateur d'un texte d'une quinzaine de ligne avec des paragraphes.
S6	**Compte-rendu de la démarche sur le support dédié au numérique.** Impression du document dactylographié par chaque groupe d'élève. Prolongements : Approche du développement durable. L'impression des textes écrits sur ordinateur est-elle toujours indispensable ? Dans quels usages le numérique permet-il une économie de papier?

« Questionner le monde »	Problématique	Compétences et connaissances associées
Comment reconnaître le monde vivant ?	▸ **Comment prendre soin de mon corps ? (fiche p. 106)**	Reconnaître des comportements favorables à sa santé. Mettre en œuvre et apprécier quelques règles d'hygiène de vie. Les apports spécifiques des aliments. La notion d'équilibre alimentaire.

Période 2

S1	**Situation problème 1. *Comment prendre soin de mon corps ?*** Faire émerger les premières représentations ; dégager trois axes de travail : hygiène alimentaire, hygiène de vie, hygiène du corps. Définir les mots liés aux premiers échanges et représentation : corps, hygiène, soin, alimentation, santé, propreté… Annoncer l'objectif de recherche : définir les comportements qui vont favoriser ma santé dans la vie de tous les jours. Créer différents groupes de chercheurs en fonction de la recherche définie : propreté du corps, alimentation, bonnes attitudes à avoir (sommeil, activité physique…). Émettre des hypothèses par groupe sur les conditions favorables. Rapporter les premières représentations aux autres groupes à l'aide d'un affichage ou d'un document collaboratif.
S2	**Poser des problématiques à chaque groupe. Groupe Alimentation :** les aliments sont-ils tous équivalents ? Suffit-il de manger une quantité suffisante d'aliment pour être en bonne santé ? Quels types d'aliments existe-t-il ? S'appuyer sur les menus de la cantine pour les faire réfléchir sur la notion de classification (aliments gras, salé, sucré, catégories ?) **Groupe propreté du corps :** comment se laver le corps au mieux ? À partir de livres documentaires sur la dentition…. **Groupe activité physique et repos :** recherche documentaire sur livres ou sur Internet.
S3	**Situation problème : *Toute la saleté est-elle visible ?*** Expérience sur l'hygiène des mains avec de la gélatine. Culture de bactéries.
S4	**Mise en commun des représentations élucidées de chaque groupe.** Exposé des découvertes : Catégories d'aliments ; Notions d'équilibre alimentaire dans la durée ; habitudes quotidiennes de propreté (mains, dents, corps). Résultats de l'expérience. Rythmes quotidiens d'activité : sommeil, activité, repos. Validation pa l'enseignant(e). Réalisation d'affiches.
S5	**Réalisation d'un calendrier d'observations en fonction des trois groupes sur une période.** Exemples : mesure de la croissance des élèves, relevés des couchers en semaine, nettoyage des mains dans la journée. Sondage anonyme dans l'école sur les pratiques des élèves.
S6	**Compte rendu des sondages réalisés.** Création d'un livret à diffuser dans l'ensemble de l'école relatant le travail réalisé par les trois groupes sur les comportements favorables à sa santé.

« Questionner le monde »	Problématique	Compétences et connaissances associées
Les objets techniques	Défi : à quoi sert cet objet ? Comment fonctionne-t-il ?	Découvrir des métiers courants. Interroger les hommes et les femmes au travail sur les techniques, outils et machines utilisés. Comprendre la fonction et le fonctionnement d'objets fabriqués.

Période 3

S1	**Situation problème : *Comment découvrir les métiers les plus courants ?*** Lister les hypothèses des élèves : documentaire, dictionnaire, interrogation de personnes. Quels sont les métiers de leurs parents ? Création d'une fiche d'observations des métiers des parents. Lister les observables : nom du métier, lieu d'exercice, ancienneté, mobilité, tenue spécifique, principales missions, vocabulaire spécifique utilisé, outils spécifiques utilisés…

	« Questionner le monde »	Problématique	Compétences et connaissances associées
S2	**Présentation de la fiche recto verso réalisée par l'enseignant(e) :** la fiche laisse la place aux représentations de l'élève sur le métier exercé par ses parents (recto). Rédaction des représentations par les élèves sur le recto. Création du message destiné aux parents : poser un défi à la classe sur l'utilité d'un objet énigmatique (ou pas) dans le cadre du métier exercé. Venir ensuite en classe élucider l'énigme et compléter le verso.		
S3	**Présentation des objets prêtés par les parents.** Dessins d'observations des objets en groupe avec légendes. Liste d'hypothèses sur les usages en lien avec la fiche métier recto – Préparation de l'interview du parent.		
S4	**Venue du parent en classe.** Lecture des hypothèses par les élèves. Echanges avec le parent. Validation des hypothèses – Enregistrement vidéo et/ou audio de l'intervention du parent.		
S5	**Trace écrite sur le verso de la feuille et réalisation d'une fiche technique sur l'objet observé.** Trace écrite dans les cahiers des élèves.		
S6	**Réalisation d'un exposé sur les différents métiers découverts.** Mise en ligne éventuelle sur le blog de la classe de l'intervention du parent.		
	Qu'est-ce que la matière ?	Peut-on peser l'air ? La température agit-elle sur l'air ?	Prendre conscience de la matérialité de l'air. L'air a une masse ; l'air se dilate. Observer les conséquences de variations de température et de pression sur l'état de la matière.
	Période 4		
S1	**Situation problème 1:** ***Peut-on peser l'air ?*** Présenter un ballon de basket ou de volley-ball. Peut-on peser l'air qu'il y a dans ce ballon ? Présenter ensuite le même ballon dégonflé au maximum. Les élèves émettent des hypothèses. Demander aux élèves quel est selon eux le plus lourd. Pourquoi le ballon dégonflé plutôt que l'autre ? Est-ce perceptible ? Comment le prouver ? Écrire les hypothèses et la formulation du protocole expérimental : une pesée des ballons.		
S2	Balance Roberval. Les élèves observent et représentent la pesée. Quelle différence peut expliquer le phénomène ? Peut-on en déduire la masse de l'air dans le ballon gonflé ? Pas en totalité. On peut mesurer l'air qu'il y a en plus dans le ballon le plus gonflé. Écrire le relevé de conclusion. Il est possible de peser l'air. Dans le ballon gonflé il y a …g d'air en plsu que dans le ballon dégonflé. L'air a une masse.		
S3	Rappel de la séquence faite en CE1 sur l'influence de la température sur un liquide comme l'eau : solidification, évaporation. Situation problème : la température agit-elle sur l'air ? Comment réagit l'air en fonction de la température ? Création d'un protocole. Une bouteille remplie d'air réfrigéré avec un ballon de baudruche fixé au goulot. Chauffer avec le sèche-cheveux la bouteille glacée. Que va-t-il se passer? Représentation de l'expérience - Hypothèses écrites des élèves.		
S4	Réalisation de l'expérience -Dessin d'observations - Verbalisation de l'état initial et de l'état final de la matière air- Rédaction d'un compte-rendu dans un tableau synthétique - Conclusion - L'air chauffé augmente de volume : il se dilate. Explicitation du lexique spécifique : volume, dilatation.		
S5	Recherche documentaire sur l'exploitation par l'homme de l'air chaud : lanternes volantes chinoises, montgolfières- réalisation en classe de l'expérience du sachet de thé et la colonne d'air chaud.		
S6	Compte-rendu des expériences sur des affiches. Explicitation écrite et orale des expériences. Conclusion sur les différentes propriété de la matière « air » : gaz, invisibilité, masse, dilatation, effet de l'air chaud sur les objets. Comparaison avec le liquide « eau ».		
	Comment reconnaître le monde vivant ?	Les animaux ont-ils tous le même régime alimentaire ?	Identifier et classer différentes relations alimentaires (à trois maillons). Identifier quelques régimes alimentaires d'espèces animales (végétarien, carnivore, omnivore). Notion de « super prédateur » pour établir une chaîne alimentaire complexe (4 étapes ou plus avec un « super prédateur »). Le cas des « omnivores » sera l'occasion de schématiser un réseau alimentaire.
	Période 5		
S1	**Situation problème :** ***Les animaux ont-ils tous le même régime alimentaire ?*** Partir des représentations étudiées les périodes et années précédentes. Comment se nourrissaient les papillons ? Comment se nourrissent les animaux de l'environnement proche ? Comparer les modes d'alimentation d'une diversité animale afin d'en dégager une catégorisation : végétarien, carnivore, omnivore. Compléter les catégories d'animaux avec l'aide de recherches documentaires. ▸ **Le développement des animaux.** Lea.fr		
S2	**Situation problème 2 :** Pour chaque animal, trouver une proie et un prédateur. En salle informatique, demander aux élèves de déterminer la proie et le(s) prédateur(s) de chaque animal. Réaliser une première chaine alimentaire simple à trois mailons : qui mange qui ? Dégager la notion d'interdépendance.		
S3	**Trace écrite :** définitions du lexique spécifique : proie, prédateur, chaîne alimentaire, super prédateur, omnivore, carnivore, végétarien. Production d'écrit : que se passe-t-il si on retire le prédateur d'une chaine alimentaire à trois maillons ? Relevé d'hypothèses. Et écriture sur la notion de déséquilibre de l'écosystème. Prolifération d'une espèce.		
S4	**Défi : réaliser une chaîne alimentaire dans l'espace proche de l'école (insecte observé, escargot, oiseau…) et dans l'espace lointain** (animal d'Afrique) avec plus de 3 maillons chacune. Appui sur les productions réalisées en CP et CE1 sur les animaux de l'espace proche.		
S5	Recherche documentaire sur tablette ou en salle informatique. Détermination de chaines de prédation. Mise en commun des chaines de prédation trouvées dans es espaces proches et lointains.		
S6	**Réalisation d'affiches sur les différents régimes alimentaires des animaux et les chaines de prédation** selon l'environnement. Réalisation d'un diaporama, projection d'un film animalier.		

Fiche séquence

Comment prendre soin de mon corps ?

Domaine Le Monde du Vivant Niveau 3

Objectifs de la séquence

Reconnaître des comportements favorables à sa santé. Mettre en œuvre et apprécier quelques règles d'hygiène de vie : variété alimentaire, activité physique, se relaxer, mettre en relation son âge et ses besoins en sommeil, habitudes quotidiennes de propreté (dents, mains, corps).

Matériel : boîtes de Pétri désinfectées ; bouillon de cube déshydraté ; 500 ml d'eau ; agar-agar ; savon ; eau de javel ; menus de cantine ; affiches ; livres documentaires sur l'hygiène corporelle, la classification alimentaire (pyramide ou fleur) et l'activité physique des enfants ; Internet.

Séance 1 : Comment prendre soin de mon corps ?

Se questionner

- Annoncer l'objectif d'apprentissage aux élèves : définir les comportements qui vont favoriser la santé dans la vie de tous les jours. Problématiser l'objectif en posant la question : comment prendre soin de mon corps ? Dans le cahier de sciences des élèves : noter individuellement leur première représentation sous forme de phrases et d'illustrations, de schémas. Que signifie pour eux « prendre soin de leur corps » ?
- Mettre en commun oralement les premières représentations. Noter au tableau dans le désordre (ne pas catégoriser ou induire les thématiques). Noter sur une affiche à part le lexique spécifique : corps, hygiène, soin, alimentation, santé, propreté, laver, savonner, brosser, microbes, maladies, manger, alimentation, dormir, sommeil…
- Définir ensemble les mots énoncés. Noter les définitions des mots nouveaux ou inconnus des élèves sur le cahier de sciences.
- Comparer les représentations évoquées par les élèves. Débattre avec les élèves des points communs et différences. Y a-t-il des thématiques communes ?
- Dégager trois thématiques de travail : hygiène alimentaire, hygiène de vie, hygiène du corps. Regrouper les hypothèses sur trois affiches différentes.

Dégager une démarche

- Créer des groupes de chercheurs liés aux trois thématiques. Interroger : quelle démarche va permettre de valider ou non les hypothèses de chaque groupe ?
- Chaque groupe liste les ressources et/ou expériences sur lesquelles s'appuyer pour prouver que les hypothèses formulées sur les comportements à adopter sont justes ou pas.

Séance 2 : Se documenter, rechercher

Approfondir le questionnement

Réactiver la séance précédente à l'aide des affiches. Chaque groupe rappelle oralement les questions ou comportements trouvés (première représentations), complètent ou valident ou non les hypothèses retenues : appui documentaire, recherche sur Internet (en classe), expériences.

Rechercher, se documenter

Groupe sur l'hygiène alimentaire : répartir les groupes, distribuer les menus de cantine et/ou des ressources documentaires : orienter le questionnement sur une classification (pyramide alimentaire) pour le. Les aliments sont-ils tous équivalents ? Suffit-il de beaucoup manger pour être en bonne santé ?
Orienter le questionnement sur les différentes parties du corps à laver (hygiène bucco-dentaire, des mains, nasale, du corps) pour le groupe sur hygiène corporelle Quels types d'aliments existe-t-il ? Peut-on les classer ? Comment bien laver son corps ? Y a-t-il une technique particulière ? Quelle fréquence ? Quel produit ? Pourquoi doit-on se laver les mains ? Orienter le questionnement sur l'activité physique pour le dernier groupe. Quelle place occupe dans notre vie : le sommeil, les loisirs, le temps de travail, le temps passé à table ? Combien d'heures faut-il dormir selon l'âge ? Peut-on regarder la télévision tard le soir ?

Garder une trace écrite pour structurer le raisonnement

Les élèves complètent en groupe les recherches grâce à la lecture et la compréhension des documentaires donnés. Le professeur relance les activités, régule les interactions dans chaque groupe de travail. Les élèves écrivent et coordonnent l'avancée de leur réflexion.

Séance 3 : Restituer les connaissances

Partager de nouvelles connaissances

Chaque groupe expose ses découvertes et complète ou réfute les comportements et hypothèses des premières représentations. Valider ou infirmer les conclusions. Hygiène alimentaire : catégories d'aliments (sous forme de pyramide ou de fleur), notion d'équilibre alimentaire à partir des menus composés par le service de restauration. Hygiène corporelle : se laver quotidiennement le corps, les dents trois fois par jour, les mains avant de manger et dès qu'elles sont sales… Exemple de technique de lavage des mains. Hygiène du quotidien : temps de sommeil nécessaire, alternance d'activité et de repos.

Rédiger une trace écrite
L'enseignant(e) reprend les connaissances et rédige une trace écrite à partir des découvertes réalisées.

Séance 4 : Pourquoi se laver les mains avant de manger ?

Préparer la gélose en amont
Sur une plaque chauffante, mélanger 500 ml d'eau avec un cube de bouillon déshydraté et de l'agar-agar en le faisant chauffer. Filtrer le mélange. Répartir le mélange dans 5 boîtes de Pétri. Laisser refroidir. *Cf* : https://www.reseau-canope.fr/corpus/video/nos-mains-sales-21.html + fiche élève

Se questionner
Pourquoi doit-on se laver les mains ? Qu'est ce qui nous prouve que l'on a des microbes sur les mains puisqu'ils ne sont pas visibles ? Proposer une expérience au élève qui permettre de visualiser la présence et l'action des bactéries (microbes) sur les mains.

Expérimenter
Protocole : Isoler une boîte (témoin) n° 5. Des élèves touchent de la terre humide et ne se lavent pas les mains : ils touchent la gélose présente dans la boîte n° 1. Des élèves touchent une poignée de porte ou l'interrupteur de la classe, ne se lavent pas les mains et touchent la gélose dans la boite n° 2. Des élèves se lavent les mains selon leur découverte faite dans la séance précédente à l'aide des documents et touchent la gélose de la boîte n° 3. Des élèves se lavent rapidement les mains (peu de savon, peu de frottement, peu de rinçage, temps court) et touchent la gélose présente dans la boîte n° 4.

Se projeter
Demander aux élèves de se projeter sur les résultats visibles dans les boites de Pétri à l'aide de la fiche élève 1.

Observer et conclure
Observer quotidiennement comment évolue le contenu de chaque boite. Au bout d'une semaine, conclure sur l'effet du lavage sur les mains. Détruire les cultures de bactéries en l'absence des élèves en les javellisant. Compléter la fiche.

Séance 5 : De l'investigation à la mise en acte

Questionner les élèves sur l'autoévaluation possible.

Réaliser un calendrier d'observation des comportements de chacun sur une période de l'année. Demander à chaque groupe de construire les observables sous forme de tableau. Mettre en commun les tableaux construits qui devront être complétés individuellement au quotidien.

À l'échelle de l'école : réaliser un sondage sur les comportements de 100 élèves. Ce travail pourra être analysé par les élèves de cycle 3 sous forme de pourcentages et traduit sous forme graphique (colonne) afin de le rendre lisible pour les élèves de niveau 2.

Séance 6 : Diffusion préventive et prolongement

Évaluer les tableaux de chaque élève afin de mesurer l'incidence des nouvelles connaissances sur leur comportement. Restituer les résultats anonymes aux élèves. Débattre ensemble des freins rencontrés à la réussite et des solutions possibles. À l'échelle de l'école : communiquer en conseil d'école le résultat du sondage d'école. Créer un livret des bonnes pratiques (ou journal scientifique) sur les comportements favorables à la santé des enfants à partir des recherches effectuées à diffuser auprès des autres élèves avec l'appui de la municipalité et/ou du service périscolaire.

Fiche élève

1 Question posée : ....

Conditions de l'expérience

a. Complète le schéma avec les légendes : Boîte de Pétri fermée – Gélose

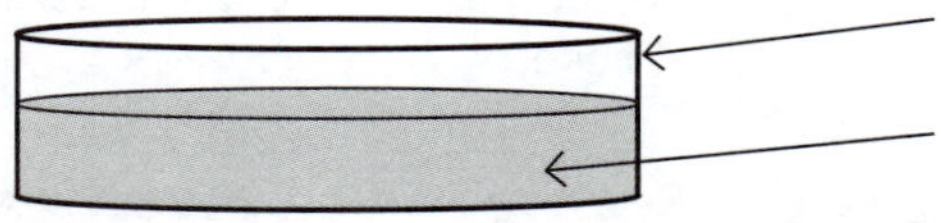

....

....

Nombre de boîtes de Pétri pour l'expérience : ....

b. Décris les mains qui entreront en contact avec la gélose :

	Mains non lavées - État des mains	Mains lavées			
		Quantité de savon	Frottement des mains	Temps de lavage	Temps de rinçage
Élève 1					
Élève 2					
Élève 3					
Élève 4					

c. Que contiendra la boîte n° 1 ? ....

N° 2 ? ....

N° 3 ? ....

N° 4 ? ....

N° 5 ? ....

d. D'après-toi, que va-t-il se passer dans les boîtes ?

....

- -

Résultats de l'expérience

e. Dessine ce que tu observes dans les boîtes au bout d'une semaine :

Élève n° .... Élève n° .... Élève n° .... Élève n° .... Élève n° .... Élève n° ....

Chaque tâche est en réalité une colonie dans laquelle évoluent plusieurs milliers de bactéries. Recherche la définition d'une bactérie.

....

f. La question posée était : ....

g. Que peux-tu en conclure ? ....

....

⚠ **Le contenu des boîtes sera javellisé par le professeur. Pour quelle raison ?**

....

Espace – Temps – Organisations du monde

Les choix de la programmation et la progressivité dans le cycle

Pour chaque niveau, la programmation articule par période, les activités liées à l'espace, au temps et à l'exploration des organisations du monde, à raison d'une séance de 45 minutes par semaine.
On pourra distinguer ce qui concerne l'espace (foncé) ou le temps (clair). L'exploration des organisations du monde, suivant le sujet développé, est rattachée à l'espace ou au temps. Les connaissances et compétences citées dans les programmes auxquelles se rattachent les activités sont mentionnées suivant ce code couleur. Chaque séquence se déroule sur une ou plusieurs séances. Sur l'ensemble des périodes, le temps dévolu à chaque domaine est le même.

De l'espace vécu à l'espace conçu

Au niveau 1, les élèves se repèrent dans leur classe (position/déplacement), sur des représentations de cet espace (photo) puis en construisent une représentation sous forme de maquette. Ils se repèrent ensuite dans l'espace-école avec la même démarche : du réel à sa représentation en photo puis en maquette. **Au niveau 2**, les élèves observent des vues aériennes obliques et verticales de l'espace-école puis réalisent un plan et l'utilisent pour se déplacer. Lors de l'étude de la rue de l'école, ils se repèrent sur des vues aériennes de la rue puis sur le plan. **Au niveau 3**, les élèves se repèrent dans le quartier de l'école puis dans la ville et situent les lieux étudiés sur une carte. Ils identifient des représentations globales de la Terre et du monde et situent les espaces étudiés sur planisphère et un globe. Le travail sur la course du Soleil est proposé en début de 3e année afin de mettre en évidence les points cardinaux.

Du milieu connu au milieu lointain

Au niveau 1, les élèves étudient comment les sociétés humaines organisent leur espace pour exercer leurs activités dans un milieu proche : la rue. **Au niveau 2**, ils étudient le quartier ou le village et **au niveau 3**, la ville. À chaque niveau, ils comparent leur espace à d'autres plus lointains et plus variés en s'appuyant sur des modes de vie et au niveau 3 sur les paysages et l'adaptation au milieu naturel.

Du passé proche à un passé plus lointain

Aux niveaux 1 et 2, les élèves s'interrogent sur leur vécu et sur celui des parents, grands-parents et arrières grands-parents, à partir de témoignages oraux. **Au niveau 3**, ils interrogent un passé plus lointain : ils comparent des modes de vie de la Préhistoire à nos jours et appréhendent quelques grands faits et personnages de quelques périodes historiques.

Du temps vécu au temps conçu

Aux niveaux 1 et 2, avec le cahier de vie qui retrace des événements vécus, les élèves représentent le temps qui passe : la journée, la semaine, le mois, une période scolaire, l'année, leur vie de la naissance à maintenant. Ils approchent les notions de succession, de durée, de simultanéité. **Au niveau 3**, ils abordent un temps abstrait, celui de l'Histoire et les différentes périodes sont mises en évidence : Préhistoire-Gaule Romaine – Temps des châteaux forts et des cathédrales – Temps des rois et des palais – Temps des usines – XXe siècle.

Le croisement des disciplines

Même s'il n'apparait pas explicitement dans les programmations, il existe.
L'oral est omniprésent pour expliciter un parcours, commenter un document et acquérir le lexique spécifique du temps et de l'espace... La lecture de documents de diverses natures intervient lors de chaque activité : dégager des informations d'un document, rechercher des informations sur le web... L'écriture est convoquée à chaque instant : écrire dans le cahier de vie, rédiger le compte-rendu d'une sortie, légender une photo... Les relations avec les mathématiques sont évidentes quand il faut réaliser une frise ou mesurer et comparer des durées. En articulation avec l'enseignement moral est civique, les élèves expliquent, argumentent à propos des modes de vie autrefois, d'ailleurs... Un lien est également possible avec l'enseignement des arts plastiques notamment lors de l'étude de la ville.

Le croisement des disciplines prend tout son sens dans l'élaboration de projets où l'espace-temps est au centre des apprentissages : compte-rendu de visite, présentation de la classe ou de l'école sur le blog de l'école ou dans un journal – exposition à destination des parents sur des modes de vie ailleurs – ou album documentaire pour présenter la vie autrefois... Les informations sont recherchées, partagées grâce aux techniques de l'information et de la communication avec lesquelles les élèves peuvent ainsi se familiariser.

Programmation annuelle d'activités

Se situer dans le temps, dans l'espace et explorer les organisations du monde Niveau 1 (CP)

	« Questionner le monde »	Problématique	Compétences et connaissances associées
Période 1	**Représenter le temps sur l'année**		
S1	**Le cahier de vie** • Le cahier de vie est un cahier dans lequel une page représente une journée (de classe ou non) de la rentrée à la fin de l'année scolaire. Chaque page est partagée en trois bandes horizontales : dans la classe (on y note le soir l'événement marquant de la journée), dans l'école, dans le village ou la ville (chaque fois qu'un événement important a lieu on le note dans la bande correspondante). On peut aussi coller des dessins, des photos, des articles de journaux. Ce cahier sert de support à la réalisation des frises représentant le temps.		
Se repérer et représenter le temps – Situer des événements les uns par rapport aux autres			
S2 **S3**	**La journée d'un enfant** • Dessiner, dans l'ordre chronologique, les activités d'une journée du lever le matin, au lever le lendemain matin. • Réaliser une frise avec ces dessins. Noter le jour, la nuit, se repérer sur cette frise. **La journée d'une autre personne** • Comparer avec la journée d'une autre personne : employé municipal.		
Se repérer dans l'environnement proche et sur des représentations – Situer des objets ou des personnes les uns par rapport aux autres			
S4 **S5**	**Des photos de la classe** • Se déplacer dans la classe pour utiliser le vocabulaire définissant les positions et les déplacements. • Observer des photos de la classe prises sous différents angles, au sol, en hauteur. S'y repérer.		
Représenter la semaine vécue – Situer des événements les uns par rapport aux autres – Identifier des rythmes cycliques du temps			
S6	**La frise d'une semaine** • À partir du cahier de vie, réaliser la frise d'une semaine (comprendre le caractère cyclique des jours), rédiger un texte reprenant les événements de chaque semaine et utiliser le vocabulaire permettant de se situer dans le temps.		
Période 2	**Représenter l'espace proche et s'y repérer**		
S1 **S2**	**La maquette de la classe** • Réaliser une maquette en pâte à sel. Tracer des itinéraires sur la maquette, les suivre et inversement.		
Représenter le temps – Situer des événements les uns par rapport aux autres – Comparer des durées			
S4	**La semaine de l'enfant et d'autres personnes** • Compléter la semaine réalisée à partir du cahier de vie avec les activités propres à chacun pour les jours hors de l'école. • Raconter à l'oral puis en dictée à l'adulte la semaine d'une personne de l'école.		
Se repérer dans l'espace proche et ses représentations			
S5 **S3**	**Repérages dans l'école** • Se déplacer dans l'école avec un jeu de piste. • Observer des photos prises sous différents angles, au sol, vues aériennes obliques (sur le web). Les légender.		
Représenter le mois vécu – Situer des événements les uns par rapport aux autres – Identifier des rythmes cycliques du temps			
S6	**La frise d'un mois** • À partir du cahier de vie, réaliser la frise du mois d'octobre (caractère cyclique des semaines) avec les événements du mois dans leur succession. • Se repérer sur la frise : antériorité, postériorité.		
Période 3	**Repérer et situer quelques événements dans un temps long**		
S1	**Repérages sur des calendriers** • Retrouver les jours, les mois sur des calendriers présentés différemment.		
Prendre conscience que le temps qui passe est irréversible			
S2 **S3**	**La frise chronologique de la vie de l'enfant** • Lister les événements importants : premières dents, premiers pas, entrée à l'école maternelle, au CP. Les dessiner. • Réaliser un frise de la vie d'un enfant à partir de dessins et/ou de photos (si c'est possible) et réaliser des exercices de repérage. • Raconter à l'oral puis en dictée à l'adulte la vie d'un enfant dont les repères sont donnés en photo.		

	« Questionner le monde »	Problématique	Compétences et connaissances associées
	Se repérer dans son environnement proche et le représenter. Situer des objets ou des personnes les uns par rapport aux autres ou par rapport à d'autres repères		
S4 S5 S6	**La maquette de l'école** • Réaliser une maquette en pâte à sel. Tracer des itinéraires sur la maquette, les suivre et inversement. ▸ **La maquette de l'école.** Lea.fr		
Période 4	**Repérer et situer quelques événements dans un temps long. – Prendre conscience que le temps qui passe est irréversible**		
S1 S2	**Les générations : trois époques** • Observer et classer des photos de grands parents, parents, enfants : ayant été enfants dans les années cinquante, soixante-dix et quatre-vingt, aujourd'hui. • Légender chaque photo avec une phrase et dégager les caractéristiques de chaque groupe.		
	Se repérer dans son environnement proche. Comprendre qu'un espace est organisé		
S3 S4 S5	**Physionomie de la rue de l'école et activités** • Sortir dans la rue : observer les constructions, l'aménagement de la chaussée, la circulation, les activités, l'animation, prendre des photos, dessiner, interviewer des personnes empruntant la rue, travaillant dans la rue… • Légender les photos et dessins réalisés lors de la sortie, les classer dans l'ordre chronologique de la sortie. Tracer l'itinéraire suivi dans la rue et y placer les photos et dessins. Dégager les caractéristiques de la rue. • Rédiger un compte-rendu de la sortie reprenant les éléments caractéristiques de la rue.		
	Représenter une période vécue – Situer des événements les uns par rapport aux autres – Identifier des rythmes cycliques du temps		
S6	**La frise d'une période scolaire** • À partir du cahier de vie, réaliser la frise de la période, y noter les événements survenus dans la classe, dans l'école ; dans la ville ou le village ; travailler sur la succession et la simultanéité.		
Période 5	**Comprendre l'évolution des sociétés à travers des modes de vie à diverses époques**		
S1 S2 S3	**La lessive aujourd'hui et autrefois** • Raconter et dessiner comment on fait la lessive aujourd'hui. • Obtenir et lire des témoignages oraux et des documents sur la lessive dans les années 50, les années 70-80. • Rédiger un texte mettant en évidence les permanences et les évolutions.		
	Comparer des modes de vie de différentes cultures. Situer les espaces étudiés sur une carte ou un globe		
S4 S5	**La vie dans un des pays suivants :** Afrique, Groenland, Amazonie, Inde, Chine, Japon… (au choix selon les projets du cycle) • Sur le temps de lecture, lire un album de fiction parlant de ce pays. • Situer le continent, le pays choisi sur un globe et sur un planisphère. • Observer et analyser des documents : habitat, alimentation, vêtements, vie quotidienne. Comparer avec ce que l'on a appris à la lecture de l'album. • Écrire une phrase résumant chaque thème abordé. Réaliser un panneau présentant ce pays, avec un texte réalisé à partir des phrases rédigées, des photos et dessins légendées.		
	Représenter la semaine vécue – Situer des événements les uns par rapport aux autres – Identifier des rythmes cycliques du temps		
S6	**La frise de l'année solaire** • À partir du cahier de vie, reconstituer l'année scolaire à partir des différentes frises. Retrouver l'année scolaire sur un calendrier. Situer les saisons.		

Programmation annuelle d'activités

Se situer dans le temps, dans l'espace et explorer les organisations du monde Niveau 2 (CE1)

	« Questionner le monde »	Problématique	Compétences et connaissances associées
Période 1	**Représenter le temps sur l'année**		
S1	• Présenter le cahier de vie qui sera renseigné chaque jour. • Le cahier de vie est un cahier dans lequel une page représente une journée de classe ou non de la rentrée à la fin de l'année scolaire. Chaque page est partagée en quatre bandes horizontales : dans la classe (on y note chaque soir l'événement marquant de la journée), dans l'école, dans le village ou la ville, ailleurs en France ou dans le monde (chaque fois qu'un événement important a lieu on le note dans la bande correspondante). On peut aussi coller des dessins, des photos, des articles de journaux. Il sert de support à la représentation du temps au fil de l'année.		
	Se repérer et représenter le temps – Situer des événements les uns par rapport aux autres – Comparer, estimer, mesurer des durées		
S2 **S3**	• Réaliser un sablier et mesurer la durée d'activités vécues en classe. • Mesurer la durée d'activités vécues en classe en utilisant une horloge, une pendule, une montre. • Lire l'emploi du temps de la journée et de la semaine. L'accompagner de dessins et indiquer des durées.		
	Se repérer dans l'environnement proche et sur des représentations – Situer des objets ou des personnes les uns par rapport aux autres		
S4 **S5** **S6**	**De la vue aérienne de l'école au plan** • Jeux de repérage sur des représentations différentes de l'école : photos aériennes obliques, verticales (sur http://www.geoportail.gouv.fr/). • Réaliser un plan et le légender. • Proposer une chasse au trésor avec énigmes pour se déplacer dans l'école en utilisant le plan : employer le vocabulaire définissant les positions et les déplacements dans les consignes.		
Période 2	**Représenter les semaines et le mois vécus – Situer des événements les uns par rapport aux autres – Identifier des rythmes cycliques du temps**		
S1	**À partir du cahier de vie, réaliser la frise d'une semaine, d'un mois** • Rédiger un texte reprenant la succession des événements du mois dans la classe, l'école, la ville ou le village mais aussi ailleurs en France ou dans le monde en les situant les uns par rapport aux autres dans leur succession, leur simultanéité.		
	Repérer et situer quelques événements dans un temps long		
S2	**Se repérer sur des calendriers** ▸ **Utiliser un calendrier.** Lea.fr • Observer les différentes manières de représenter la journée, la semaine, le mois, l'année. • Sur un calendrier grand format montrant l'année complète, situer les anniversaires, les moments importants de la vie de la classe, utiliser oralement le vocabulaire lié au repérage dans le temps.		
	Se repérer dans son environnement proche. Situer des objets ou des personnes les uns par rapport aux autres ou par rapport à d'autres repères.		
S3 **S4** **S5** **S6**	**Un quartier de la ville ou le village : physionomie et activités humaines** • Observer les constructions, ce qu'on y trouve, les rues, places et leur aménagement, les parcs et jardins, l'animation, la circulation, les traces du passé ; prendre des photos, dessiner, interviewer des habitants, des commerçants, des employés tout usager du quartier… • Légender les photos et dessins réalisés après avoir sélectionné les éléments importants. Repérer ces éléments sur la photo aérienne oblique puis verticale, sur le plan du quartier. • Classer les éléments observés suivant leur fonction : pour habiter, se divertir, s'instruire, acheter/vendre, fabriquer, transformer, se déplacer etc. Réaliser une affiche reprenant les caractéristiques dominantes du quartier ou du village.		
Période 3	**Représenter un trimestre vécu – Situer des événements les uns par rapport aux autres – Identifier des rythmes cycliques du temps**		
S1	**La frise d'un trimestre** • À partir du cahier de vie, réaliser la frise d'une période scolaire. • Rédiger un texte reprenant la succession des événements de la période dans la classe, l'école, la ville ou le village mais aussi ailleurs en France ou dans le monde) en les situant les uns par rapport aux autres dans leur succession, leur simultanéité, leur durée.		

<table>
<tr><th></th><th>« Questionner le monde »</th><th>Problématique</th><th>Compétences et connaissances associées</th></tr>
<tr><td></td><td colspan="3">Prendre conscience que le temps qui passe est irréversible</td></tr>
<tr><td>S2</td><td colspan="3">Les générations : quatre époques
• À partir d'une photo de famille (enfants, parents, grands-parents, arrières grands-parents), mettre en évidence quatre époques : vers 1930, vers 1950, vers1970-80, aujourd'hui.</td></tr>
<tr><td></td><td colspan="3">Repérer des périodes à partir de ressources locales</td></tr>
<tr><td>S3
S4</td><td colspan="3">Des traces du passé proche dans l'espace proche
• Décrire les traces du passé relevées et photographiées lors de la sortie dans le quartier.
• Remettre dans l'ordre chronologique ces traces observées, légender les photos prises.</td></tr>
<tr><td></td><td colspan="3">Comparer son milieu à un autre. Comprendre qu'un espace est organisé</td></tr>
<tr><td>S5
S6</td><td colspan="3">Physionomie du village (si on est en ville) ou d'un quartier de centre ville (si on est en village) et activités humaines
• À partir de documents, lister les constructions et ce qu'on y trouve, décrire l'animation, la circulation, les parcs et jardins, les rues et leur aménagement, relever les traces du passé.
• Repérer les éléments représentatifs du village ou du quartier sur la photo aérienne oblique puis verticale, sur le plan.
• Classer les bâtiments et lieux repérés dans un tableau suivant leur fonction. Dégager les caractéristiques du village, du quartier.</td></tr>
<tr><td>Période 4</td><td colspan="3">Comparer des modes de vie et des techniques à différentes époques</td></tr>
<tr><td>S1
S2</td><td colspan="3">Fenaison et moisson vers 1900, vers 1930, vers 1950, aujourd'hui
• Observer des documents. Décrire les étapes du travail à la main puis les machines utilisées.
• Établir un tableau comparatif sur les travaux des champs aux trois périodes avec des textes accompagnés de dessins. Mettre en évidence les permanences et les changements.</td></tr>
<tr><td>S3
S4
S5</td><td colspan="3">Se déplacer en ville vers 1900, vers 1930, vers 1950, aujourd'hui
• Observer des documents : l'avenue de l'opéra à Paris vers 1900, vers 1930, vers 1950, vers 1970-80 et maintenant. Décrire l'aménagement de la rue (éclairage, chaussée), les cafés et magasins, les véhicules, les piétons, la réglementation de la circulation…
• Établir un tableau comparatif sur les modes de déplacement en ville aux quatre périodes avec des textes accompagnés de dessins. Mettre en évidence les permanences et les changements.</td></tr>
<tr><td colspan="4">Représenter l'année vécue – Situer des événements les uns par rapport aux autres – Identifier des rythmes cycliques du temps</td></tr>
<tr><td>S6</td><td colspan="3">La frise de l'année scolaire
• Reconstituer l'année avec les différentes frises.
• Rédiger un texte reprenant la succession des événements importants de l'année dans la classe, l'école, la ville ou le village mais aussi ailleurs en France ou dans le monde) en les situant les uns par rapport aux autres dans leur succession, leur simultanéité, leur durée.</td></tr>
<tr><td>Période 5</td><td colspan="3">Comparer son milieu à un milieu plus lointain</td></tr>
<tr><td>S1
S2</td><td colspan="3">Vivre à la montagne ou au bord de la mer
• Observer des paysages. Lister les activités dont on voit la trace.
• Dans des journaux pour enfants de l'année, rechercher des articles sur la montagne ou sur la mer. Relever les titres, lister les activités et les problèmes dont ils parlent.</td></tr>
<tr><td></td><td colspan="3">Comparer des modes de vie de différentes cultures.
Situer les espaces étudiés sur une carte ou un globe</td></tr>
<tr><td>S3
S4
S5
S6</td><td colspan="3">La vie dans le pays choisi : Afrique, Groenland, Amazonie, Inde, Chine, Japon… (au choix selon les projets du cycle)
• Lire un album de fiction parlant de ce pays.
• Situer le continent, le pays choisi sur un globe et sur un planisphère. Relever les informations sur la façon de vivre. Observer et analyser des documents : habitat, alimentation, vêtements, vie quotidienne. Comparer avec ce que l'on a appris à la lecture de l'album. Écrire une phrase résumant chaque thème abordé.
• Réaliser un panneau présentant ce pays, avec un texte réalisé à partir des phrases rédigées, des photos et dessins légendées.</td></tr>
</table>

Programmation annuelle d'activités

Se situer dans le temps, dans l'espace et explorer les organisations du monde Niveau 3 (CE2)

<table>
<tr><th></th><th>« Questionner le monde »</th><th>Problématique</th><th>Compétences et connaissances associées</th></tr>
<tr><td>Période 1</td><td colspan="3">Comparer des modes de vie et des techniques à différentes époques</td></tr>
<tr><td>S1
S2
S3</td><td colspan="3">Lire et écrire de la Préhistoire à aujourd'hui
• La naissance de l'écriture marque le début de l'Histoire. Au temps des châteaux forts, les livres sont recopiés à la main dans les monastères qui assurent l'instruction. Les livres sont diffusés en plus grand nombre après la découverte des caractères mobiles au temps des rois par Gutenberg.
• L'utilisation des rotatives favorise le développement de la presse vers 1900. Parallèlement, l'école devient laïque, gratuite et obligatoire avec les lois laïques en 1881-1882 de Jules Ferry.
• Rédiger un texte reprenant les permanences et les évolutions du lire/écrire. Mettre en évidence les périodes de l'Histoire.</td></tr>
<tr><td colspan="4">Identifier des représentations globales de la Terre et du monde.
Savoir que la Terre fait partie d'un univers très vaste composé de différents types d'astres</td></tr>
<tr><td>S4</td><td colspan="3">La carte du système solaire
• Distinguer étoiles et planètes. Sur une carte du système solaire, situer la Terre par rapport au Soleil et aux autres planètes. Nommer les planètes.</td></tr>
<tr><td>S5</td><td colspan="3">Les mouvements de la Terre
• Manipuler des boules éclairées représentant le Soleil, la Terre et la Lune pour montrer la succession du jour et de la nuit, la succession des saisons, les lunaisons.
• Lire des croquis montrant ces mouvements.</td></tr>
<tr><td>S6</td><td colspan="3">La course du Soleil
• Tracer dans la cour, l'ombre de la course apparente du Soleil. Repérer le sud, le nord, l'est et l'ouest.</td></tr>
<tr><td>Période 2</td><td colspan="3">Se repérer dans l'environnement proche et sur des représentations –
Situer des objets ou des personnes les uns par rapport aux autres</td></tr>
<tr><td>S1
S2</td><td colspan="3">De la vue aérienne verticale du quartier de l'école au plan
• Sur la vue aérienne verticale projetée à partir du site http://www.geoportail.gouv.fr/, situer l'école et des éléments de la ville ou du village connus des élèves. Faire verbaliser des itinéraires pour aller d'un point à un autre en utilisant le vocabulaire lié à l'espace (droite, gauche, entre, sud, nord, est, ouest). Réaliser le même travail sur le plan correspondant.</td></tr>
<tr><td colspan="4">Se repérer dans son environnement proche. -Comprendre qu'un espace est organisé</td></tr>
<tr><td>S3
S4
S5
S6</td><td colspan="3">La ville, un ensemble de quartiers différenciés
• À partir de documents sur plusieurs quartiers de la ville, les décrire : aspect des constructions, des rues, des places, des parcs ou jardins publics, la circulation. Retrouver les quartiers sur un plan de la ville, les axes de circulation, les cours d'eau.
• Recenser le rôle des bâtiments et des différents lieux observés dans chaque quartier sous forme de tableau (pour habiter, pour s'instruire, pour les loisirs etc.) et dégager les fonctions de chaque quartier : résidentielles, commerciales, industrielles, administratives, touristiques…
• Écrire un texte pour dire ce que l'on aime de la ville, ce que l'on n'aime pas, ce que l'on aimerait voir améliorer, changer etc. Mettre en relation les dominantes exprimées avec les projets pour la ville que l'on peut découvrir dans le bulletin municipal.
• Dessiner la ville de ses rêves.</td></tr>
<tr><td>Période 3</td><td colspan="3">Repérer des périodes à partir de ressources locales</td></tr>
<tr><td>S1
S2</td><td colspan="3">Des traces du passé dans le milieu proche
• Rechercher des traces du passé de sa ville, de la ville proche ou de son village, sur le web, sur des dépliants de l'Office du tourisme ou lors de sorties. Les situer sur le plan.
• Légender les photos et les dessins, placer ces traces du passé recueillies sur la frise chronologique avec les différentes périodes.</td></tr>
<tr><td colspan="4">Repérer des périodes de l'histoire du monde occidental et de la France en particulier, quelques grandes dates et personnages clés – Connaitre quelques modes de vie des hommes et des femmes et quelques représentations à travers le temps historique</td></tr>
<tr><td>S3</td><td colspan="3">Au temps de la Gaule romaine
• Après la conquête romaine en -52 avant J.-C., les gallo-romains, pour assister aux spectacles qu'ils aiment, bâtissent des amphithéâtres, des cirques, des arènes et des théâtres.</td></tr>
</table>

	« Questionner le monde »	Problématique	Compétences et connaissances associées
S4	**▸ Au temps des châteaux forts et des cathédrales (fiche p. 116)** • Dans la seigneurie, au pied du château fort, la vie du paysan est rythmée par les saisons.		
S5	**La découverte de l'Amérique** • En 1492, croyant arriver aux Indes, Christophe Colomb débarque sur le continent américain. De nouvelles plantes sont rapportées en Europe.		
S6	**Au temps des palais : le Roi Soleil** • Une journée du roi Louis XIV à Versailles.		
Période 4	**Reconnaitre différents paysages en s'appuyant sur des lieux de vie**		
S4	**Paysages urbains/ruraux** • Observer et décrire des paysages urbains et ruraux à partir de vues aériennes obliques. Les situer sur une carte de France. **▸ Lecture de cartes et espace.** Lea.fr • Lire une carte thématique simple des villes de France.		
S5 **S6**	**Montagnes /Littoraux** • Comparer différents paysages de montagne d'Europe. Les situer sur une carte de l'Europe. Faire rechercher des informations sur le web sur différentes villes ou villages de montagne. • Comparer un littoral avec côte basse sableuse et un littoral avec une côte haute rocheuse, découpée. Les situer sur la carte de l'Europe. • Sur la carte IGN d'un littoral d'une région, relever les villes et villages de bord de mer. Par groupe, rechercher sur le web, la ou les activités humaines dominantes de chaque lieu.		
	Repérer des périodes de l'histoire du monde occidental et de la France en particulier, quelques grandes dates et personnages clés – Connaitre quelques modes de vie des hommes et des femmes et quelques représentations à travers le temps historique		
S1	**La prise de la Bastille** • Le 14 juillet 1789, le peuple de Paris s'empare de la prison de la Bastille, symbole de l'autorité royale : c'est le début de la Révolution.		
S2	**Au temps des premières usines, les débuts du chemin de fer** • On utilise la machine à vapeur pour tirer des wagons. Les bateaux aussi sont équipés de machines à vapeur. On peut ainsi parcourir la Terre entière.		
S3	**Au temps des premières usines, le travail des enfants** • La vapeur permet l'exploitation des mines, le fonctionnement de nombreuses machines jour et nuit. Dans les mines et les usines, hommes, femmes et enfants travaillent dans des conditions pénibles et dangereuses.		
Période 5	**Repérer des périodes de l'histoire du monde occidental et de la France en particulier, quelques grandes dates et personnages clés – Connaitre quelques modes de vie des hommes et des femmes et quelques représentations à travers le temps historique**		
S1	**Vers 1900, de nouvelles inventions** • On commence à communiquer par téléphone, on garde des souvenirs avec la photographie, c'est le début du cinéma, on peut avoir de la musique avec un phonographe et on écoute la radio. Ce sont aussi les débuts de l'automobile.		
S2	**Les deux guerres mondiales** • Le 11 novembre 1918, l'armistice signé entre l'Allemagne et la France met fin à la première guerre mondiale. • Le 8 mai 1945, l'Allemagne capitule, c'est la fin de la deuxième guerre mondiale.		
S3	**Au XXe siècle, la société de consommation** • Au cours de la Ve République fondée par Charles De Gaulle, de grands changements sont apportés dans le mode de vie quotidien : télévision, triomphe des biens d'équipement.		
	Identifier un paysage de la planète et ses caractéristiques		
S4 **S5** **S6**	**Paysage et vie dans les Andes** • Situer sur un globe et un planisphère, le continent où se trouvent les Andes et les pays évoqués par les documents. Présenter des vues des Andes et visionner une vidéo montrant un déplacement en train dans les Andes. • Extraire les informations importantes d'un texte présentant l'adaptation des Indiens d'Équateur à la vie en altitude. Observer des photos de l'étagement des cultures. • Écrire un texte décrivant une photo présentant un marché dans un village du Pérou en précisant les informations apportées notamment sur l'alimentation et l'habillement.		

Au temps des châteaux forts et des cathédrales : la vie du paysan

Domaine Temps – Organisation du monde niveau 3

Objectifs de la séquence

Il s'agit de mettre en évidence que :
- Le paysan a une vie pénible. Tout au long de l'année, il accomplit des travaux rudes avec un outillage rudimentaire.
- Il est attaché au seigneur à qui il doit payer des redevances, donner une partie de sa récolte et pour qui il doit effectuer des corvées. Certains paysans un peu moins pauvres que les autres peuvent s'acheter un attelage et une charrue. Ils peuvent ainsi cultiver une surface plus grande.

Connaissances et Compétences associées

Découvrir et comparer des modes de vie caractéristiques des principales périodes de l'histoire de la France.

Matériel

- Miniature *Les travaux des champs* extraite du *Traité d'agronomie* de Pietro de Crescenzi, 1459, Bibliothèque Nationale. http://classes.bnf.fr/ema/grands/856.htm
- Miniature représentant les paysans, en bas à droite dans *Les trois états de la société médiévale*, Gilles de Rome, *Le Régime des princes*, Rouen, premier quart du XVe siècle. http://classes.bnf.fr/ema/grands/659.htm#
- La fiche élève.

Durée

1 séance de 45 min.

Déroulement

1. Présentation du sujet de la leçon

Rappeler la période approchée la semaine précédente : La Gaule Romaine. Indiquer le sujet de la leçon et situer la période sur la frise mise en place lors de l'étude du thème *Lire et écrire au fil du temps*.

Pour assurer le lien avec la période précédente, raconter : « *Après l'époque des gallo-romains, c'est l'époque des château-forts et des cathédrales. Dans les campagnes, les seigneurs ont fait construire des châteaux-forts pour se protéger. Les paysans pouvaient s'y réfugier en cas d'invasion ennemie. Pendant ce temps, dans les villes, on a construit de grandes cathédrales.* »

2. Analyse de documents et apports de l'enseignant

- À partir du site de la BNF (http://www.bnf.fr/), projeter ou reproduire le calendrier représentant l'année du paysan. L'observer. Faire expliciter les différents travaux réalisés par les paysans. Pour chaque mois, oralement, faire énoncer une phrase syntaxiquement structurée décrivant le travail réalisé et sur la fiche élève, activité 1.a, écrire un titre sous la forme d'un groupe nominal. Apporter éventuellement le vocabulaire inconnu, l'écrire au tableau et donner les explications nécessaires (entre parenthèses).
- **Janvier :** le paysan nettoie un fossé avec une pioche.
- **Février :** deux paysans épandent du fumier dans un jardin. (*Les animaux restant peu de temps dans les étables, le fumier n'était pas assez abondant pour qu'on l'étende dans les champs ; pour rendre la terre plus fertile, dans les champs, on laissait la terre se reposer pendant un an - la jachère.*)
- **Mars :** deux paysans taillent la vigne.
- **Avril :** un paysan tond les moutons.
- **Mai :** à cheval, le seigneur chasse avec un faucon.
- **Juin :** dans un pré, un paysan fauche l'herbe pour faire du foin. (*Le pré est protégé du vagabondage des animaux.*)
- **Juillet :** un paysan et une paysanne coupent le blé.
- **Août :** une femme apporte les gerbes sur l'aire de battage et un paysan bat le blé au fléau.
- **Septembre :** dans un champ labouré, un paysan sème du blé.

- **Octobre :** un paysan apporte le raisin récolté dans la cuve où un autre vendangeur le foule avec les pieds.
- **Novembre :** avec un bâton, un paysan fait tomber les glands pour nourrir ses porcs.
- **Décembre :** un homme tue un cochon pendant qu'une femme s'apprête à recueillir le sang. (*Le cochon, élevé par les paysans était essentiellement vendu sur les marchés afin d'obtenir l'argent nécessaire pour payer les redevances en argent dues au seigneur. L'alimentation du paysan était le pain et la soupe avec un morceau de lard, les jours de fête.*)

Réaliser l'activité **1. b** et conclure que tout le travail des champs s'effectuait à la main avec des outils rudimentaires. Lire le texte du poète du XIIe siècle, Étienne de Fougères, sur la fiche élève. L'expliciter collectivement. Réaliser l'activité 2. Préciser les corvées (et prestations et obligations coutumières) effectuées par les paysans pour le seigneur en échange de la terre qu'ils cultivent : entretenir et réparer les chemins, les routes, le château, curer les fossés, faire le guet au château, transporter le vin, le bois du seigneur, etc. Indiquer que les paysans doivent aussi donner de l'argent au seigneur. Expliquer que les viviers sont des réservoirs pour garder vivant le poisson qui a été pêché.
Expliquer ce qu'était un *vilain* : un habitant de la campagne, du village.

Projeter la partie du document *Les trois états de la société médiévale* de Gilles de Rome, *Le Régime des princes*, Rouen, premier quart du XVe siècle représentant les paysans. Y retrouver des activités déjà vues : taille de la vigne et semailles. Préciser que seuls les paysans les plus aisés pouvaient avoir un attelage avec des chevaux et utiliser une charrue pour labourer.
Comparer la manière d'effectuer la fenaison et la moisson avec ce qui a été étudié en année 2 sur ces mêmes activités de 1900 à nos jours.

3. Synthèse et traces écrites

- Récapituler ce qui a été appris et en formuler oralement les idées principales (voir objectifs).
- Lire le vocabulaire de la leçon.
- Puis compléter le texte de la dernière activité de la fiche élève.

Garder la fiche élève en trace écrite dans le cahier d'histoire.

Corrigé de la fiche élève

1. a et b : le curage des fossés (une pioche) – l'épandage du fumier (une hotte et une bêche) – la taille de la vigne (une serpe) – la tonte des moutons (de grands ciseaux) – la chasse au faucon – la fenaison (une faux) – la moisson (une faucille) – le battage du blé (un fléau) – le foulage du raison (une hotte) – les semailles (un tablier) – la glandée – l'égorgement du cochon.
2. a. Il sème seigle. Il fauche le prés. Il tond la laine
b. vilain.
c. oie grasse – poulette – gâteau de blanche farine – bons morceaux – oiseau – rôti.
3. châteaux forts et cathédrales – seigneur – outils rudimentaires – redevances – corvées – chevaux – charrue.

Au temps des châteaux forts et des cathédrales : la vie du paysan

1 a. Complète le tableau en écrivant un titre pour chaque activité du mois.

Janvier	Février	Mars	Avril
Le curage des fossés	....	....	....
Mai	**Juin**	**Juillet**	**Août**
....	....	....	....
Septembre	**Octobre**	**Novembre**	**Décembre**
....	....	La glandée	L'égorgement du cochon ....

b. Recopie dans la case qui convient le nom des outils et les objets utilisés.
une hotte – une bêche – une pioche – un tablier – une faux– un fléau – une faucille – une serpe – de grands ciseaux

2 Lis le texte avec ton professeur.

a. Souligne les travaux que tu as vus sur le calendrier.

b. Recopie le nom qui désigne le paysan : ....

c. Entoure ce que le paysan doit donner au seigneur en échange du droit de cultiver sa terre.

Le paysan

Il a bien du travail et peine :
Au meilleur jour de la semaine
Il sème seigle, il herse avoine.
Il fauche prés, il tond la laine.
Il fait palissades et enclos,
Il fait viviers sur les rivières,
Il fait corvées et prestations,
Et obligations coutumières.
Jamais, il ne mange de bon pain.
On lui prend le meilleur du grain
Et le plus beau et le plus sain,
Mais le mauvais reste au vilain.
S'il a oie grasse ou poulette ou
Gâteau de blanche farine,
À son seigneur il le destine...
Bons morceaux jamais il n'aura,
Ni un oiseau, ni un rôti
S'il a pain de noire farine,
Et lait, et beurre, c'est son régal.

Étienne de Fougères, *Livre des manières* (vers 1174).

3 Complète le texte.

Au temps des .... le travail des paysans était pénible. Toute l'année, ils travaillaient sur les terres du .... avec des .... Il devait payer des .... au seigneur, lui donner une partie de sa récolte et effectuer des ....
Seuls, quelques paysans aisés possédaient un attelage de .... avec une ....

***Vocabulaire :** un vilain – le seigneur – une redevance – des corvées.*

7 | Mathématiques

Comprendre le programme

Les programmes 2016 de l'école élémentaire, comme les précédents, proposent en mathématiques une liste détaillée des compétences qui doivent être acquises par les élèves et définissent le contenu des apprentissages auquel l'enseignant(e) doit se référer dans l'élaboration de sa progression et de ses programmations.

Des compétences pour l'ensemble du cycle

Cependant la liste des compétences est désormais donnée accompagnée d'une liste des « Attendus de fin de cycle », et n'est plus répartie par niveau de classe.
Le cycle devient donc la référence première pour l'évaluation des connaissances et compétences à acquérir par les élèves.
Seuls sont indiqués, dans ce cadre, des éléments de progressivité pour permettre de concevoir des progressions et des programmations pour chacun des niveaux du cycle.
Celles-ci ne doivent cependant pas enfermer les pratiques dans un cadre trop rigide. L'enseignant doit pouvoir adapter son enseignement à la réalité de sa classe sans perdre de vue le cap fourni par les attendus de fin de cycle, répartis en trois grands chapitres :
- Nombre et calcul
- Grandeur et mesure
- Espace et géométrie

Une contribution au socle commun

Pour concevoir ces progressions et programmations, il est essentiel de se référer à l'ensemble du texte des programmes qui définissent, en lien avec le socle commun, les principes généraux qui doivent orienter les pratiques et les axes fondamentaux sur lesquels s'appuyer :
- Les spécificités du cycle des apprentissages fondamentaux
- Contributions essentielles des enseignements au socle commun

Viennent ensuite une liste des **compétences travaillées au sein du cycle**, explicitées chacune par une déclinaison en quelques points.

En mathématiques, la liste des **compétences travaillées** comporte six occurrences, elles-mêmes référées aux domaines du socle :
- Chercher
- Modéliser
- Représenter
- Raisonner
- Calculer
- Communiquer

La compétence : « Représenter », par exemple, est ensuite déclinée en trois points :
- Appréhender différents systèmes de représentations (dessins, schémas, arbres de calcul, etc.).
- Utiliser des nombres pour représenter des quantités ou des grandeurs.
- Utiliser diverses représentations de solides et de situations spatiales.

En mathématiques, les points essentiels à retenir au cycle 2 sont les suivants :
- **La résolution de problèmes** est au centre de l'activité mathématique ;
- **La composante écrite** de l'activité mathématique devient essentielle ;
- Les élèves consolident leur compréhension du **nombre** : le nombre mémoire de la quantité, le nombre mesure, le nombre valeur.

Dans le cadre du croisement entre enseignements, les élèves découvrent petit à petit tous les usages culturels du nombre au quotidien et leurs significations : nombre de présents, prix, taille, poids, adresse…
- Les **quatre opérations** sont étudiées à partir de **problèmes** qui contribuent à leur donner du sens
- Les élèves rencontrent des **grandeurs** qu'ils apprennent à mesurer.

Comment mettre en œuvre le programme

Domaines	Axes de travail au cycle 2
Nombre et calcul	• Des résolutions de problèmes contextualisés. • Étude des relations internes aux nombres. • Étude des différentes désignations orales et/ou écrites. • Appropriation de stratégies de calcul. • Mettre en place une bonne connaissance des nombres inférieurs à mille et leurs relations.

Domaines	Axes de travail au cycle 2
Espace et géométrie	• Connaissances spatiales et connaissances géométriques. • Se repérer, se déplacer. • L'espace réel est progressivement mis en relation avec des représentations géométriques. • Activités de tri, d'assemblages et de fabrications d'objets. • Géométrie plane et connaissances sur les figures usuelles s'acquièrent à partir de résolution de problèmes. • Utilisation d'un langage précis et adapté.

Domaines	Axes de travail au cycle 2
Grandeur et mesure	• À travers des activités de comparaison, les élèves apprennent à distinguer différents types de grandeurs et à utiliser le lexique approprié. • La comparaison de grandeurs peut être directe ou nécessiter la comparaison à un objet intermédiaire. • Les élèves s'approprient les unités de mesure usuelles et apprennent à utiliser les instruments de mesure. • Résoudre des problèmes liés à des situations vécues.

Les choix de la programmation et la progressivité dans le cycle

	Niveau 1 (CP)	Niveau 2 (CE1)	Niveau 3 (CE2)
Nombre et calcul **Les nombres**	• Les nombres inférieurs à 10 ; • Puis à 20. • Jusqu'à 100.	• Reprise de l'étude des nombres jusqu'à 100. • Puis les nombres jusqu'à 200, puis 600, jusqu'à 1 000.	• Les nombres jusqu'à 10 000.
Le calcul Le choix des techniques est laissé aux équipes d'école, il doit être suivi au cycle 3.	• Les élèves établissent puis doivent progressivement : • mémoriser des faits numériques (décompositions/recompositions additives, dont les tables d'addition) ; • poser les additions en colonnes avec des nombres de deux chiffres.	• Les élèves établissent puis doivent progressivement : • mémoriser des faits numériques (décompositions/recompositions additives et multiplicatives, dont les tables d'addition et de multiplication) ; • consolider la maîtrise de l'addition avec des nombres plus grands et avec des nombres de taille différente ; • acquérir la technique de calcul posé pour la soustraction.	• Les élèves établissent puis doivent progressivement : mémoriser des faits numériques (décompositions/recompositions additives et multiplicatives, dont les tables) ; consolider la maîtrise de la soustraction ; acquérir la technique de calcul posé pour la multiplication, tout d'abord en multipliant un nombre à deux chiffres par un nombre à un chiffre puis avec des nombres plus grands.
La résolution de problèmes	• Problèmes additifs et soustractifs • Situations simples de partage ou de groupement.	• Problèmes additifs et soustractifs • Problèmes multiplicatifs • Situations simples de partage	• Problèmes additifs et soustractifs • Problèmes multiplicatifs • Situations simples de partage
Espace et géométrie	• Représentation des lieux et le codage des déplacements se situent dans la classe ou dans l'école • Reconnaitre, trier et nommer des solides variés • L'utilisation des instruments se fait graduellement : règle non graduée, outil de report de longueur sur une droite, règle graduée.	• Représentation des lieux et le codage des déplacements se situent dans le quartier proche • Coder des déplacements à l'aide d'un logiciel de programmation adapté • Construire un cube avec des carrés ou avec des tiges que l'on peut assembler • Construction d'un cercle sans contraintes • Règle graduée, gabarit d'angle droit, équerre, compas pour tracer des cercles.	• Représentation des lieux et le codage des déplacements se situent dans un quartier étendu ou le village • Compréhension et production d'algorithmes simples. • Approche de la notion de patron du cube • Construction d'un cercle à partir de centre rayon ou diamètre • Règle graduée, équerre, compas pour tracer des cercles.
Grandeur et mesure	• **Longueur :** comparaison, double et moitié • **Prix :** euros	• **Longueur :** décimètre, centimètre, m, kilomètre. • **Masse :** gramme, kilo • **Capacités :** litre • **Durée :** heures, minutes • **Prix :** euros et centimes	• **Longueur :** millimètre • **Masse :** gramme, kilo, tonne • **Capacités :** l, dl, cl • **Durée :** heures, minutes, secondes • **Prix :** euros et centimes

Mathématiques niveau 1 (CP)

Avertissement : Tout au long de l'année, il est important de pratiquer ces activités : pratique quotidienne de calcul mental automatisé (addition, soustraction) ; pratique régulière de résolution de problèmes de recherche (numérique, logique, géométrique) ; recherche de la meilleure stratégie de calcul selon les nombres.
Matériel : L'enseignement des mathématiques en niveau 1 du cycle 2 (classe de CP) nécessite l'utilisation de nombreux matériels et affichages, peu onéreux et qui peuvent être construits avec les élèves. Ils sont introduits de manière progressive.
Cela doit aider les élèves à passer de la manipulation à la transcription symbolique et à l'utilisation des symboles mathématiques.
Voici la liste de ceux qui sont cités dans cette programmation indicative au CP : • objets en nombre pour le dénombrement (bouchons, bûchettes, etc.) • boîtes pour ranger ses objets (individuel, classe) • poupées russes (Matriochkas ou boîtes gigognes) pour les boîtes nombres (utilisables dès la GS) • jeux de plateaux (jeu de l'oie, petits chevaux, jeux de Lucette Champdavoine GS, jeux sur ordinateur… • sacs plastiques transparents pour faire des paquets (dénombrement) • abaques, tableaux pour la notion de position en numération • dominos, cartes à jouer, dé, Memory à faire soi-même pour utiliser des écritures de nombres diversifiées • maisons de nombres en carton. Découper une forme de maison et « ranger » dans la maison toute les écritures d'un même nombre, individuel collectif et évolutif.
Affichages et icônes : • File numérique • Graphies des nombres • Constellations : dés, dominos, doigts • Écritures additives : maisons des nombres, tables d'addition etc.

Nombres et calculs			
Semaine	**Nombres et numération**	**Calculs**	**Résolution de problèmes Typologie**
	• Comprendre et utiliser des nombres entiers pour dénombrer, ordonner, repérer, comparer. • Nommer, lire, écrire, représenter des nombres entiers. • Calculer avec des nombres entiers.		• Résoudre des problèmes en utilisant des nombres entiers et le calcul.
Période 1			
S1	• Le nombre jusqu'à 6 : - graphies et constellations ; - premiers affichages dans la classe ; - ordinal et cardinal : les poupées russes ; - jeux de plateaux avec lancés d'un dé ordinaire.	• Premières décompositions additives à l'oral avec appui sur la constellation des doigts.	• 1. Dénombrement de collections. • Nombreuses variables didactiques : - manipulables ou pas ; - nature des objets de la collection ; - tailles, formes ; - déplaçables ou non ; - éloignés ou pas ; - nombre de trajets possibles. • 2. Rangement, classement, sériation.
S2-S3	• Le nombre jusqu'à 12 : - la comptine numérique ; - graphies et constellations ; - affichages dans la classe ; - jeux de plateaux avec lancés de deux dés ordinaires ; - comparaison, rangement ; - ordinal et cardinal : les poupées russes.	• Premières additions à l'oral dans le contexte des jeux de plateau. • Par exemple : « *Je suis sur la case 5, je fais 3 et 3 avec mes dés, sur quelle case dois je me positionner ?* » • Mettre en évidence l'opposition surcomptage et calcul. • Se constituer une mémoire du nombre.	• 1. Dénombrement de collections. • Nombreuses variables didactiques : - manipulables ou pas ; - nature des objets de la collection ; - tailles, formes - déplaçables ou non ; - éloignés ou pas ; - nombre de trajets possibles. • 2. Rangement, classement, sériation. • 3. Établir des stratégies pour se déplacer plus vite sur un plateau de jeu.
S4	• Le nombre jusqu'à 6 : - jeux de plateaux avec deux dés (à trois types de faces : 1,2,3) ; - les maisons de nombres : individuelles et affichages pour la classe.	• Introduction des symboles : +, =, − pour : transcrire des actions de déplacements (progression, régression) sur un plateau de jeu ; premières additions, calculer (ou compter) une somme.	• Problèmes illustrés de réunion d'ensembles (cardinal de la réunion inférieur ou égal à 6). • Rangement classement (cf géométrie).
S5	• Le nombre jusqu'à 12 : - jeux de plateaux avec deux dés ordinaires ; - maisons de nombres.	• Écritures additives dans les maisons de nombres. • Mémorisation des résultats acquis. • Opposition comptage/calcul.	• Problèmes illustrés de réunion d'ensembles (cardinal inférieur à 12) • Rangement classement (cf Géométrie)
S6	• Idem S5	• Idem S5 • Première structuration collective des faits numériques : table d'addition. • Stratégies de calcul : la commutativité.	• Réunion d'ensembles (cardinal inférieur à 12) • Rangement classement (cf. Géométrie) • Transformation d'état positive.

Programmation annuelle d'activités

Mathématiques niveau 1 (CP)

Semaine	Nombres et numération	Calculs	Résolution de problèmes Typologie
Période 2			
S1	• Le nombre jusqu'à 12. • Grouper pour dénombrer : - écrire des résultats de dénombrement (cardinaux) sous la forme de x paquets ; - stratégie de dénombrement, moins de risques d'erreurs.	• Calcul mental régulier • Insister sur les procédures. • Utiliser les affichages de la classe pour aider les élèves à passer du surcomptage au calcul. • Si nécessaire, contextualiser le calcul mental par des pratiques de jeux de plateaux. • Calculer des additions en ligne.	• Dénombrer des collections par paquets. • Par exemple : dénombrer des œufs en utilisant des boîtes de 6, 10 ou 12. • 60 œufs (utilisation de la comptine pour dénombrer) = - 10 boites de six - 6 boites de 10 - 5 boites de 12.
S2	• La dizaine. • Le dénombrement par paquets de dix. • Dix c'est UN paquet. • Jeu de domino avec écritures variées du dix.	• Les amis de dix (Memory) • La maison du dix. • Les dix doigts de la main. • Calculer des additions en ligne en s'aidant du dix : $9 + 3 = 9 + 1 + 2 = 10 + 2$	• Dénombrer des collections par paquets de dix. • Écrire les cardinaux en utilisant les paquets de dix.
S3	• Les nombres 10, 11, 12 : - Valeur et position - Abaques et tableau de numération - Écritures additives	• Le nombre zéro. • Les constellations du dé pour 10, 11, 12. • « *Dix et un ; c'est : un paquet de dix et une unité : 11, onze, 10 + 1.* » • « Dix et 2 :... » • « Dix et trois :... » etc. • Entraînement régulier au calcul mental.	• Dénombrer en utilisant le paquet de dix. • Memory, dominos, etc. • Problèmes de réunion d'ensembles. • Problèmes de transformation d'état (10 à 12).
S4	• Les nombres de dix à seize. • Numération écrite chiffrée : écrire les nombres en chiffres. • Numération orale ou écrite littérale : - dire les nombres ; - lire er écrire les nombres en lettres.	• Ajouter dix dans un calcul en ligne. • Stratégies de calculs en lignes.	• Problèmes de réunion d'ensembles. • Problèmes de transformation d'état (10 à 16)
S5	• Les nombres dix-sept, dix-huit, dix-neuf. • Numération écrite chiffrée : écrire les nombres en chiffres. • Numération orale ou écrite littérale : - dire les nombres ; - lire er écrire les nombres en lettres.	• Ajouter dix dans un calcul en ligne. • Stratégies de calculs en lignes. • Deuxième structuration collective des faits numériques : les tables d'addition. • Affichage collectif, table de Pythagore.	• Problèmes de réunion d'ensemble. • Problèmes de transformation d'état (10 à 19).
S6	• Les nombres de 0 à 19 : lire, dire, écrire, compter, calculer, décomposer additivement.	• L'addition avec trois termes ou plus : l'associativité dans le calcul mental ou en ligne.	
Période 3			
S1	• Les nombres de 0 à 19.	• La soustraction - réinvestissement du code de régression sur un plateau de jeu ; - transfert sur la file numérique : - codage ; - retirer peu par décomptage.	
S2	• Les nombres de 0 à 19.	• La soustraction. • Enlever, ôter (peu). • Soustraction en ligne. • Différence : faire le lien avec les tables d'addition : - si $5+3 = 8$ - alors $8 - 5 = 3$ - ou $8 - 3 = 5$	• Réunion d'ensemble : recherche du complément. • Transformation d'état (T-) : perte, retrait.
S3	• Les nombres de 20 à 29.		
S4	• Les nombres de 30 à 39.	• Addition posée en colonnes sans retenue	
S5	• Les dizaines : 2,3,4, 5 paquets de dix. • Compter de dix en dix : vingt, trente, quarante, cinquante.	• Soustraction : sens, écart. • Retirer beaucoup : $9 - 7 = ?$	
S6	• Les nombres de 20 à 59. • Dire lire écrire compter calculer.		

Semaine	Nombres et numération	Calculs	Résolution de problèmes Typologie
Période 4			
S1-S2	• Les nombres de 0 à 59 : - abaques ; - tableau de numération ; - affichage en lignes et colonnes.	• Calcul en ligne, franchir la dizaine. • Technique opératoire posée en colonnes avec retenue.	• Réunion d'ensembles. • Transformation d'état. • Additions avec retenue.
S3	• La monnaie : payer une somme.	• Billets de dix, cinq, vingt euros. • Pièces de 1 et 2 euros.	• Jeu de la marchande. • Valeurs et prix.
S4	• La monnaie : rendre la monnaie.	• Calculs de différence • L'addition à trou sans franchissement de dizaine : en ligne, puis en colonne. Exemple : 13 + … = 25.	• Réunion d'ensembles, recherche du complément.
S5	• Les nombres de 0 à 59.	• Technique opératoire posée en colonnes de la soustraction sans retenue.	
S6	• Les nombres de 0 à 59.	• Techniques opératoires.	• Problèmes avec opérations posées en colonnes.
Période 5			
S1	• Les nombres de dix à dix-neuf. • Lire, dire, écrire calculer, ordonner (compter, décompter).	• Addition avec franchissement de dizaines (retenue) soustraction : • Enlever peu (retrait), enlever beaucoup (écart). • Différence.	• Contexte : mesures de longueurs. • Prix.
S2	• Les nombres de 60 à 79 : le soixante-dix. • Lire, dire, écrire : la grande famille des soixante.	• Calculs d'additions avec franchissement du soixante-dix.	• Dénombrer des collections avec des paquets de dix. • Écrire les cardinaux de collections (60, à 79).
S3	• Les nombres de 0 à 79. • Comptine numérique. • Comparer, ranger. • Les signes d'ordre.	• Décomposition additive. Exemple : 75 = 70 + 5 = 60 + 15.	
S4	• Les nombres de 0 à 79. • Payer, rendre la monnaie.	• Soustraction posée sans retenue.	• Contextes : mesures de longueurs. • Prix.
S5	• Les nombres de 60 à 79. • Comparer, ranger. • Les signes d'ordre. ▸ **Réviser la numération.** Lea.fr	• Addition à trou. • Soustraction posée en colonnes.	• Structures : - réunion d'ensembles ; - cardinal de la réunion ou recherche du complément. • Recherche d'état final après transformation • positive ou négative.
S6	• Les nombres de 80 à 99 : la grande famille des quatre-vingts. • Lire, dire, écrire, calculer le quatre-vingt-dix.	• Addition avec franchissement du quatre-vingt-dix. • La multiplication. • Double et moitié. • Pair et impair.	• Dénombrer des collections. • Écrire les cardinaux.

Programmation annuelle d'activités

Mathématiques niveau 1 (CP)

Semaine	Grandeurs et mesures	Espace et géométrie	Croisement entre enseignement
Période 1			
S1	• Structuration du temps de l'école et du calendrier : première approche.	• Projet Tangram • Orientation espace de la feuille. • Pavage. • Rythme, etc.	• **Questionner le monde :** - Se repérer dans son environnement proche - Situer des objets les uns par rapport aux autres ou par rapport à d'autres repères. - Vocabulaire permettant de définir des positions. - Se situer dans le temps.
S2	• Semaine/jour/mois.	• Tangram.	• **Questionner le monde :** - La semaine est divisée en jours. - Caractère cyclique des jours, des semaines, des mois, des saisons.
S3	• Les heures de la journée : - arrivée à l'école - récréation, etc.	• Symétries : regarder autour de soi, mettre des mots, pareil ça se ressemble, à l 'envers, etc.	• **Se situer dans le temps :** la journée est divisée en heures.
S4	• Activité de sériation d'images.	• Morpion. • Bataille navale ou équivalent.	
S5	• Prise de photos de la vie de la classe et sériation selon le temps.	• Reproduction sur papier quadrillé.	
S6	• Jeux avec Tangram.	• Jeux avec Tangram.	
Période 2			
S1	• Comparer des longueurs (objets de la classe).	• Projet motricité : parcours en EPS.	• **Questionner le monde :** - Questionner l'espace et le temps ; - Se situer dans l'espace. • **EPS.**
S2	• Comparaison sur un mode direct par juxtaposition d'objets déplaçables.		
S3-S4	• Comparaison sur un mode indirect d'objets non déplaçables avec objet transitionnel déplaçable.		
S5	• Alignement /La règle non graduée.		
S6	• Chasse au trésor dans l'école.		
Période 3			
S1	• L'unité de mesure. • Protocole d'action de l'activité de mesurage : report d'alignement. ▸ **Comprendre le concept de segment.** Lea.fr	• Projet : s'orienter dans l'espace de la classe.	• **Questionner le monde :** - Questionner l'espace et le temps ; - Se situer dans l'espace. - Se repérer dans son environnement proche. • **EPS.**
S2	• Construire un instrument de mesure de longueur avec une unité : la règle. • La règle graduée avec unité arbitraire.	• Notion d'unité : grandeur arbitraire prise comme référence pour mesurer les grandeurs de la même espèce.	• De l'espace vécu vers l'espace représenté.
S3	• Mesurer des segments avec la règle fabriquée. • Tracer des traits droits avec mesure.		• Représentations : maquette.
S4	• Tracer des segments • Ligne brisée : comparer des longueurs de chemin.		• Plan.
S5	• Ligne brisée fermée. • Le triangle. • Vocabulaire : côté, sommet. • Activité de classement d'une collection de triangles sans critère déterminé à l'avance (choix des élèves).	• Vocabulaire associé de la topologie. • Point de vue : utiliser un appareil photo numérique pour multiplier les points de vue sur un même objet.	
S6	• Jeux type Kapla.	• Jeux type Kapla.	

Semaine	Grandeurs et mesures	Espace et géométrie	Croisement entre enseignement
Période 4			
S1	• Reproduire un dessin de maison sur papier quadrillé.	• S'orienter dans l'espace de l'école et de l'environnement proche.	• **Questionner le monde.** • **EPS.**
S2	• Compléter un dessin sur papier pointé.	• Réalisation d'une affiche avec collages d'images/ situation relative dans l'espace et dans le plan.	
S3	• Reproduire un dessin abstrait sur papier quadrillé ou pointé.	• Lecture d'images d'albums. • Utilisation de Lego ou jeu de construction.	
S4	• Le point sur papier quadrillé : suivre un chemin.	• Lecture de plan quadrillé, la case, le point.	
S5	• Le point sur papier blanc : placer des points afin de…	• Symétries dans le rectangle et le carré. Activité de pliage.	
S6	• Collages.	• Symétries : pliage, coloriage. • Masques , papillons, etc.	
Période 5			
S1	• Retour sur la structuration du temps : lire l'heure. • Juste, demi, quart.	• La brique de lait : les élèves apportent des volumes de la vie courante (à prévoir sur la quinzaine précédente). • Différents types de volumes : - activité de classement ; - vocabulaire associé.	• **Questionner le monde :** - Identifier les rythmes cycliques du temps ; - Lire l'heure et les dates.
S2	• La durée : - une heure ; - une minute ; - une seconde. • Estimer une durée. • Une minute de silence. • Etc.	• Les empreintes de la brique de lait sur une plaque de pâte à modeler. La brique de lait en pate à modeler.	
S3	• Les pendules, montres et autres. • Comparaison, intérêts, etc. • Faire apporter par les élèves des instruments divers de mesure des durées (ou des images) clepsydre, cadran solaire, etc.	• Brique de lait en carton à partir d'une feuille cartonnée : découper, coller une brique de lait.	• **Questionner le monde :** les objets techniques.
S4	• Une journée de 24 heures. • Dire les heures : 19h ou 7h du soir ?	• Le cube : empreinte sur papier cartonné avec tracé des contours. • Le carré : reconnaître, nommer. • Tracer. Papier quadrillé, papier pointé, papier blanc. • Vocabulaire spécifique : côté, sommet.	• **Questionner le monde :** pratiquer différents langages.
S5	• Raconter une histoire (dictée à l'adulte) en utilisant les mots du temps ou les saisons.	• Rectangle et carré. • Dessiner un rectangle papier quadrillé. • Papier blanc (mesures de dimensions).	• **Français.**
S6	• Estimer des masses, des capacités, des durées, des longueurs courantes (le litre, le kilo). • Les capacités courantes : le litre (d'eau, de lait, etc.). • Les masses courantes : le kilo. • Estimer des masses, des capacités, des durées, des longueurs courantes.	• Jeu de construction : les polydrons. • Symétries dans le rectangle et le carré. Activité de pliage. Symétries : pliage, coloriage • Masques , papillons, etc.	• **Questionner le monde.**

Programmation annuelle d'activités

Mathématiques niveau 2 (CE1)

	Nombres	Calcul	Résolution de problèmes
	• Comprendre et utiliser des nombres entiers pour dénombrer, ordonner, repérer, comparer. • Nommer, lire, écrire, représenter des nombres entiers. • Calculer avec des nombres entiers.		• Résoudre des problèmes en utilisant des nombres entiers et le calcul.
Période 1			
S1 S2	• Utiliser les nombres jusqu'à 20 : - dénombrer, jouer ; - repérer un rang ou une position dans une file ou sur une piste ; - faire le lien entre le rang dans une liste et le nombre d'éléments qui le précèdent. • Comparer, ranger, encadrer, intercaler des nombres entiers, en utilisant les symboles =, ≠, <, >.	• Addition et soustraction : calcul mental (tables). • Calcul en ligne.	• Structure additive : réunion d'ensemble. • Transformation d'état : transformation positive.
S3	• Les paquets de dix : dénombrer, jouer avec paquets jusqu'à 60.	• Écrire et calculer des additions en ligne en utilisant les paquets de dix. • Calculer mentalement pour obtenir un résultat exact ou évaluer un ordre de grandeur. • Calculer en utilisant des écritures en ligne additives, soustractives, multiplicatives, mixtes.	
S4	• Lire écrire les nombres de dix-sept à dix-neuf. • Passer d'une représentation à une autre, en particulier associer les noms des nombres à leurs écritures chiffrées.	• Technique opératoire de l'addition posée en colonnes sans retenue. • Calculer mentalement pour obtenir un résultat exact ou évaluer un ordre de grandeur.	
S5	• Lire écrire les nombres de zéro à seize. • Interpréter les noms des nombres à l'aide des unités de numération et des écritures arithmétiques.	• Décomposition additive utilisant les paquets de dix.	
S6	• Les nombres jusqu'à 20, les décompositions additives.	• Technique opératoire de l'addition posée en colonnes avec retenue (nombre à deux chiffres). • Calcul mental : les tables d'addition.	
Période 2			
S1 S2	• Les nombres jusqu'à 20.	• Soustraction et addition à trous : • Recherche du complément (surcomptage). • Enlever peu (décomptage). • Stratégies de calcul (mémoire collective- mémoire individuelle) • Afficher pour mémoriser. • Jeux de Memory, etc.	• Structure additive : réunion d'ensemble, recherche du complément. • Transformation d'état : transformation négative. • Calculer mentalement pour obtenir un résultat exact ou évaluer un ordre de grandeur.
S3	• Les nombres jusqu'à 60 : lire et écrire.	• Additions réitérées/multiplication : comptage, calcul. • Tables de l'addition et de la multiplication.	• Sens de la multiplication : dénombrer par paquets équipotents.
S4		• Structuration de quelques faits numériques (tables de 2). • Le double : deux fois plus. • Jeu de Memory.	• Sens de la multiplication : dénombrement par disposition rectangle. • La commutativité.
S5		• Structuration de quelques faits numériques : - tables de trois ; - affichage de la table de Pythagore ; - jeux.	• Problèmes structure multiplicative : - Manipulation - Schématisation - Premières écritures de multiplications en lignes

	Nombres	Calcul	Résolution de problèmes
S6		• Structuration de quelques faits numériques : tables de quatre ; affichage de la table de Pythagore ; jeux.	
		Période 3	
S1	• Les nombres de 60 à 79.	• Additions de deux nombres (ou plus). • Stratégies de calcul : mental, en ligne, en colonnes.	• Problèmes de structure additive : • Transformation d'état et composition
S2	• Les nombres de 80 à 99. • Associer un nombre entier à une position sur une demi-droite graduée, ainsi qu'à la distance de ce point à l'origine.		
S3		• Soustraction : enlever beaucoup, stratégies de calcul.	• Problèmes de structure additive : transformation d'état. • Sens, écart de la soustraction. • Recherche de l'état initial.
S4 **S5**	• Les nombres jusqu'à 99.	• Soustraction : technique opératoire posée en colonnes (sans retenue).	
S6	• La centaine. • Les abaques. • Groupement échange position. • Le chiffre 0.	• Jeux utilisant la centaine (du type mille bornes ?).	• Jeu du banquier. • Ou autre.
		Période 4	
S1	• Les nombres jusqu'à 100. • La monnaie : valeur ; position.	• Additionner, soustraire mentalement • En appui de pratiques marchandes • Euros entiers.	• Payer, rendre la monnaie. • Problèmes ouverts type porte monnaie.
S2	• Les nombres de 100 à 200 : - centaines, dizaines, unités ; - décomposition polynomiale des nombres ; - chiffre de ; - nombre de. • Utiliser le matériel de numération. • Dénombrement par paquets.	• Technique opératoire : addition de deux nombres de chiffres différents (2 et 3). • Mettre en œuvre un algorithme de calcul posé pour l'addition, la soustraction, la multiplication.	
S3		• La multiplication par dix. • Écriture et calcul en ligne.	• Problèmes relevant des structures multiplicatives. • Modéliser ces problèmes à l'aide d'écritures mathématiques.
S4		• La multiplication par 5 (deux fois plus de paquets de 5 que de paquets de dix) • Affichage, mémorisation : La table de Pythagore jusqu'à 5	
S5	• Les nombres jusqu'à 600 : centaines, dizaines, unités ; décomposition polynomiale des nombres ; chiffre de, nombre de (utiliser du matériel de numération) ; dénombrement par paquets.	• Soustraction technique opératoire posée en colonnes avec retenue (méthode anglo-saxonne). • Mettre en œuvre un algorithme de calcul posé pour la soustraction.	
S6	• Représenter les nombres à l'aide d'une demi-droite graduée. Mettre en évidence le lien entre nombres et longueurs.		
		Période 5	
S1	• Représenter les unités de numération (unités simples, dizaines, centaines, milliers) et leurs relations (principe décimal de la numération en chiffres).		
S2	• Indiquer la valeur des chiffres en fonction de leur rang dans l'écriture d'un nombre (principe de position).		• Problèmes à plusieurs opérations.
S3	• Le millier.	• Addition, soustraction, multiplication.	• Problèmes de groupements et de partages.
S4		• Addition, multiplication.	
S5		• Addition, multiplication.	• Problèmes de groupements et de partages (multiplication/division).
S6			

Programmation annuelle d'activités

Mathématiques niveau 2 (CE1)

	Espace et géométrie	Grandeurs et mesures	Croisement entre enseignements
	• (Se) repérer et (se) déplacer en utilisant des repères et des représentations. • Reconnaître, nommer, décrire, reproduire quelques solides.	• Comparer, estimer, mesurer des durées. Utiliser le lexique, les unités, les instruments de mesures spécifiques de ces grandeurs. Résoudre des problèmes impliquant des durées.	• Le travail sur les grandeurs et leur mesure permet des mises en relation fécondes avec d'autres enseignements : Questionner le monde, Éducation physique et sportive, Éducation musicale. • Le travail sur l'espace se fait en forte interrelation avec Questionner le monde et éducation physique et sportive.
Période 1			
S1	• Activités de repérage dans l'espace de la feuille : Tangram.	• Le calendrier : jour (24H), mois (12) semaine (52, 7 jours). L'année.	• Questionner le monde.
S2	• Repérer l'espace vécu classe-école par un jeu de chasse au trésor.	• Sérier des images pour se repérer dans le temps de la journée.	• Questionner le monde.
S3	• De l'espace vécu à l'espace représenté : photos, maquette • plan de la classe.	• Repérer les heures de la journée.	• Questionner le monde. • Arts plastiques et visuels.
S4	• De l'espace vécu à l'espace représenté : photos, plan de l'école.	• Lecture de l'heure : Quart - demi	• Questionner le monde. • Arts plastiques et visuels.
S5	• Utiliser le plan du quartier ; le reporter sur un quadrillage. • Vocabulaire permettant de définir des positions (gauche, droite, au-dessus…), des déplacements (avancer, reculer, tourner à droite/à gauche, monter, descendre...).	• Estimer le temps : la minute. Faire le lien heure-minute.	• Questionner le monde.
S6	• Jeux 3D sur ordinateur : maison en 3D, etc.	• Mesurer les durées à l'aide d'instruments.	• Questionner le monde.
Période 2			
S1	• Repérer sur des quadrillages : la bataille navale.	• Comparer des longueurs non déplaçables sur un mode indirect.	• Questionner le monde.
S2	• Reproduire de figures (non abstraites) sur papier quadrillé : Maison, bateau, etc.	• Comparer, estimer, mesurer des longueurs.	• Questionner le monde.
S3	• Reproduire de figures (non abstraites) sur papier pointé : maison, bateau, etc.	• La règle graduée, le cm. Mesurer, tracer. Utiliser le lexique, les unités, les instruments de mesures spécifiques de ces grandeurs.	• Questionner le monde.
S4	• Reproduire des figures géométriques abstraites sur papier quadrillé ou pointé.	• Le mètre : mesurer la cour de l'école, la classe. • Estimer les ordres de grandeurs de quelques longueurs, vérifier.	• Questionner le monde.
S5	• Plier, découper : Origami. Plan, guirlande, ribambelles…	• Les performances sportives simplifiées. Longueurs et durées : saut en hauteur, longueur, course. • Estimation, comparaison, etc.	• Éducation physique et sportive.
S6	• Plier, découper : Origami. Espace : bateau, avion…		
Période 3			
S1	• Utiliser la règle (non graduée) pour repérer et produire des alignements. Repérer et produire les angles droits dans l'espace de la classe à l'aide d'un gabarit, d'une équerre.	• Comparer des masses : estimer plus lourd, moins lourd. Utiliser le lexique, les unités, les instruments de mesures spécifiques de ces grandeurs.	• Questionner le monde. • Arts plastiques et visuels.
S2	• Reconnaître les angles droits dans le plan (vision globale, orientations diverses), utiliser un gabarit pour vérifier.	• Utiliser une balance de Roberval.	

	Espace et géométrie	Grandeurs et mesures	Croisement entre enseignement
S3	• Les droites perpendiculaires : pliages, du gabarit d'angle droit à l'équerre. • Différents types d'équerre.	• De la comparaison à la mesure des masses : le kilo.	
S4	• Reconnaître, vérifier carré, rectangle. • Utiliser règle graduée, équerre.	• Le kilo, le gramme. • Utiliser des instruments de mesure des masses.	
S5	• Tracer : rectangle, carré, triangle rectangle. • La règle graduée, l'équerre.	• Longueur : le décimètre, le double décimètre.	
S6	• Jouer à des jeux de Lego, sur ordinateur.		• Questionner le monde.
		Période 4	
S1	• Reconnaitre et trier les solides usuels parmi des solides variés. • Le pavé droit : adopter différents points de vue à partir photos. Prendre des empreintes de rectangle.	• Lexique lié aux pratiques économiques. • Prix : euros. Pièces et billets.	
S2	• Le cube : adopter différents points de vue à partir photos. Prendre des empreintes de carré.	• Prix : euros et centimes pièces.	• Questionner le monde. • Arts plastiques et visuels.
S3	• Décrire et comparer des solides en utilisant le vocabulaire approprié. Fabriquer un cube à partir d'un patron fourni.	• Payer une somme en euros et centimes • Addition, décomposition additive	
S4	• La symétrie : observer dans des exemples de l'architecture, des tableaux, etc. Trouver l'axe de symétrie.	• Rendu de monnaie simple : soustraction.	• Questionner le monde. • Arts plastiques et visuels.
S5	• Reconnaître les axes de symétrie d'une figure (pliage). Le carré, le rectangle.	• Capacités : comparaison, estimation plus ou moins ; classement, rangement, tri. • Utiliser le lexique, les unités, les instruments de mesures spécifiques de ces grandeurs.	
S6	• Compléter et construire le symétrique d'une figure sur papier quadrillé par rapport à un axe donné.	• Résoudre des problèmes impliquant des contenances : unités de mesure : l, cl. Utiliser verres, bouteilles, seaux, etc.	
		Période 5	
S1	• Reproduire une figure abstraite complexe sur papier quadrillé.	• Résoudre des problèmes impliquant des longueurs : le kilomètre.	• Arts plastiques et visuels.
S2	• Tracer une figure simple sur papier blanc en utilisant les instruments règle graduée équerre : droite, segment, point, milieu.	• Calculs de longueurs : addition, soustraction.	
S3	• Le compas : tracé d'une rosace observation, vitrail par exemple.	• Résoudre des problèmes impliquant des calculs de masses : addition, multiplication	• Arts plastiques et visuels.
S4	• Reconnaitre et trier les solides usuels parmi des solides variés. Décrire et comparer des solides en utilisant le vocabulaire approprié. • Les volumes : tri, classement, vocabulaire.	• Calculs de capacités : addition, multiplication.	
S5	• Jeux sur ordinateur : coder des déplacements.	• Résoudre des problèmes impliquant des durées : performances, sportives.	• Éducation physique et sportive.
S6	• Initiation à l'utilisation de logiciels de tracés géométriques.		

Programmation annuelle d'activités

Mathématiques niveau 3 (CE2)

	Nombres	Calcul	Résolution de problèmes
	• Comprendre et utiliser des nombres entiers pour dénombrer, ordonner, repérer, comparer. • Nommer, lire, écrire, représenter des nombres entiers. • Calculer avec des nombres entiers.		• Résoudre des problèmes en utilisant des nombres entiers et le calcul.
Période 1			
S1	• Les nombres de 0 à 100, en particulier de 59 à 99 : groupements par dix, vingt ; jeux de nombres ; successeur, prédécesseur ; pair, impair.		
S2	• Les nombres de 100 à 200 : lire, écrire comparer ; numération décimale ; abaques, compteurs.		
S3	• Les nombres de 100 à 200 : valeur et position. • Repérer un rang ou une position dans une file ou sur une piste. • Faire le lien entre le rang dans une liste et le nombre d'éléments qui le précède. • Nombre de chiffre de décomposition polynomiale. • Comparer, ranger, encadrer, intercaler des nombres entiers, en utilisant les symboles =, ≠, <, >.	• Addition, stratégies de calcul : - calcul réfléchi en ligne ; - calcul mental automatisé ou réfléchi ; - technique opératoire.	• Problèmes de structure additive : transformation positive ou négative. • Recherche état initial, final ou transformation. • Problèmes de comparaison d'état. • Résoudre des problèmes issus de situations de la vie quotidienne ou adaptés de jeux portant sur des grandeurs et leur mesure.
S4	• Les nombres de 100 à 600 : - valeur et position ; - nombre de, chiffre de ; - décomposition polynomiale.	• Soustraction : technique posée en colonnes.	
S5		• Stratégies de calcul soustractif : calcul réfléchi en ligne ; calcul mental automatisé ou réfléchi ; technique opératoire.	
S6	• Les nombres de 0 à 1 000.	• Addition, soustraction de grandeurs diverses.	• Problèmes de structure additive : composition des transformations.
Période 2			
S1	• Les nombres : multiples de deux, cinq et dix. • Répondre aux questions : • 7 × 4 = ? ; 28 = 7 × ? ; 28 = 4 × ? Etc. • Utiliser ses connaissances sur la numération pour formuler et répondre à des questions de ce type : • « 24×10, c'est 24 dizaines, c'est 240 ». • Proposer des jeux de décompositions additives et multiplicatives de 10 et de 100, compléments à la dizaine supérieure, à la centaine supérieure, multiplication par une puissance de 10, doubles et moitiés de nombres d'usage courant, etc.	• Multiplication de deux nombres à un chiffre : - sens ; - commutativité ; - produit par 2, 3, 4, 5 (apprendre les tables). • Élaborer ou choisir des stratégies de calcul à l'oral et à l'écrit. • Vérifier la vraisemblance d'un résultat, notamment en estimant son ordre de grandeur.	• Problèmes contextualisés : produit de deux nombres sans dimension. • Résoudre des problèmes issus de situations de la vie quotidienne ou adaptés de jeux.
S2	• Les multiples de 10, 100.	• Multiplication : calcul en ligne ; produit d'un nombre à deux chiffres par 2, 3, 4, 5 ; distributivité ; produit par 10.	
S3	• Les nombres 25, 50, 75, 100.	• Technique opératoire posée .Produit d'un nombre à deux chiffres par 2, 3, 4, 5.	• Problèmes contextualisés : nombre sans dimension × nombre mesure.
S4	• Écrire en chiffres et en lettres les nombres jusqu'à 1 000.	• Calcul mental et réfléchi : produit par 6, 7, 8, 9 (tables). • Compléter la table de Pythagore et l'afficher (collaboratif, classe).	• Problèmes contextualisés : produit de deux nombres sans dimension.
S5	• Fabriquer, jouer au jeu « Le compte est bon ».	• Technique opératoire : produit d'un nombre à un chiffre par un nombre à deux, trois chiffres.	• Problèmes contextualisés : nombre sans dimension x nombre mesure.
S6	• Fabriquer, jouer au jeu : « Mille bornes ».	• Technique opératoire : produit de deux nombres à deux chiffres.	

	Nombres	Calcul	Résolution de problèmes
Période 3			
S1	• Nombres jusqu'à 100. • Toutes propriétés arithmétiques.	• Multiplication et division euclidienne : sens et mémoire de faits numériques.	• Problèmes de groupement : nombres sans dimension.
S2			• Problèmes de partage : nombres sans dimension.
S3	• Nombres jusqu'à 1 000 : - numération ; - valeur ; - position ; - nombre de ; - chiffre de.	• Multiplication et division. • Écriture : a = bq + r.	• tri
S4		• Technique opératoire de la multiplication : méthode des fenêtres (distributivité). • Nombre à deux chiffres x nombre à trois chiffres. • Techniques intermédiaires.	• Problèmes de structure multiplicative. • Résoudre des problèmes issus de situations de la vie quotidienne ou adaptés de jeux portant sur des grandeurs et leur mesure, des déplacements sur une demi-droite graduée..., conduisant à utiliser les quatre opérations.
S5	• Nombres jusqu'à 1 000 • Toutes propriétés arithmétiques. • Jeux type « Le compte est bon ».	• Recherche du quotient d'un nombre à deux chiffres par un nombre à un chiffre : - essais multiplicatifs ; - conjectures.	
S6			
Période 4			
S1	• Les nombres au delà de 1 000 : lire écrire en chiffres et en lettres. • Utiliser ses connaissances sur la propriété de la numération pour formuler et répondre à des questions de ce type : « 50 + 80, c'est 5 dizaines + 8 dizaines, c'est 13 dizaines, c'est 130. »	• Multiplication : connaissance des tables ; calcul mental automatisé. • Calcul posé : mettre en œuvre un algorithme de calcul posé pour la multiplication. • Établir les propriétés implicites des opérations : 2+9, c'est pareil que 9+2 ; 3×5×2, c'est pareil que 3×10 ; « 4×60, c'est 4×6 dizaines, c'est 24 dizaines, c'est 240 ».	• Problèmes contextualisés : - plusieurs opérations ; - questions enchaînées.
S2	• Le millier : les abaques, matériel multibase ou compteur.	• Exploration et utilisation de la calculatrice.	• Problèmes concrets : - travaux de groupe ; - stratégies de résolution de problèmes ; - exploration ; - confrontation.
S3	• Décomposition polynomiale des nombres de 1 000 à 9 999.	• Stratégies de calcul : écrit mental instrumenté. • Qui sera le plus rapide ?	
S4	• Le nombre 10 000.	• Stratégies de calcul : réfléchi ; technique opératoire ; comment choisir ?	
S5	• Les nombres jusqu'à 10 000. • Les euros. • Exemple : www.logicieleducatif.fr • Compter les euros en ligne.	• La monnaie : - payer ; - rendre la monnaie.	• Problèmes concrets avec des prix.
S6			
Période 5			
S1	• Les nombres de 1 000 à 2 000 : numération ; valeur ; position ; abaques.	• Multiplication : technique posée en colonnes. • Les zéros, le décalage.	• Problèmes concrets de structure multiplicative : rédiger une solution de problèmes.
S2	• Les nombres de de 1 000 à 2 000 : nombre de ; chiffre de ; décomposition polynomiale.	• Présenter et organiser des mesures, • Des données numériques sous forme de : tableaux, graphiques simples, etc.	
S3	• Les nombres jusqu'à 10 000. • Lire écrire en chiffres et lettres.	• Recherche du quotient de deux nombres : essais multiplicatifs • Conjectures • Utilisation de la calculatrice.	• Résoudre des problèmes en utilisant des nombres entiers et le calcul. • Problèmes de partage et de groupements.
S4	• Les nombres jusqu'à 10 000 : - nombre de ; - chiffre de ; - décomposition polynomiale.	• Stratégies de calcul : addition, soustraction, multiplication. • Propriétés des opérations.	• Stratégies de résolution de problèmes. • Exploration. • Confrontation.
S5		• Multiplication : technique opératoire posée. • Élaborer ou choisir des stratégies de calcul à l'oral et à l'écrit.	
S6		• Calcul posé : mettre en œuvre un algorithme de calcul posé pour la multiplication.	

Programmation annuelle d'activités

Mathématiques niveau 3 (CE2)

	Espace et géométrie Activités	Grandeurs et mesures Activités	Croisement entre enseignement
Période 1			
S1	• Activité de tri et classement : caractérisations et propriétés. • Triangles, quadrilatères.	• Longueur : - la règle graduée ; - le cm, le mm. • Mesurer avec précision	
S2	• Tracé de figures : carré, rectangle, etc. • Règle, équerre. • Papier pointé.	• Tracer des segments et des figures avec précision au millimètre.	
S3	▸ **Le Tangram (fiche p. 134)** • Fabrication, figures simples, vocabulaire.	• Mesurer tracer au millimètre près.	• Arts : compositions cubistes.
S4	• Le Tangram : jeu de construction de silhouettes animales.		
S5	• Le Tangram : analyse de silhouettes, reproduction.		
S6	• Tangram : situations de communication, reproduction d'une silhouette.		
Période 2			
S1 S2	• L'angle droit, l'équerre. • Tracés : carré, rectangle, triangle rectangle sur papier blanc.	• La durée : jour, mois, année et leurs relations.	• Questionner le monde : - le calendrier, les différents types de calendrier dans l'histoire ; - explorations et recherches sur Internet.
S3	• Premières reproductions d'une figure complexe sur papier blanc (règle, équerre).	• La durée : année, siècle, millénaire et leurs relations.	• Histoire : projet de frise historique avec quelques Mathématiciens éminents.
S4 S5	• Première exploration logiciel de tracé géométrique. • Tracés à main levée.		
S6	• Jeu de construction type Lego : suivre une fiche technique pour effectuer un assemblage.	• Minutes, secondes et leur relation.	• Questionner le monde : différents instruments de mesure. • EPS : performance course. • Musique.
Période 3			
S1	• Patron de cube : - le point de vue ; - les empreintes ; - la contenance ; - le patron. • Vocabulaire : face, arête.	• Capacités : le litre. • Différentes formes de contenant : la brique de lait, la bouteille.	• Questionner le monde : contenances et contenants dans la vie quotidienne.
S2		• Le litre : graduation en décilitre.	
S3		• Le litre : graduation en dl et cl.	
S4	• Symétrie : - axe ; - compléter une figure par symétrie (pliage) ; - tracer le symétrique d'une figure (retournement).	• Convertir.	• Arts : architecture, masques africains, nature.
S5 S6		• Convertir, comparer.	

	Espace et géométrie Activités	Grandeurs et mesures Activités	Croisement entre enseignement
	Période 4		
S1	• Le compas : tracés de figures, rosace, etc. en lien avec les Arts.	• Masses : tri, classement, rangement à partir d'images. • Moins de 1 g. • Moins de 1 kg. Etc. • Du plus léger au plus lourd.	• Arts : vitraux, cathédrale, bâtiments publics type Musée d'Orsay à Paris, etc. • Questionner le monde : les masses dans la vie courante. • Le poids.
S2	• Le cercle : centre, rayon.	• Masses : les unités. • Les instruments de mesure.	
S3	• Résolution de problème avec les cercles. • Exemple : le cercle circonscrit à un triangle, carré, rectangle.	• Estimation d'un poids : gramme, kilo, tonne.	
S4	• Se repérer sur un plan de ville, une carte ; etc. • Premiers algorithmes de déplacements. • Jeux de plateaux et jeux sur ordinateur.	• Tableau de numération conversion.	• Questionner le monde : se repérer dans son environnement proche.
S5 **S6**		• Comparer, ranger des masses exprimées avec des unités diverses.	
	Période 5		
S1 **S2**	• Symétrie : compléter, tracer une figure par symétrie.	• Prix : les euros et centimes. • Problèmes ouverts de porte-monnaie.	• Arts : tableaux, photos utilisant des effets de symétrie. • Le miroir.
S3 **S4**	• Tracés géométriques : règle, équerre, compas. • Premières situations de communication.	• Rendre la monnaie en euros et centimes d'euros.	• Questionner le monde : les pratiques marchandes.
S5 **S6**	• Pliage : les napperons. • Origami.		• Arts.

Tangram

Domaine **Géométrie/Grandeurs et mesures Niveau 3**

Objectifs de la séquence

Reconnaître de façon globale et nommer quelques figures géométriques simples : carré, rectangle, triangle, quadrilatère.
Situer des objets les uns par rapport aux autres.

Séance 1 : découverte du Tangram

Phase 1 : réinvestissement (10 min)
Présentation de quelques figures découpées affichées au tableau (ou TBI) + silhouettes 1 dans la fiche élève (différentes tailles, différentes orientations.)
• Répartir les figures en deux paquets par catégories : quadrilatères et triangles (3 et 4 côtés et sommets).
Deux possibilités existent : petits et grands ou quadrilatères et triangles.
Répartir les figures en trois paquets en effectuant le tri de quelques quadrilatères : carré, rectangle, quadrilatères quelconques.
• Répartir les figures en deux paquets à partir du tri de quelques triangles : quelconques, rectangle (0 ou 1 angle droit).
Les mots : quadrilatère, triangle, carré rectangle, triangle rectangle sont écrits au tableau.

Phase 2 : problème ouvert (10 à 15 min)
Afficher au tableau une silhouette d'animal réalisée avec les formes d'un Tangram carré + silhouettes 2 dans la fiche élève.
« Qu'est ce que c'est ? »
Réponse attendue : « Un chat » ou « Ça ressemble à un chat ».
« Ce chat a été fait avec un carré, des triangles rectangles, un quadrilatère quelconque, saurez vous les retrouver ? »
Travail en binôme : *« Découpez votre silhouette mais attention, regardez, réfléchissez, discutez entre vous avant de donner des coups de ciseau trop précipités. »*

Phase 3 : confrontation (5 min).
Les différentes solutions proposées par les différents groupes de deux élèves.
« Quelles sont celles qui respectent bien la consigne : un carré, un quadrilatère quelconque, des triangles rectangles ? »

Phase 4 : institutionnalisation (5 min)
Montrez la solution (fiche 2 bis) (si elle n'a pas été trouvé par les élèves) ou utilisez cette solution trouvée et montrer que l'on peut assembler les formes pour faire un carré.
Introduire le mot Tangram, montrer le jeu.

Phase 5 : problème de recherche (15 min)
Travail en binôme
Consigne « avec les formes géométriques que vous avez découpées faites des silhouettes d'autres animaux »
« Attention vous devez utiliser toutes les formes pour faire une seule silhouette »

Séance 2 : Le chat

Objectif : fabriquer son Tangram avec du carton.
Matériel : feuille de carton (ou feutrine) pour chaque élève.

Phase 1 : réinvestissement (5 min)
Repartir de la silhouette du chat décomposée en formes géométriques.
Reformez le carré du Tangram sous les yeux des élèves.
Affichez au tableau le Tangram carré. (Silhouette 3 bis).
Faire d'abord son Tangram sur une feuille en papier.
Distribution des silhouettes aux élèves. Un carré de 16 cm × 16 cm est dessiné.

Phase 2 : recherche (15 min)
Instruments : règle graduée, équerre. Travail en binôme.
Consigne : « Avec votre règle et votre équerre, tracez dans le carré les traits de découpage nécessaires pour faire un Tangram. Attention, discutez entre vous avant de tracer. Lorsque vous pensez avoir terminé, faites valider votre tracé. Vous pourrez gommer et recommencer. »

Phase 3 : confrontation des formulations et des tracés (15 min)
Prendre conscience de l'importance des milieux pour le tracé du Tangram.
Nouvelle distribution de la silhouette 3. On écrit au tableau, les élèves tracent au fur et à mesure :
• On trace une **diagonale** du carré.
• On trace l'autre diagonale du carré.
• On place les **milieux** de deux **côtés**.
• On trace le **segment** qui joint les deux points au milieu des deux côtés.
• On place son milieu.
• On efface le petit bout de diagonale qui est en trop.
• On place les milieux des demi-diagonales.
• On trace les segments qui joignent les milieux.

Phase 4 : tracer, mesurer (15 min)
Consigne : « Tracez et découpez avec le plus grand soin possible votre Tangram dans une feuille en carton. »

Séance 3 : Animaux

Phase 1 : problème de recherche (10 min)
Travail en binôme.
Consigne : « Réalisez la silhouette d'un oiseau avec votre Tangram, en utilisant toutes les formes. » Présentation des solutions des élèves et silhouettes répertoriées dans le jeu lui même (à partir de la silhouette 4 bis).

Phase 2 : problème de recherche (15 min)
Travail individuel.
Avec les silhouettes 4 : deux ou trois silhouettes noires réalisées avec un Tangram (silhouettes plus petites que celles à réaliser).
Consigne : « Réalisez ces silhouettes avec votre Tangram. Quand vous avez terminé une silhouette vous pouvez venir chercher au bureau une silhouette sur calque pour valider votre travail. »

Phase 3 : problème de recherche (10 min)
Travail individuel
Distribuer la silhouette 5 : silhouette blanche de l'homme qui marche (format inférieur au format du Tangram réel dont les élèves disposent). Instrument : règle non graduée, équerre.
Consigne : « Tracer les traits à l'intérieur de la silhouette (traits de découpage) pour retrouver les formes géométriques du Tangram : le carré, le quadrilatère, les triangles. Vous pouvez vous aider de votre Tangram. »

Phase 4 : confrontation, formulation (10 min)
La tête : un carré en haut. Le corps : deux grands triangles sous le carré. Les jambes : etc.

Phase 5 : Institutionnalisation (5 min)
Solution du problème affichée au tableau. Consigne : « Refaites la silhouette avec votre Tangram. »

Séance 4 : Faire sa silhouette (40 min)

Consigne : « Avec son Tangram, chacun fait une silhouette. Il la place sur une feuille de papier et trace les contours. » On échange les silhouettes par binômes. On trace avec ses instruments, pour retrouver les formes géométriques du Tangram :
- un carré
- un quadrilatère (quelconque)
- deux grands triangles rectangles
- deux petits triangles rectangles
- un triangle rectangle moyen

À faire deux fois, pour réaliser deux silhouettes différentes.

Séance 5 : Évaluation (30 min)

Silhouette 6
Partie 1 : Mettre deux silhouettes identiques côte à côte une noire et une blanche.
1. Retrouver les traits de découpage dans la silhouette blanche.
2. Fiche élève, silhouette 6.
Partie 2 :
Reproduire une figure : un carré avec diagonale, segment, milieu.

Tangram

1

2

Tangram

3

4

Tangram

5

Tangram

1 Retrouvez les traits de découpage dans la silhouette blanche. Repassez dessus, puis découpez.

2 Repassez :
- en rouge le carré ;
- en vert les grands triangles ;
- en jaune le triangle moyen ;
- en noir les petits triangles ;
- en bleu le quadrilatère quelconque.

Fiches à utiliser en complément aux fiches séquences proposées dans le présent ouvrage

À retrouver sur Lea.fr, avec bien d'autres ressources (voir page 2)

Chapitre 1. Français	
Niveau 1/CP	• Comment repérer un phonème dans un mot ?
Niveau 2/CE1	• Améliorer son orthographe en mémorisant des mots. • Les contraires.
Niveau 3/CE2	La valeur de la position de la lettre c.
Chapitre 2. Langues vivantes	
Niveau 1/CP	• Se présenter en anglais • La fête d'Halloween • Goldilocks, de John O'LEary
Niveau 2/CE1	• La fête d'Halloween • Se présenter en anglais • Parler de ses goûts : les aliments
Niveau 3/CE2	• Se présenter en anglais • Parler de ses goûts : les aliments • April fools' day !
Chapitre 3. Enseignements artistiques	
Arts visuels	
Niveau 1/CP	• Des images qui racontent
Niveau 2/CE1	• Créer une gargouille
Niveau 3/CE2	• Art et géométrie • Dessiner un paysage • Les arts visuels : expression et découverte (dossier) cycle 2
Éducation musicale	
Niveaux 1-2/CP	• Le son dans la ville
Niveaux 1-2/CE1	• Vivre la voix : La voix et la pratique du chant à l'école
Niveaux 1-2/CE2	• La musique à la croisée des disciplines (dossier)
Niveau 3/CE2	• Écrire une chanson sur une musique

Chapitre 4. EPS	
Niveau 1/CP	• Lancer • Jeux traditionnels : Comment mieux coopérer pour s'opposer ? • Jeux d'opposition • Le vélo à l'école • Comment aborder un module d'apprentissage en course d'endurance avec des débutants ? • Coopérer et s'opposer individuellement, jeux de raquettes
Niveau 2/CE1	• Jeux d'orientation • Natation, de la piste verte à la piste rouge • Danse créative
Niveau 3/CE2	• Améliorer sa performance en course de vitesse • Le vélo à l'école • Lancer
Chapitre 5. EMC	
Niveau 1/CP **Niveau 2/CE1** **Niveau 3/CE2**	• Vive la non violence. • Accepter la différence, c'est être tolérant.
Chapitre 6. Questionner le monde	
Monde du vivant	
Niveau 1/CP	• Les habitants du bois et leur milieu • Comment réparer une lampe de poche en panne
Niveau 2/CE1	• Comment utiliser un ordinateur
Niveau 3/CE2	• Le développement des animaux
Espace-Temps	
Niveau 1/CP	• La maquette de l'école
Niveau 2/CE1	• Utiliser un calendrier
Niveau 3/CE2	• Lecture de cartes et espace
Chapitre 7. Mathématiques	
Niveau 1/CP **Niveau 2/CE1** **Niveau 3/CE2**	• Le Carnaval • La symétrie en fin de maternelle (début CP géométrie) • Comprendre le concept de segment (géométrie CP-CE1) • Le tableau des nombres (nombre et calcul CE1) • Le jeu des quatre fiches (Nombre et calcul CE2) • Jeux d'orientation : du réel au plan (géométrie CP) • Réviser la numération (Élémentaire)

Partie 3

Préparer

Projet de croiser les enseignements d'Anglais et d'Arts Plastiques

Avant-propos : Croisement des enseignements

Il existe trois manières de *croiser les enseignements* (selon la formulation des nouveaux programmes) : La *transdisciplinarité*, qui permet de construire une démarche applicable dans plusieurs disciplines. La *pluridisciplinarité*, qui juxtapose plusieurs disciplines qui appréhendent tour à tour un thème donné. L'*interdisciplinarité*, qui consiste à créer un lien entre plusieurs disciplines pour réaliser un projet commun.
L'enseignement des Arts plastiques et celui de l'Anglais sont parfaitement à même de se croiser, notamment pour renforcer le sens des apprentissages dans les deux langages (oral et plastique), et pour apporter un substrat culturel à l'apprentissage de la langue anglaise. Ce croisement, dans le projet proposé ici, se fera principalement selon le mode de la *pluridisciplinarité*.

Le projet EMILE

Comment mettre en place des activités pour lesquelles l'Anglais et les Arts plastiques agissent d'une façon complémentaire ? D'après le rapport Eurydice de 2006, commandé par la commission européenne, le projet EMILE (Enseignement d'une Matière Intégrant une Langue Etrangère) propose une réponse à cette question : « ... [EMILE] *véhicule une approche méthodologique innovante qui va au-delà de l'enseignement des langues. En effet, [...] la langue et la matière non linguistique sont toutes deux objets d'enseignement, sans qu'il n'y ait de préséance de l'une par rapport à l'autre. [...] l'apprentissage de la matière non linguistique se fait donc non pas dans une langue étrangère mais avec et à travers une langue étrangère.* »[1]

Les programmes de 2016 et le Socle commun

Les nouveaux textes officiels proposent plusieurs points d'appui pour croiser l'enseignement de l'Anglais et celui des Arts plastiques, dont voici une synthèse :

• Langue vivante (les parties en italiques sont des citations) :
Le socle commun de connaissances, de compétences et de culture offre, dans le domaine « Les représentations du monde et l'activité humaine », une entrée particulièrement riche, qui permet aux élèves de commencer, dès le cycle 2, à observer et à aborder les faits culturels et à développer leur sensibilité à la différence et à la diversité culturelle.
En ce qui concerne les approches culturelles, trois thématiques sont proposées au cycle 2, qui sont à leur tour subdivisées en sous-thèmes :
- **L'enfant** : éléments de description physique et morale
- **La classe** : les activités artistiques
- **L'univers enfantin** : les contes et les légendes

L'enseignement des langues vivantes étrangères constitue un moyen de donner toute sa place aux apprentissages culturels et à la formation civique des élèves en s'interrogeant sur les modes de vie des pays, leur patrimoine culturel, et en appréhendant les différences avec curiosité et respect.

• Arts Plastiques (les parties en italiques sont des citations) :
La rencontre avec les œuvres d'art trouve un espace privilégié dans l'enseignement des arts plastiques. Elle permet aux élèves de s'engager dans une approche sensible et curieuse, enrichissant leur potentiel d'expression singulière et de jugement.
Les enseignements artistiques développent une écoute, un regard curieux et informé sur l'art, dans sa diversité. Ils contribuent ainsi à la construction de la personnalité et à la formation du citoyen, développant l'intelligence sensible et procurant des repères culturels, nécessaires pour participer à la vie sociale.
Les arts plastiques en cycle 2 s'articulent aisément avec d'autres enseignements pour consolider les compétences et transférer les acquis dans le cadre d'une pédagogie de projet interdisciplinaire.

1. http://www.emilangues.education.fr/questions-essentielles/l-emile-un-succes-croissant-en-europe

Un projet qui croise Anglais et Arts plastiques : *Describe, create and critic*

Créer en écho à une œuvre d'art britannique et évaluer les productions en langue anglaise

Le projet a pour objectif de favoriser une approche du type EMILE, c'est-à-dire d'utiliser la langue étrangère comme moyen de communication pour décrire et analyser :
- des œuvres d'art de la culture britannique
- les propres productions des élèves (notamment par comparaison aux œuvres de référence)

L'objectif linguistique consiste à favoriser l'utilisation d'un lexique spécifique qui concerne la description et l'interprétation des œuvres d'art pour permettre de communiquer sa pensée.

Une grille de questions sera proposée aux élèves :

• **Pour la description des œuvres de référence et des productions plastiques :**
1) What do you see ?
2) Where is it ?
3) What's the weather like ?
4) What are the people doing ?

• **Pour l'évaluation des productions plastiques :**
5) What is the same ?
6) What is different ?
7) This is the same as...

REMARQUE 1 : C'est l'utilisation de la langue anglaise à toutes les séances et phases de séances de ce projet qui motive de le proposer au niveau 3 du cycle 2. Cependant il sera très possible de le développer dès le niveau 1 de ce cycle, en réduisant, selon les spécificités de la classe, l'utilisation de la langue anglaise (qui sera alors remplacée par le français, sans changer l'organisation du déroulement).

REMARQUE 2 : Ce projet est présenté à partir de deux œuvres de David Hockney, mais la méthode de travail qu'il décrit peut être transférée à l'étude de toute œuvre d'art.

Projet interdisciplinaire

<table>
<tr><th colspan="2">Describe, create and critic</th></tr>
<tr><td>Cycle 2 –
Niveau 3</td><td>Croiser l'Anglais et les Arts plastiques pour créer en écho à une œuvre d'art britannique et évaluer les productions en langue anglaise</td></tr>
<tr><td colspan="2">Objectifs en Arts plastiques :
• Découvrir et commenter une œuvre d'art britannique
• Réaliser une production en écho à l'œuvre analysée
• Évaluer les productions par comparaison à l'œuvre de référence
Objectifs en Anglais :
• Découvrir et commenter des œuvres de la culture britannique
• Utiliser et reproduire des structures linguistiques spécifiques
• Acquérir un lexique spécifique</td></tr>
<tr><td colspan="2">Connaissances, capacités et attitudes visées :
• Connaître quelques éléments de l'œuvre d'un artiste anglais : David Hockney
• Analyser plastiquement certaines œuvres de David Hockney
• Réutiliser certains éléments d'une œuvre de référence dans une création personnelle
• Émettre des propos critiques sur son propre travail et celui des autres
• Comprendre certaines structures linguistiques en langue anglaise
• Reproduire ces structures linguistiques pour la description d'une œuvre d'art
• Participer à des échanges simples
• Être à l'écoute des autres de manière bienveillante
• S'intéresser au travail d'autrui et accepter les différences avec son propre travail</td></tr>
<tr><td colspan="2">Questions du programme d'Arts plastiques abordées par ce projet :
• Question 1 : La représentation du monde : Représenter l'environnement proche par le dessin ; photographier en variant les points de vue et les cadrages. Enregistrer les constats d'une observation. Comparer et établir des liens entre des œuvres d'art appartenant à un même domaine d'expression plastique.
• Question 3 : La narration et le témoignage par les images : Découvrir des œuvres d'art comme traces ou témoignages de faits réels restitués de manière plus ou moins fidèle.</td></tr>
<tr><td colspan="2">Domaines du socle commun : 1, 2 3 et 5</td></tr>
<tr><td>Séance 1
15 min</td><td>Découverte en anglais d'une première œuvre de David Hockney (facilement trouvable sur Internet) :
• Place Fürstenberg, Paris, August 7,8,9, 1985 #1 – Photographic collage, 88.9 × 80 cm.
Description en anglais : Décrire ce qu'on voit sur la photographie en répondant aux questions suivantes : What do you see? Where is it? Are there people in this picture? What's the weather like? Utiliser les structures linguistiques : I see …There is/are… It's… No, there aren't. Accompagner cette description par des flashcards qui reprennent les éléments de la photographie. Structurer la description en utilisant les prépositions telles que : on the left, on the right, in the middle, behind, in front of, next to…
Vocabulaire anglais : tree(s), car(s), house(s), place, motorbike, street.
Analyse en français : montrer que ce paysage urbain est formé de la juxtaposition/superposition de photographies.</td></tr>
</table>

Describe, create and critic	
Séance 2 **15 min**	**Découverte en anglais d'une deuxième œuvre de David Hockney (facilement trouvable sur Internet) :** • ***The arrival of spring in woldgate, east yorkshire in 2011 (twenty eleven)*** – 52 part, 91.4 × 121.9 cm each – oil on canvas. **Description en anglais :** Employer les mêmes questions que pour la première œuvre de David Hockney. Demander des précisions concernant les couleurs des feuilles et des troncs d'arbres : *What are the colors of the leaves? What are the colors of the tree trunk?* Réinvestir ainsi le lexique des couleurs. Employer à nouveau les prépositions spatiales. **Vocabulaire anglais :** *tree(s), leaves, path, grass, flower(s), trunk(s).* **Analyse en français :** 1) Montrer que ce paysage est de très grand format et qu'il juxtapose des parties de plus de 1 m² chacune. 2) Constater que si ces deux images sont très différentes, elles sont toutes deux représentative du même genre (pictural et photographique) : le *paysage*.
Séance 3 **15 min**	**Découverte de l'artiste David Hockney** **Anglais :** *Who is it? What's his name? Where is he from? What's his nationality?* **Arts plastiques et histoire des arts :** Réalisation d'une fiche (en français) sur l'artiste.
Séance 4 **55 min**	**Pratiques artistiques : Un paysage en photographies juxtaposées en écho à *Place Fürstenberg, Paris, August 7,8,9, 1985 #1* de David Hockney.** • Choisir une partie de paysage visible dans la cour de récréation. • Réaliser de 5 à 10 photographies en déplaçant chaque fois un peu l'angle de prise de vue. • Ouvrir toutes les images sur une page de traitement de texte. • Les déplacer pour que leur superposition partielle recrée le paysage initial. • Imprimer le résultat.
Séance 5 **55 min**	**Pratiques artistiques : Un paysage en peinture en écho à *The arrival of spring in woldgate, east yorkshire in 2011 (twenty eleven)* de David Hockney.** • Décalquer le paysage de la séance précédente (ou réaliser un dessin de format A3 en observation directe d'un paysage). • Transférer le calque sur papier fort (environ 200 g/m²). • Peindre librement à la gouache, en utilisant des couleurs pures (directement sorties du tube, sans mélange) et très contrastées.

Describe, create and critic	
Séance 6 **15 min**	**Analyse comparée des productions des élèves avec l'œuvre de référence :** ***Place Fürstenberg, Paris, August 7,8,9, 1985 #1 de David Hockney.*** **En anglais :** Répondre à deux questions en pointant les éléments qui sont identiques (ou proches) et ceux qui sont différents. Encourager les élèves à faire des phrases simples et à employer certains adjectifs connus. • *What's the same? The trees are the same; the weather is the same, etc.* • *What is different?* Puisqu'il s'agit d'un nouveau lexique, inviter les élèves seulement à pointer du doigt des éléments qui sont différents et répétant : *This is different.* **En français :** Compléter l'analyse par des questions fermées permettant l'expression de ressentis des élèves vis-à-vis de leurs production et de celles des autres (élément central de l'évaluation formative en Arts plastiques). • Qui peut désigner une production qui l'amuse / l'effraie / le dégoûte / etc.
Séance 7 **15 min**	**Analyse comparée des productions des élèves avec l'œuvre de référence :** ***The arrival of spring in woldgate, east yorkshire in 2011 (twenty eleven)*** **de David Hockney.** **En anglais :** Procéder de la même manière que pour la première œuvre. **En français :** Procéder de la même manière que pour la première œuvre.
Séance 8 **(et suivantes éventuelles)** **10 à 15 min par œuvre présentée.**	**Ouvertures culturelles : Découverte d'autres paysages de la peinture britannique** Montrer d'autres paysages célèbres de la peinture britannique, et les commenter selon les mêmes modalités que dans la séance 1 (préciser chaque fois le nom de l'artiste et la date de l'œuvre, à indiquer sur une frise chronologique). Toutes les œuvres citées ci-dessous sont disponibles sur Wikipédia. • Robert Barker (1739-1806) – *Panorama de Londres vu du haut d'Albion Mills* (1792). • William Marlow (1740-1813) – *Éruption du Vésuve la nuit* (1768). • Joseph Mallord William Turner (1775-1851) – *Le dernier Voyage du Téméraire* (1839). • John Constable (1776-1837) – *La charrette de foin (The Hay Wain)*, 1821. • Alfred Sisley (1839-1899) – *L'inondation à Port-Marly* (1876). • Geoffrey Nelson (1893-1943) – *Le port de Pont-Aven* (vers 1940).

L'eau

Objectifs du projet

Le développement durable est défini comme « le développement qui répond aux besoins des générations actuelles sans compromettre la capacité des générations futures à répondre à leurs propres besoin » (G. H. Brundtland, rapport de l'ONU « Notre avenir à tous », 1987). Il doit être économiquement viable, socialement équitable et écologiquement reproductible.

L'Éducation au Développement Durable dans le Socle Commun et les programmes

Depuis la loi d'orientation de 2013, l'éducation au développement durable fait pleinement partie des missions de l'école. Elle a pour objectif d'éveiller les élèves aux enjeux environnementaux. L'éducation à l'environnement apparaît dans le nouveau Socle Commun de Connaissances de Compétences et de Culture.

Dans le cadre du domaine 4 – les systèmes naturels et les systèmes techniques – l'élève se familiarise avec le monde technique « *en tenant compte des impacts sociaux et environnementaux.* »

Ainsi, il « *connaît l'importance d'un comportement responsable vis-à-vis de l'environnement et de la santé et comprend ses responsabilités individuelle et collective. Il prend conscience de l'impact de l'activité humaine sur l'environnement, de ses conséquences sanitaires et de la nécessité de préserver les ressources naturelles et la diversité des espèces. Il prend conscience de la nécessité d'un développement plus juste et plus attentif à ce qui est laissé aux générations futures.*

Il sait que la santé repose notamment sur des fonctions biologiques coordonnées, susceptibles d'être perturbées par des facteurs physiques, chimiques, biologiques et sociaux de l'environnement. »

Dans le domaine 5 – les représentations du monde et l'activité humaine – l'élève appréhende « *les problématiques mondiales concernant l'environnement, les ressources, les échanges, l'énergie, la démographie et le climat* ». Il « *tient compte des contraintes des matériaux et des processus de production en respectant l'environnement* ».

Au sein du programme, l'éducation au développement durable se situe à la croisée des disciplines. L'enseignement moral et civique propose « *d'engager la classe dans des actions de solidarité ou en faveur de l'environnement* ». Une des compétences du domaine « Questionner le monde » consiste à « *développer un comportement responsable vis-à-vis de l'environnement et de la santé grâce à une attitude raisonnée fondée sur la connaissance.* »

La thématique de l'eau

L'eau, utilisée dans l'agriculture, l'industrie ou encore dans les usages domestiques, est indispensable au développement des activités humaines. Bien que très présente sur la Terre, seule une toute petite partie des ressources disponibles est facilement exploitable ; les rivières, les lacs et les nappes phréatiques représentant moins de 0,01% du stock d'eau de la planète. Les réserves d'eau douce sont inégalement réparties et beaucoup de pays souffrent régulièrement de pénurie.

Avec l'accroissement de la population mondiale, les problématiques d'accès à l'eau potable, de l'approvisionnement, de l'assainissement, de la lutte contre la pollution et de la préservation des milieux aquatiques constituent des enjeux directement en lien avec le développement durable.

Un projet interdisciplinaire : Enseignement moral et civique et Questionner le monde

Le projet a pour objectif de sensibiliser les élèves aux thématiques liées à l'eau et leur permettre d'envisager des actions en lien avec le développement durable. Deux approches se complètent. L'une, scientifique, vise à approfondir les connaissances des élèves. L'autre, en lien avec l'EMC, a pour objet d'interroger les notions de solidarité et d'engagement.

L'enseignement moral et civique se retrouve également dans les modalités de travail : la pédagogie de projet, la coopération entre élève, la confrontation des idées dans des discussions collectives. La démarche scientifique amène les élèves à développer le goût de l'explicitation, à distinguer savoir et croyance.

À travers ce projet, les compétences des élèves en français, mathématiques, EPS, enseignements artistiques, pourront également être sollicitées.

Déroulement du projet

Le projet peut être mené sur une période de 3 à 6 mois, voire sur l'année scolaire.

La progression proposée s'entend sous forme de séquences. Chaque étape est donc constituée de plusieurs séances qu'il conviendra d'adapter au contexte de la classe.

Afin que les élèves s'investissent dans le projet, l'enseignant veillera à ce que la démarche soit explicite, à rendre visible sa cohérence et à faire du lien entre les séances.

Dans l'esprit des programmes d'EMC, le choix du projet dans lequel s'engager ainsi que la forme de la restitution finale est laissée au libre choix de la classe. Elle doit émaner d'une décision collective et argumentée des enfants, réunis en conseil d'élèves par exemple.

Projet de classe

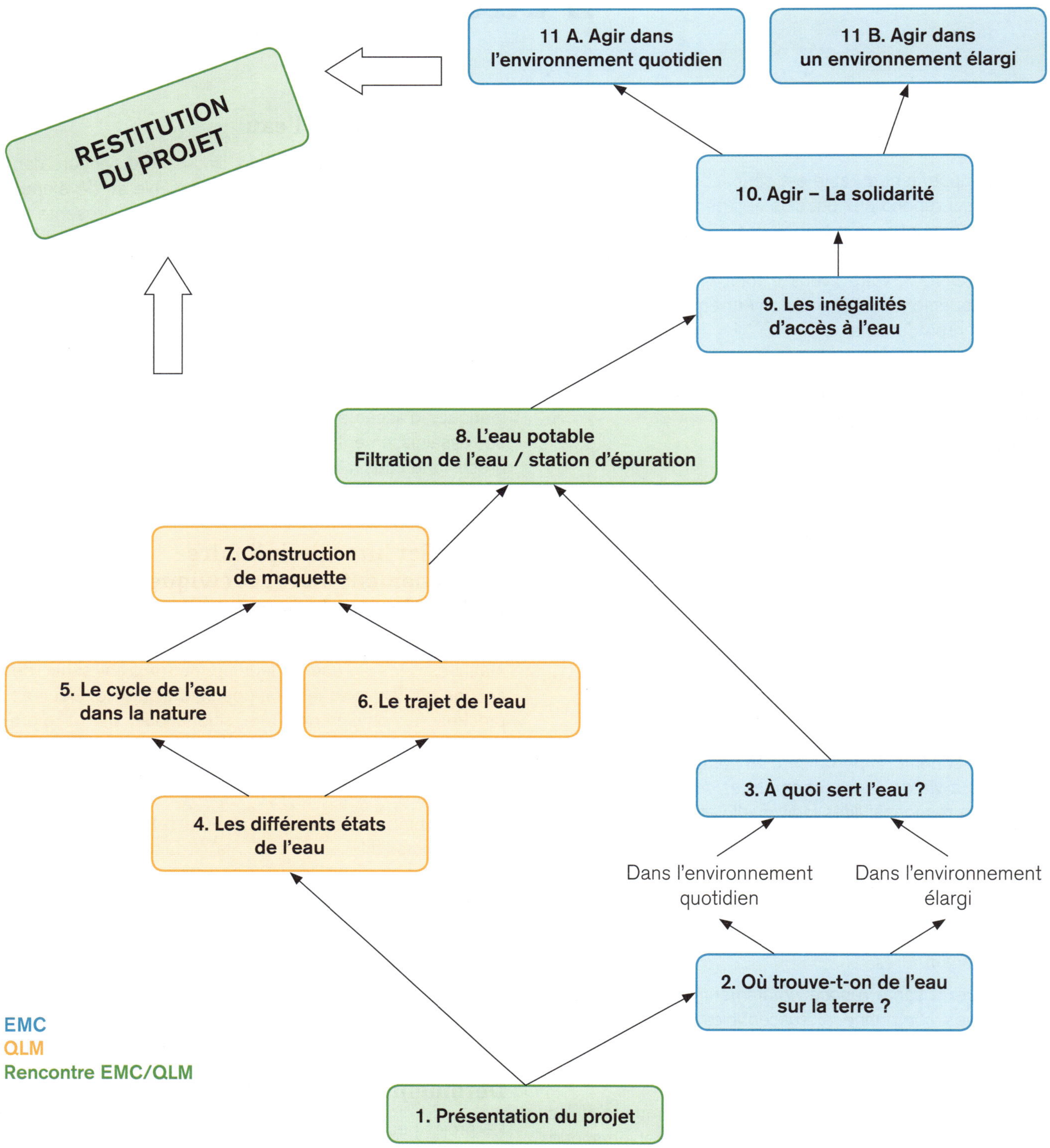

Le projet peut également être l'occasion de participer à des opérations nationales telle que la « Semaine du développement durable » (première semaine de juin) ou « La journée mondiale de l'eau » (le 22 mars).

Objectifs disciplinaires

- Développer une conscience citoyenne, sociale et écologique en lien avec le développement durable.
- Identifier et comprendre quelques enjeux liés à l'accès à l'eau.
- S'engager dans un projet coopératif, développer les valeurs de fraternité et de solidarité.
- Identifier les trois états de la matière et observer des changements d'états.
- Identifier un changement d'état de l'eau dans un phénomène de la vie quotidienne.
- Comparer quelques modes de vie.

Connaissances, capacités et attitudes visées par l'EMC

La sensibilité : soi et les autres. *Se situer et s'exprimer en respectant les règles de la communication orale, les règles de l'échange ; Apprendre à coopérer.*

Le droit et la règle : des principes pour vivre avec les autres : *Connaître quelques principes et valeurs fondateurs d'une société démocratique.*

Le jugement : penser par soi-même et avec les autres. *Exposer une courte argumentation pour exprimer et justifier un point de vue et un choix personnel. S'affirmer dans un débat sans imposer son point de vue aux autres et accepter le point de vue des autres ; différencier son intérêt de l'intérêt général.*

L'engagement : agir individuellement et collectivement : *S'impliquer dans la vie scolaire : réaliser un projet collectif ; coopérer en vue d'un objectif commun ; expliquer en mots simples la fraternité et la solidarité ; prendre des responsabilités dans la classe et dans l'école.*

Compétences Questionner le monde

Pratiquer des démarches scientifiques. *Pratiquer, avec l'aide des professeurs, quelques moments d'une démarche d'investigation : questionnement, observation, expérience, description, raisonnement, conclusion.*

S'approprier des outils et des méthodes. *Choisir ou utiliser le matériel adapté proposé pour mener une observation, effectuer une mesure, réaliser une expérience.*

Pratiquer des langages. *Communiquer en français, à l'oral et à l'écrit, un cultivant précision, syntaxe et richesse du vocabulaire. Lire et comprendre des textes documentaires illustrés. Extraire d'un texte ou d'une ressource documentaire une information qui répond à un besoin, une question. Restituer les résultats des observations sous forme orale ou d'écrits variés.*

Mobiliser les outils numériques. *Découvrir des outils numériques pour dessiner, communiquer, rechercher et restituer des informations simples.*
Adopter un comportement éthique et responsable. Développer un comportement responsable vis-à-vis de l'environnement et de la santé grâce à une attitude raisonnée fondée sur la connaissance. Mettre en pratique les premières notions d'éco-gestion de l'environnement par des actions simples individuelles ou collectives.

Séance 1 : Présentation du projet

Mettre la classe en projet, initier la thématique de l'eau, insister sur la dimension collaborative et coopérative du projet.

Introduction : Annoncer aux élèves qu'ils vont travailler sur le thème de l'eau.

Recueil des représentations initiales : distribuer deux feuilles aux élèves. Sur la première l'élève dessinera ou écrira ce qu'il pense connaître sur l'eau, sur la seconde il inscrira les questions qu'il se pose.

Mise en commun : Elle peut être différée afin de prendre le temps de l'organiser.
- Ce que je sais déjà : afficher les productions des élèves en les classant par thématique. Relever les accords et les désaccords sans prendre parti. Introduire la notion d'hypothèse.
- Ce qui m'interroge : lister les questionnements des élèves sur une grande affiche.

Débat réglé : Comment répondre à ces différentes questions ? Comment nous mettre d'accord ? Le débat pourra faire émerger la différence entre croyance et savoir, la nécessité de travailler ensemble et de coopérer.

Séance 2 : Où trouve-t-on de l'eau sur la terre ?

Identifier les différentes présences de l'eau sur la terre. Distinguer l'eau dans l'environnement naturel de l'eau dans l'environnement domestique.

Introduction : Poser la question aux élèves et laisser un temps de réflexion individuel.

Travail en groupe : les élèves listent leurs idées puis les classent.

Mise en commun : chaque groupe vient présenter son classement. Il est éventuellement complété par les autres élèves. Exemple de classement : environnement proche / environnement lointain ; environnement naturel / environnement domestique…

Trace écrite : Mettre en forme un ou deux classements possibles.

Prolongement possibles :
- illustrer chaque proposition par une image trouvée sur internet ;
- Sortie dans l'environnement de proximité pour recenser la présence de l'eau.

Séance 3 : À quoi sert l'eau ?

Comprendre que l'eau est non seulement une ressource vitale pour l'homme et les animaux mais qu'elle est également utile à l'industrie, aux loisirs…

Lecture de l'album : *Voilà la pluie* de Manya Stojic, Éditions Circonflexe. Identifier le rôle de l'eau dans l'album, nécessaire à la vie des animaux et de la nature.

Recherche en groupe : à la bibliothèque ou sur internet trouver d'autres usages de l'eau, les classer.

Mise en commun : chaque groupe présente son classement. Il est éventuellement complété par les autres élèves. Exemple de classement : l'eau domestique / l'agriculture / l'industrie / les transports / les loisirs.

Trace écrite : mettre en forme un ou deux classements possibles.

Séance 4 : Les différents états de l'eau

Voir les séquences CP (solidification et fusion de l'eau) et CE1 (les différents états liquides de l'eau) / Questionner le monde.

Séance 5 : Le Cycle de l'eau dans la nature

Lier les différents états de l'eau aux phénomènes naturels observés.
Lister les phénomènes naturels en fonction des états de l'eau et problématiser l'origine de la matière et sa destination. D'où viennent la pluie, les rivières, la neige, la grêle, les lacs, les banquises…?

Recherche documentaire sur Internet par groupes (CE1, CE2). Chaque phénomène naturel est étudié par groupe en fonction de l'état de l'eau.
En CP, s'appuyer sur une vidéo : http://education.francetv.fr/matiere/decouverte-des-sciences/cp/video/le-cycle-de-l-eau-sid-le-petit-scientifique

Mise en commun : chaque groupe expose ses découvertes et l'explique avec l'aide d'un schéma.

Expérimenter le cycle de l'eau (CE1, CE2) : *Comment reproduire le cycle de l'eau ?* s'appuyer sur la fiche de Météo France (*via* le site Eduthèque) : http://education.meteofrance.fr/ecole/activites-experimentales/l-eau/simuler-le-cycle-de-l-eau

Trace écrite : compte-rendu des expériences ou de la vidéo visionnée. Réalisation d'une affiche sur le cycle naturel de l'eau.

Séance 6 : Le trajet de l'eau domestique

Comprendre le trajet de l'eau dans sa maison.

Enquêter, observer : Les élèves prennent des photos et enquêtent à domicile sur le trajet de l'eau : d'où arrive l'eau ? Où passe-t-elle ? Où va-t-elle ensuite ? Les tuyaux sont-ils les mêmes ? A quoi sert l'eau à la maison ? Quels sont les éléments qui salissent l'eau ? Dessins d'observations.

Mise en commun des observations réalisées.

Formulations d'hypothèses sur l'origine de l'eau propre et la destination de l'eau sale ? Explicitation du lexique spécifique : eau potable et non potable.

Recherche documentaire, visite d'une station d'épuration de l'eau. **Vidéoprojection**

Compte-rendu de visite ou de la recherche documentaire. Schématisation du trajet de l'eau dans la maison. Circuit d'eau entrant et circuit d'eau sortant vers la station d'épuration

Séance 7 : L'eau potable

Expérience de Filtration de l'eau / station d'épuration
Présenter de l'eau mélangée à de la terre. Comment nettoyer de l'eau pour la rendre buvable ?

Relevé d'hypothèses en s'appuyant sur la visite, la recherche documentaire, les différents états de l'eau.

Présentation du matériel disponible pour réaliser des expériences selon plusieurs procédés : faire couler l'eau dans une passoire. Utiliser un filtre en papier/coton; par condensation (en chauffant le mélange).

Chaque groupe choisit un procédé et le teste, puis réalise des dessins des expériences dans le cahier.

Mise en commun des résultats. Synthèse sur la qualité de l'eau. L'eau claire n'est pas forcément potable.

Prolongement : Comment protéger l'eau domestique ? (Ne jamais jeter dans les eaux les huiles à moteur, peintures, produits chimiques, médicaments…)

Séance 8 : Les métiers et activités liées à l'usage de l'eau

Identifier des activités professionnelles en lien avec l'eau faisant appel à des outils et objets techniques.

Liste des métiers utilisant l'eau ou liés au trajet ou au cycle de l'eau : météorologue, pompier, plombier, ingénieur, sportif nautique, navigateur…

Rédaction d'un questionnaire sur le métier. Invitation en classe ou visite sur place. Interview enregistrée.

Présentation d'un objet ou d'un outil technique en lien avec le métier.

Compte-rendu de la visite : Explicitation de la fonction et du besoin. Dessin de l'objet présenté.

Prolongements EMC : Les alertes météo : que signifient les vigilances météo jaune, orange, rouge ?

Séance 9 : Les inégalités d'accès à l'eau

Comprendre les enjeux de l'accès à l'eau potable à l'échelle de la planète.

Lecture d'image : présenter aux élèves les deux photographies de Yann Arthus Bertrand issues de l'exposition « L'eau » disponible en ligne http://www.ledeveloppementdurable.fr/eau/ : « L'accès à l'eau, révélateur des inégalités sociales » et « L'eau dans les pays en développement ». Décrire les deux photographies. Situer les lieux sur une carte.

En lien avec la séquence 3, dont on reprendra les conclusions, analyser le rôle de l'eau dans chacune d'elle. Comparer. Introduire la notion d'inégalité d'accès à l'eau.

Discussion à visée philosophique : les inégalités. Exemples de questions possibles : Qu'est-ce que l'inégalité ? Connaissez-vous d'autres exemples ? Une inégalité est-elle une injustice ? Que ressent-on face à une inégalité ?

Trace écrite : définir la notion d'inégalité. Synthèse des échanges.

Séance 10 : Agir ; la solidarité

Comprendre la notion de solidarité.

Lecture de *L'arbre à pluie* d'Agnès de Lestarde, Éditions Milan.

Compréhension de l'histoire. Qu'est-ce que la sécheresse ? Pourquoi le chef ne souhaite-t-il pas partager l'arbre ? Comment réagit-il lorsqu'il s'aperçoit de sa disparition ? Pour quelles raisons l'arbre ne donne-t-il plus de pluie ? Pourquoi se remet-il finalement à pleuvoir ?
Introduire la notion de solidarité.

Débat réglé : Pourquoi être solidaire face à une situation difficile ? Connaissez-vous des exemples de situation de solidarité ? Comment être solidaire dans notre vie de tous les jours ?

Agir : Reprendre la notion d'inégalité d'accès à l'eau et ses causes. Réfléchir à des moyens d'action à mettre en œuvre. Lister les propositions des élèves. Au sein d'un conseil d'élève, choisir une ou deux actions à mettre en œuvre (sensibiliser, économiser, recycler).

Séance 11 A : Agir dans l'environnement proche

S'engager dans une action concrète.

Coopérer pour réaliser un projet commun au sein de l'école ou dans l'environnement quotidien de l'enfant.
Exemples de projets possibles :
- Recycler l'eau de pluie pour arroser les plantations de l'école.
- Faire un bilan de la consommation d'eau dans l'école, proposer des solutions pour la réduire.
- Lister des gestes quotidiens permettant d'économiser l'eau.
- Sensibiliser les autres enfants de l'école, les familles.
- Etc.

Séance 11 B : Agir dans un environnement élargi

S'engager dans une action concrète.

Coopérer pour réaliser un projet commun en lien avec la réduction des inégalités d'accès à l'eau dans le monde.
Exemples de projets possibles :
- Se rapprocher d'une association.
- Sensibiliser aux problématiques liées à l'accès à l'eau.
- Etc.

Séance 12 : Restitution du projet

Rendre compte, communiquer.

Penser une restitution du projet sous forme d'exposition, de livre, d'expression artistique...

Débat réglé : Comment avons-nous pu mener un tel projet ? Un tel projet aurait-il pu être mené tout seul ?

Bibliographie

Ouvrages généraux

- *Apprendre à apprendre*, André Giordan, Jérôme Saltet, J'ai Lu, Librio, 2015.
- *Dictionnaire de l'école primaire*, Ève Leleu-Galland, Nathan, 2015.

Français

- *Enseigner à l'école primaire - Comment enseigner l'orthographe aujourd'hui ?*, Catherine Brissaud et Danièle Cogis, Hatier, 2011.
- *Faire de la grammaire en cours double CE1-CE2*, Françoise Picot, Canopé/Léa.fr, 2014.
- *La lecture : De la théorie à la pratique*, Jocelyne Giasson, Tessa Escoyez (adaptation), De Boeck, 2013.
- *Lectorino & Lectorinette CE1 - CE2*, Roland Goigoux et Sylvie Cèbe, Éditions Retz, 2013.
- *L'acquisition de l'écrit*, Michel Fayol, Presses Universitaires de France – PUF, 2013.

Langues vivantes (étrangères ou régionales)

- *Guide pour enseigner*, Sophie Rosenberger, Retz, 2008.
- *Anglais Initiation CE1*, Sophie Rosenberger, 2008.

Arts plastiques

- *Pratiquer Les Arts Visuels à l'école*, Daniel Lagoutte, Hachette Éducation, 2015.
- *Arts plastiques, Éléments d'une didactique critique*, Bernard-André Gaillot, Presses Universitaires de France – PUF, 2012.

Éducation musicale

- *Chantons en chœur avec Scott Alan Prouty*, Agnès Ceccaldi, NATHAN, JDIdées, 2006.
- *Trésors d'enfance : Anthologie thématique de la Chanson d'Enfants*, Anne-Marie Grosser Fuzeau, 2010.
- *Une année au concert au cycle 2 : 36 musiques pour 36 semaines de classe*, SCEREN, CRDP Pays-de-la-Loire, 2005.
- *Musique au quotidien, de la maternelle au CE1*, Annie Bachelard, SCEREN, 2010.

Mathématiques

- *Mathématiques, L'acquisition du nombre*, de Michel Fayol, Presses Universitaires de France – PUF, 2013.

Sitographie

- www.bnf.fr/fr
- gallica.bnf.fr
- www.ina.fr
- eduscol.education.fr
- kids.englishforschool.fr
- learnenglishkids.britishcouncil.org

Coordination éditoriale : Catherine Bourges
Édition : Sophie Husson Gohé
Conception graphique : Léna Piroux
Mise en pages : Typo-Virgule
Couverture : Sophie Auvin

Impression & brochage sepec - France
N° d'impression : 06601170890 - Dépôt légal : août 2017 - N° éditeur : 10238940